하나님의 義

:산상수훈 성경연구 I

케이 아더 저 | 김기영 역

LORD, ONLY YOU CAN CHANGE ME

KAY ARTHUR

Originally Published in the U.S.A. by Multnomah Books
under the title of 'LORD, Only You Can Change Me'
Copyright © 1995 by Kay Arthur
All rights reserved

Korean edition
© 2001, 2024 by Precept Ministries of Korea
8-1, Cheongnyongmaeul-gil, Seocho-gu, Seoul, Korea

머리말

우리 민족은 지난 반세기 동안 타는 목마름으로 참된 정의가 실현되는 나라를 추구해 왔습니다. 이를 위해 수많은 젊은이들이 감옥에 가기도 하고, 대학에서 제적을 당하기도 했습니다. 그러나 이러한 희생의 결과, 과연 이 땅에 참된 의가 실현되었습니까? 우리는 다시금 참된 의가 무엇인지, 그리고 어떻게 그것을 이룰 수 있는지 질문하지 않을 수 없습니다.

우리가 사는 이 땅에서 참된 의가 쉽게 실현되지 못하는 이유가 무엇입니까? 그것은 이 세상이 탐욕의 원리에 지배되고 있기 때문입니다. 세속 사회의 삶의 원리는 바로 물신(物神)적 탐욕주의와 보복주의입니다. 사람들은 끊임없이 욕망을 추구하고, 경쟁의 원리에 따라 자신이 살아남기 위해 상대방의 권리를 짓밟는 자아 중심적인 삶을 영위하고 있습니다. 따라서 이러한 권리가 침해를 받을 때, 탐욕이 제한될 때, 물량적 욕망이 충족되지 않을 때 사람들은 서로를 미워하고 원망하며 끝내는 보복하고자 하는 마음을 품게 되는 것입니다. 이처럼 세속 사회를 지배하는 물신적 탐욕주의와 보복주의는 동전의 양면처럼 맞물려 모든 사람들의 관계를 뒤틀리게 하고, 서로를 파괴하는 데까지 이르게 합니다.

인간은 어느 누구도 스스로의 힘으로 이 물신주의(物神主義)의 공격으로부터 자유로와질 수 없습니다. 그러나 주님께서는 산상수훈에서 참된 복의 변혁을 선언하셨습니다. 진정한 축복은 물량의 많고 적음에 있지 않으며, 탐욕을 충족시키는 데 있지 않다는 것입니다. 성경은 진정한 축복의 수혜자는 오히려 심령이 가난한 사람, 애통하는 사람, 온유한 사람, 의에 주리고 목마른 사람, 긍휼을 베푸는 사람, 마음이 청결한 사람, 화평케 하는 사람, 의를 위하여 핍박을 받는 사람이라고 말씀합니다. 이러한 팔복의 사람이 바로 세상의 빛과 소금이요, 그러한 곳에서 비로소 하나님의 의가 실현되는 것입니다.

본서는 참된 복과 진정한 의를 추구하는 분들에게 마르지 않는 생명의 샘을 제공해 줄 것입니다. 특별히 본서는 프리셉트에서 편찬한 "하나님(Lord) 시리즈"의 한 권으로 매주 각자 2-3시간 정도의 시간을 할애하여 예습하고, 강사의 강의를 듣고, 그룹으로 모여 토의하는 형태로 공부해 나간다면, "하나님의 의"를 깊이 있게 연구하고, 실현하고자 하는 모든 분들에게 큰 도움이 되리라 확신합니다.

프리셉트성경연구원 대표
김경섭 목사

일러두기

> "중심에 진실함을 주께서 원하시오니
> 내 속에 지혜를 알게 하시리이다"
> (시 51:6)

아주 날카로운 칼로 사과를 잘라보면, 여러분은 사과 속(Core)에 가까울수록 윤기가 흐르는 사과의 빨간 껍질보다 더 신선하고 좋은 상태로 남아있음을 보게 될 것입니다. 사과를 먹으면 먹을수록 그 속이 더 파삭파삭하게 씹히며, 새콤달콤한 맛이 느껴집니다. 그 속에는 벌레가 살았던 흔적을 전혀 발견할 수 없습니다.

사랑하는 여러분, 하나님과 이러한 관계를 맺기 원하십니까? 위선적인 삶으로부터 벗어나 속 사람과 겉 사람이 일치하는 의로운 삶을 살기를 원하십니까? 만약 그렇게 살 수 있다면 그 삶은 하나님의 위로와 평안이 넘치며, 죄나 거짓이 없는 축복된 삶일 것입니다.

그러나 사람들이 지금 여러분의 '실제의 모습'을 본다면 무엇이라고 말할까요? 사람들은 때로 처음 만나는 사람들에게서도 그들의 속 사람의 모습을 발견할 수가 있습니다. 왜냐하면 우리의 속 사람의 이미지는 우리의 겉 사람을 통해 투영되기 때문입니다. 이처럼 하나님이 우리에게 원하시는 모습도 밖으로 드러나게 마련입니다.

하나님이 원하시는 이러한 삶이 불가능한 것으로 여겨지십니까? 저도 잘 알고 있습니다. 아마도 불가능할 것입니다. 그러나 전혀 불가능한 것만은 아닙니다. 만약 그렇다면, 왜 하나님께서 우리에게 "완전하라, 내가 완전하니 너희도 완전하라"고 말씀하셨겠습니까?

사랑하는 형제 자매 여러분, 이러한 삶은 하나님의 사람들에게는 불가능한 것이 아닙니다. 이것은 오히려 하나님으로부터 시작되고 하나님으로부터 끝나는 단순한 과정입니다. 아직 여러분의 온 마음을 하나님께 드리지 못했다 해도 하나님이 자신의 뜻을 여러분의 마음속에 들려주시고, 행하게 하심으로써 이루어질 수 있는 것입니다. 이것은 여러분이 기대하는 것보다 훨씬 더 큰 영혼의 평안과 만족을 가져다 주는 놀라운 변화의 과정입니다.

진정으로 오직 하나님만이 여러분을 변화시키실 수 있습니다. 이것은 그분의 능력의 문제가 아니라 그분의 의지의 문제입니다. 여러분이 온 마음으로 그분을 추구할 때 여러분은 그분만이 오직 여러분이 따라가야 할 분임을 발견하게 될 것이며, 하나님은 여러분 속에 참된 변화를 일으키실 것입니다.

이 변화의 모험을 시작할 때까지 여러분의 손에서 이 책을 놓지 마십시오.

CONTENTS

차 례

머리말	……………………………………………………	3
제1장	언제까지 위선적으로 살 것인가? ……………………	8
제2장	진정한 행복의 시작 …………………………………	26
제3장	죄에 대한 애통 ……………………………………	54
제4장	온유 1 - 하나님의 주권 인정 ……………………	88
제5장	온유 2 - 약함인가? 강함인가? …………………	116
제6장	의에 대한 깊은 갈증 ……………………………	146
제7장	자비롭고 순결한 사람이 되는 길 ………………	178
제8장	화평케 하는 자, 그러나 핍박당하는 자 …………	208
제9장	소금과 빛, 그리고 우리 …………………………	244
산상수훈	……………………………………………………	268
그룹토의 문제	………………………………………………	278

CHAPTER 제1장 O N E

언제까지
위선적으로 살 것인가?

제 1 일

대부분의 종교는 위선적입니다. 우리는 그 이유를 알고 있습니다. 그 종교들이 위선적인 이유는 삶을 변화시키지 못하기 때문입니다. 사람들은 자신들이 믿는 종교를 믿으라고 합니다. 그러나 그 종교들은 사람들을 변화시키지 못합니다.

예수 그리스도의 교회는 소금과 빛의 역할을 감당해야 합니다. 소금은 부패를 방지하는 방부제와 같은 역할을 하며, 빛은 어두움을 내어쫓습니다. 그러나 여러분의 주위를 둘러보십시오. 죄와 부도덕이 아무런 부끄러움 없이 여러분의 눈앞을 활보하는 것을 볼 수 있습니다. 매주일마다 교회 좌석을 메우는 많은 사람들 속에서도 우리는 그것을 발견할 수 있습니다.

죄가 사회에 가득 차고 부패가 교회에까지 영향을 주고 있음에도 불구하고 교회 안에 있는 사람들은 안심하고 있습니다. 심지어 이러한 죄와 부패는 강단에서조차 환영을 받기도 합니다. 영화나 매스컴들은 그것들을 드러내기를 좋아합니다. 그리고 사람들은 '결국 우리는 단지 인간일 뿐이야'라는 사단의 이론에 만족해 하며, 아무 거리낌없이 그것을 감상합니다.

우리가 단지 인간일 따름일까요? 우리 자신도 기껏해야 또 다른 종류의 위선자에 불과할까요? 기독교는 달콤한 약속으로 삶의 고통 가운데서 우리를 무감각하게 만드는 아편일까요? 기독교라는 종교는 아무도 도달할 수 없는 하나의 이상에 불과한 것일까요? 우리가 단지 인간이기 때문에 위선이라는 가면 뒤에 숨어 있는 것이 합리화될 수 있을까요?

예수님은 "아니다"라고 단호히 말씀하셨습니다. 참 하나님이시며 동시에 참 사람이신 예수님보다 우리의 문제를 더 잘 알고 있는 분이 어디에 있겠습니까?

저는 기독교를 "체험을 통한 삶의 종교"라고 부르길 좋아합니다. 기독교는 위선적일 필요가 없습니다. 그것은 보다 높은 차원의 삶의 방식입니다. 사람을 죄악의 구렁텅이에서 건져내어 축복의 정상에 올려놓는 것이며, 궁핍에서 하나님의 풍요로, 모래 위에 지은 집에서 반석 위에 지은 집으로 이사가게 하는 것입니다.

삶의 무서운 폭풍우 속에서도 흔들리지 않는 삶의 방식이 있습니다. 그것을 어디에서 찾을 수 있을까요? 그것은 바로 예수님께서 산상수훈으로 말씀하신 마태복음 5, 6, 7장에 씨앗의 형태로 숨겨져 있습니다. 그것은 위선의 가면을 벗겨내며, 여러분이 어떻게 살아야 하는지를 보여주는 참 교훈입니다.

이 책의 끝부분에는 마태복음 5장부터 7장까지의 본문이 수록되어 있습니다. 지금까지 언급한 내용을 마음에 새기면서 산상수훈을 읽어

보십시오. 복잡하게 생각하지 마시고 예수님의 메시지를 이해하는 수준에서 단순하게 읽어 나가십시오. 다 읽으신 후에 간단히 소감을 적으십시오.

제 2 일

"우리는 그리스도를 알고 있다고 말하는 사람들 대부분이 주님께서 제시하신 철저한 제자의 삶의 의미를 축소시킴으로써 오히려 복음을 방해하고 있는 시대에 살고 있습니다." 이는 로버트 구엘리히의 산상수훈 주석에서 인용한 글입니다. 얼마나 타당하며 참된 말입니까! 우리는 하늘과 생명을 소유하기 원하며, 또한 영생을 원합니다. 그렇지 않은 사람이 어디 있겠습니까?

우리는 예수 그리스도를 통해 영생에 관한 기쁜 소식을 듣습니다. 그것은 값없이 주신 선물이기에 우리는 그것을 소중히 간직하며 살아갑니다. 이제 문제는 해결되었습니다. 지옥의 염려는 없어졌고 천국은 우리의 것이 되었습니다. 그러므로 우리는 안심하며 이전의 삶 속으로 다시 되돌아갑니다.

그러나 어떻게 그렇게 할 수 있습니까? 우리로 하여금 다시 우리의 삶으로 되돌아가게 하는 것이 참된 기독교입니까? 저는 전 세계 통신망을 켜 놓고 큰 소리로 "아니요"라고 외치고 싶습니다. 자기 뜻대로 사는 사람은 결코 하나님의 것이 될 수 없습니다. 참된 기독교는 제자도입니다. 그것은 기꺼이 삶의 방향을 바꾸는 것이요, 모든 것을 버려 두고 떠나는 것이요, 예수 그리스도로 하여금 여러분의 모든 것이 되게 하는 것입니다. 그것은 자원하여 그분이 인도하는 대로 따르는 것이요, 그가 무엇을 말하든 실천하는 것입니다. 어떤 분들은 이 말에 동의하지 않을 수도 있습니다.

그러나 산상수훈에서 그분이 무엇을 말씀하고 있는지를 발견하기까지는 이 공부를 중단하지 마십시오. 그렇지 않으면 예수 그리스도의 복음이 뜻하는 철저한 제자의 삶의 의미를 놓치게 됩니다.

이제, 마태복음 7:13-29을 읽고 다음의 질문에 답하십시오.

▶ 마태복음 7:13-29

13좁은 문으로 들어가라 멸망으로 인도하는 문은 크고 그 길이 넓어 그리로 들어가는 자가 많고 14생명으로 인도하는 문은 좁고 길이 협착하여 찾는 이가 적음이니라 15거짓 선지자들을 삼가라 양의 옷을 입고 너희에게 나아오나 속에는 노략질하는 이리라 16그의 열매로 그들을 알지니 가시나무에서 포도를, 또는 엉겅퀴에서 무화과를 따겠느냐 17이와 같이 좋은 나무마다 아름다운 열매를 맺고 못된 나무가 나쁜 열매를 맺나니 18좋은 나무가 나쁜 열매를 맺을 수 없고 못된 나무가 아름다운 열매를 맺을 수 없느니라 19아름다운 열매를 맺지 아니하는 나무마다 찍혀 불에 던지우느니라 20이러므로 그의 열매로 그들을 알리라 21나더러 주여 주여 하는 자마다 천국에 다 들어갈 것이 아니요 다만 하늘에 계신 내 아버지의 뜻대로 행하는 자라야 들어가리라 22그날에 많은 사람이 나더러 이르되 주여 주여 우리가 주의 이름으로 선지자 노릇 하며 주의 이름으로 귀신을 쫓아내며 주의 이름으로 많은 권능을 행치 아니하였나이까 하리니 ²³그 때에 내가 저희에게 밝히 말하되 내가 너희를 도무지 알지 못하니 불법을 행하는 자들아 내게서 떠나가라 하리라 ²⁴그러므로 누구든지 나의 이 말을 듣고 행하는 자는 그 집을 반석 위에 지은 지혜로운 사람 같으리니 ²⁵비가 내리고 창수가 나고 바람이 불어 그 집에 부딪히되 무너지지 아니하나니 이는 주초를 반석 위에 놓은 연고요 ²⁶나의 이 말을 듣고 행치 아니하는 자는 그 집을 모래 위에 지은 어리석은 사람 같으리니 ²⁷비가 내리고 창수가 나고 바람이 불어 그 집에 부딪히매 무너져 그 무너짐이 심하니라 ²⁸예수께서 이 말씀을 마치시매 무리들이 그 가르치심에 놀래니 ²⁹이는 그 가르치시는 것이 권세 있는 자와 같고 저희 서기관들과 같지 아니함일러라

1. 생명에 이르는 길은 어떠한 것인지 글로 써 보십시오.

2. 누가 이 말을 하였습니까? 답하기 어려우면 마태복음 5:1-2과 7:28-29을 읽어보십시오.

3. 예수님의 말씀에 의하면, 생명에 이르는 길을 찾는 사람은 얼마나 됩니까?

4. 누가 천국에 들어갑니까?

5. 천국에 들어가고자 하는 사람은 예수님의 말씀에 어떠한 반응을 보여야 합니까?

6. 여러분은 왜 사람들이 마태복음 5-7장을 읽고 예수님의 교훈에 당황해 한다고 생각하십니까?

7. 여러분이 방금 읽은 내용에 따르면, 사람이 자기 뜻대로 살면서 천국에 들어갈 수 있다고 생각하십니까? 그렇지 않다면 그 이유를 설명해 보십시오.

8. 이제 적용해 봅시다. 여러분은 과연 어떻게 살고 있습니까?

제 3 일

이제 여러분의 교회 성도들을 잠시 생각해 보십시오. 여러분은 그들 중에서 얼마만큼의 사람들이 천국에 갈 수 있다고 생각하십니까? 생명에 이르는 좁고 협착한 길을 택하는 사람이 몇 퍼센트나 된다고 생각하십니까? 과연 얼마만큼의 사람들이 하나님의 말씀을 듣고 그대로 살아가고 있습니까?

어제 살펴본 대로 영생에 이르는 길은 좁습니다. 소수의 사람들만이 그 길을 걷고 있습니다. 오직 주님께 순종하고 주님의 뜻을 행하는 자만이 천국에 들어갈 수 있습니다. 단지 "주여! 주여!" 외친다고 해서 다 천국에 들어갈 수 있는 것이 아닙니다. 스스로 천국에 들어갈 것으로 예정되어 있다고 생각하는 사람들 중에 오히려 지옥에 갈 사람들이 많이 있습니다. 정신이 번쩍 들지 않습니까?

오늘 저는 여러분과 함께 산상수훈의 주제를 살펴보기 원합니다. 그것은 무엇일까요? 예수님이 말씀하시고자 하는 요점은 무엇일까요?

다음의 두 단어가 주제 파악에 도움이 될 것입니다. 그것은 바로 '천국'과 '의' 입니다. 이 책의 뒷부분에 있는 산상수훈을 읽으면서 '천국' 이라는 단어와 '의' 라는 단어를 표시해 두십시오. '천국' 이란 말은 21회, '의' 라는 말은 5회 쓰였습니다. 표시하셨다면 이제 다음의 빈 칸을 채우십시오. 두 단어가 쓰인 장, 절을 기록하시고 깨달은 바를 각각 적어 넣으십시오.

천 국

장, 절	'천국' 에 대해 깨달은 사실
1. 마 5:3	그것은 심령이 가난한 자의 것이다.
2.	
3.	
4.	
5.	
6.	
7.	
8.	
9.	
10.	
11.	

장, 절	'천국'에 대해 깨달은 사실
12.	
13.	
14.	
15.	
16.	
17.	
18.	
19.	
20.	
21.	

의

장, 절	'의' 에 대해 깨달은 사실
1. 마 5:6	의에 주리고 목마른 자
2.	
3.	
4.	
5.	

산상수훈의 주제는 무엇입니까? 그것은 바로 '천국에 속한 자의 의로운 삶의 방식' 입니다. 내일은 이 주제에 대해 살펴보겠습니다. 그러나 한 가지 질문을 하겠습니다. 오늘 배운 내용이 이전에는 전혀 몰랐던 것입니까?

제 4 일

'천국' 과 '의' 란 단어를 통해 여러분은 천국에 들어가고자 하는 사람은 다음의 네 가지 요구 조건을 만족시켜야 함을 발견했을 것입니다. 그것은 다음과 같이 요약될 수 있습니다.

- 천국에 들어가는 사람의 조건
  1. 심령이 가난한 자(마 5:3)
  2. 의를 위해 핍박받는 자(마 5:10)
  3. 바리새인과 서기관들의 의보다 더 나은 의를 소유한 자(마 5:20)
  4. 하나님의 뜻에 순종하는 자(마 7:21)

주님의 메시지의 근간(根幹)은 천국에 들어가고자 하는 자는 반드시 의를 소유해야 한다는 사실입니다. 왜냐하면 제가 믿기로는 산상수훈의 중심 단어는 마태복음 5:20의 말씀이기 때문입니다. "내가 너희에게 이르노니 너희 의가 서기관과 바리새인보다 더 낫지 못하면 결단코 천국에 들어가지 못하리라."

군중들은 주님의 교훈에 무척이나 놀랐을 것입니다. 서기관과 바리새인보다 더 나은 의라니요! 어떻게 그것이 가능하겠습니까? 서기관과 바리새인들은 당대의 종교 지도자들이었습니다. 그들보다 더 존경받는 사람은 아무도 없었습니다. 서기관과 바리새인들이 어떠한 존재인지를 이해하면 산상수훈에 나타난 주님의 교훈을 더 깊이 이해할 수 있을 것입니다.

바리새인들이 역사의 무대에 등장하기 오래 전부터 서기관들은 이미 존재하고 있었습니다. 구약은 그들에 대해 다양한 기록을 남기고 있습니다. 그러나 그들은 유대인들이 바벨론 포로에서 귀환하기까지는 특별한 위치에 있지 않았습니다. 서기관이란 직분은 제사장 직분에 그 기원을 두고 있습니다. 그들은 모세 율법의 전문가들이었고, 그 직무는 두 가지였습니다. 첫째는 율법을 보존하는 것이고, 둘째는 그 율법을 가르치는 일이었습니다.

서기관들은 회당의 창설자인 듯합니다. 회당은 유대인들이 예배를 드리고 하나님의 율법을 배우는 장소였습니다. 그것은 바벨론 포로의 부산물이었습니다. 예루살렘 성전이 파괴되자 유대인들은 회당을 만들었고, 그곳에서 모임을 갖고 율법을 가르치며 배웠습니다.

예수님의 탄생 당시 회당은 유대인들의 가장 중요한 종교적 기관이었습니다. 그 안에서 서기관들과 바리새인들은 권위를 지니고 있었습니다. 그들은 율법을 가르칠 뿐만 아니라 전통과 율법의 해석에 대해서도 가르쳤습니다. 그러므로 율법의 사본을 가지고 있지 못한 일반 백성들은 하나님의 율법을 듣기 위해서는 서기관들과 바리새인들의 교훈에 의존해야만 했습니다.

바리새인들은 중간기[1]에 등장한 종교적인 당파였습니다. 예수님 당시에 그들은 백성들에게 막강한 영향을 미치고 있었습니다. 그들은 부활과 천사와 영혼, 그리고 메시아 강림을 믿었습니다. 그러나 그들의 무기는 하나님의 율법이었습니다. 그들은 하나님의 율법을 365가지의 소극적인 것과 250가지의 적극적인 율법으로 요약했고, 거기에 자신들의 전통도 첨가했습니다. 그들은 그 전통이 직접 영감을 받은 내용이며, 하나님이 제공하신 율법의 해석 방법이라고 우겼습니다. 그러나 그들이 백성들에게 강요한 율법은 하나님의 말씀을 왜곡한 것들이었습니다. 이러한 이유로 인해 예수님은 서기관들과 바리새인들의 율법 해석과 전통을 꾸짖으셨습니다(막 7:13 참조).

서기관들과 바리새인들의 율법 해석의 결과, 죄란 마음의 문제라기보다 단순히 외적인 행위에만 국한되었습니다. 외적인 조건이 충족되었느냐 아니냐에 따라 옳고 그름이 판가름났습니다. 만일 안식일에 가

---

1. 편주 - 구약의 마지막 선지서인 말라기로부터 세례 요한이 등장하는 신약에 이르는 약 400년 동안의 기간으로 하나님의 계시가 없던 시기.

난한 자를 구제하려 한다 해도 동전을 문안에 두어야 문밖에 놔두어
서는 안 되었습니다. 왜냐하면 구제하려고 동전을 문밖에 둔다면 안식
일을 범하는 것이라고 생각했기 때문입니다.

　이러한 사실 때문에 예수님은 마태복음 5장에서 "… 라는 것을 너희
가 들었으나 나는 너희에게 이르노니 …"라는 말을 여러 번 반복해서
말씀하신 것입니다. 백성들은 회당에서 서기관과 바리새인들로부터 왜
곡된 율법을 들었기 때문에 하나님의 말씀을 제대로 알지 못했습니다.

　오늘날은 어떻습니까? 때때로 저는 기독교 방송을 들으면서 깜짝 놀
라곤 합니다. 왜냐하면 성경과 다른 수많은 교훈들이 무수히 흘러나오
기 때문입니다. 일반 성도들은 하나님의 말씀을 잘 알지 못하기 때문에
그 옳고 그름을 판단하지 못합니다. 그들이 스스로 말씀을 공부하기까
지는 말씀의 순결함과 그 권위를 결코 깨닫지 못할 것입니다. 이러한 이
유로 인해 저는 여러분이 프리셉트 성경공부 과정 중의 한 가지를 택하
여 하나님의 말씀을 귀납적으로 공부할 것을 간절히 권합니다.

제 5 일

　위선은 오래된 문제입니다. 그것은 분명히 예수님 당시에도 흔한 문
제였을 것입니다. 예수님은 '위선'이라는 단어를 자주 사용하셨습니
다. 특히 서기관과 바리새인을 향해서는 더욱 그렇게 언급하셨습니다.
잠시 시간을 내어 마태복음 23장을 통독하시기 바랍니다. 그리고 나서
예수님이 '위선자'라고 칭한 사람이 누구이며, 왜 그렇게 말씀하셨는가
를 다음 장의 빈 칸에 기록하시기 바랍니다.

▶ 마태복음 23장

¹이에 예수께서 무리와 제자들에게 말씀하여 가라사대 ²서기관들과 바리새인들이 모세의 자리에 앉았으니 ³그러므로 무엇이든지 저희의 말하는 바는 행하고 지키되 저희의 하는 행위는 본받지 말라 저희는 말만 하고 행치 아니하며 ⁴또 무거운 짐을 묶어 사람의 어깨에 지우되 자기는 이것을 한 손가락으로도 움직이려 하지 아니하며 ⁵저희 모든 행위를 사람에게 보이고자 하여 하나니 곧 그 차는 경문을 넓게 하며 옷술을 크게 하고 ⁶잔치의 상석과 회당의 상좌와 ⁷시장에서 문안받는 것과 사람에게 랍비라 칭함을 받는 것을 좋아하느니라 ⁸그러나 너희는 랍비라 칭함을 받지 말라 너희 선생은 하나이요 너희는 다 형제니라 ⁹땅에 있는 자를 아비라 하지 말라 너희 아버지는 하나이시니 곧 하늘에 계신 자시니라 ¹⁰또한 지도자라 칭함을 받지 말라 너희 지도자는 하나이니 곧 그리스도니라 ¹¹너희 중에 큰 자는 너희를 섬기는 자가 되어야 하리라 ¹²누구든지 자기를 높이는 자는 낮아지고 누구든지 자기를 낮추는 자는 높아지리라 ¹³화 있을진저 외식하는 서기관들과 바리새인들이여 너희는 천국 문을 사람들 앞에서 닫고 너희도 들어가지 않고 들어가려 하는 자도 들어가지 못하게 하는도다 ¹⁴(없음) ¹⁵화 있을진저 외식하는 서기관들과 바리새인들이여 너희는 교인 하나를 얻기 위하여 바다와 육지를 두루 다니다가 생기면 너희보다 배나 더 지옥 자식이 되게 하는도다 ¹⁶화 있을진저 소경 된 인도자여 너희가 말하되 누구든지 성전으로 맹세하면 아무 일 없거니와 성전의 금으로 맹세하면 지킬지라 하는도다 ¹⁷우맹이요 소경들이여 어느 것이 크뇨 그 금이냐 금을 거룩하게 하는 성전이냐 ¹⁸너희가 또 이르되 누구든지 제단으로 맹세하면 아무 일 없거니와 그 위에 있는 예물로 맹세하면 지킬지라 하는도다 ¹⁹소경들이여 어느 것이 크뇨 그 예물이냐 예물을 거룩하게 하는 제단이냐 ²⁰그러므로 제단으로 맹세하는 자는 제단과 그 위에 있는 모든 것으로 맹세함이요 ²¹또 성전으로 맹세하는 자는 성전과 그 안에 계신 이로 맹세함이요 ²²또 하

늘로 맹세하는 자는 하나님의 보좌와 그 위에 앉으신 이로 맹세함이니라 [23]화 있을진저 외식하는 서기관들과 바리새인들이여 너희가 박하와 회향과 근채의 십일조를 드리되 율법의 더 중한 바 의와 인과 신은 버렸도다 그러나 이것도 행하고 저것도 버리지 말아야 할지니라 [24]소경 된 인도자여 하루살이는 걸러내고 약대는 삼키는도다 [25]화 있을진저 외식하는 서기관들과 바리새인들이여 잔과 대접의 겉은 깨끗이 하되 그 안에는 탐욕과 방탕으로 가득하게 하는도다 [26]소경 된 바리새인아 너는 먼저 안을 깨끗이 하라 그리하면 겉도 깨끗하리라 [27]화 있을진저 외식하는 서기관들과 바리새인들이여 회칠한 무덤 같으니 겉으로는 아름답게 보이나 그 안에는 죽은 사람의 뼈와 모든 더러운 것이 가득하도다 [28]이와 같이 너희도 겉으로는 사람에게 옳게 보이되 안으로는 외식과 불법이 가득하도다 [29]화 있을진저 외식하는 서기관들과 바리새인들이여 너희는 선지자들의 무덤을 쌓고 의인들의 비석을 꾸미며 가로되 [30]만일 우리가 조상 때에 있었더면 우리는 저희가 선지자의 피를 흘리는데 참여하지 아니하였으리라 하니 [31]그러면 너희가 선지자를 죽인 자의 자손 됨을 스스로 증거함이로다 [32]너희가 너희 조상의 양을 채우라 [33]뱀들아 독사의 새끼들아 너희가 어떻게 지옥의 판결을 피하겠느냐 [34]그러므로 내가 너희에게 선지자들과 지혜 있는 자들과 서기관들을 보내매 너희가 그 중에서 더러는 죽이고 십자가에 못 박고 그 중에 더러는 너희 회당에서 채찍질하고 이 동네에서 저 동네로 구박하리라 [35]그러므로 의인 아벨의 피로부터 성전과 제단 사이에서 너희가 죽인 바라갸의 아들 사가랴의 피까지 땅 위에서 흘린 의로운 피가 다 너희에게 돌아가리라 [36]내가 진실로 너희에게 이르노니 이것이 다 이 세대에게 돌아가리라 [37]예루살렘아 예루살렘아 선지자들을 죽이고 네게 파송된 자들을 돌로 치는 자여 암탉이 그 새끼를 날개 아래 모음같이 내가 네 자녀를 모으려 한 일이 몇 번이냐 그러나 너희가 원치 아니하였도다 [38]보라 너희 집이 황폐하여 버린 바 되리라 [39]내가 너희에게 이르노니 이제부터 너희는 찬송하리

로다 주의 이름으로 오시는 이여 할 때까지 나를 보지 못하리라 하시니라

'위선자'란 원래 "연극 배우"라는 의미로 사용된 단어였습니다. 그리스와 로마 시대에 연극 배우는 통상 특별한 효과와 감정을 표현하기 위해 큰 가면을 썼습니다. 배우가 어떻게 느끼든지 그것은 상관할 바가 아니었습니다. 사람들이 바라보는 것은 그들이 쓰고 있는 가면이었습니다. 그러므로 위선자란 가면을 쓴 사람이거나 연극 배우를 의미했습니다.

마태복음 23장에서 왜 예수님은 서기관들과 바리새인들을 가리켜 위선자라고 했을까요? 그들은 어떠한 잘못을 저질렀을까요? 다음의 빈칸에 그 이유를 적어 보십시오.

자, 이제 잠시 중단하고 생각해 보시기 바랍니다. 여러분은 위선자가 아닙니까? 여러분은 혹시 삶이 뒤따르지 않는 공허한 말을 하고 있지는 않습니까? 우리는 종종 이러한 찬송을 부릅니다 "예수 따라가며 복음 순종하면 …." 그러나 과연 성말도 무소선 주님을 따라가며 복종하는 삶을 살고 있습니까?

여러분은 주기도문으로 이렇게 기도합니다. "시험에 들게 하지 마옵시고 다만 악에서 구하옵소서." 그러나 과연 정말로 시험에서 벗어나고 싶어합니까? 또한 이렇게 기도합니다. "우리가 우리에게 죄 지은 자를 사하여 준 것 같이 우리 죄를 사하여 주옵시고." 과연 여러분은 하나님이 여러분을 용서해 주신 것 같이 다른 사람을 기꺼이 용서합니까? 공적인 기도 모임에서는 다른 사람들에게 보이기 위해 기도하지만, 골방에서 홀로 하나님께 은밀히 기도한 적은 과연 얼마나 있습니까?

여러분은 가면을 쓰고 있지는 않습니까? 교회에서는 교인답게 행동하지만 가정이나 직장에서는 다르게 살고 있지는 않습니까? 아내나 남편, 아이들에 대한 태도가 교회 주차장에서 나오는 즉시 변하지는 않습니까? 친절한 미소가 너무나 빨리 사라져 버리지는 않습니까?

제가 말하는 바를 모두 이해하십니까? 예수님이 위선자라고 부른 사람들은 종교 지도자들이었습니다. 그들은 하나님을 가장 잘 안다고 자랑하던 사람들이었습니다. 그들은 행음자나 알코올 중독자도 아니었고, 도둑이나 거짓말쟁이는 더더욱 아니었습니다.

이제 여러분은 이렇게 질문할지도 모르겠습니다. "그렇다면 과연 위선자가 아닌 사람이 얼마나 있을까? 어떻게 마음과 행위가 일치할 수 있을까? 참으로 겉과 속 모두 의로운 사람이 있을까?"

여러분은 결코 그렇게 될 수 없을 것입니다. 예수님도 여러분에게 그러한 것들을 요구하시지는 않습니다. 단지 이것을 기억하십시오. 예수님이 요구하시는 것을 예수님이 공급하신다는 사실 말입니다. 어떻게 그것이 가능합니까? 성령님이 여러분 안에 거하심으로써 가능합니다. 성령님의 인도하심으로 여러분은 의로움에 도달할 수 있습니다.

주 안에서 사랑하는 형제들이여, 인내하십시오. 여러분은 앞으로 수

주 내에 그것을 보게 될 것입니다.

필립 켈러(Philip Keller)는 그의 자서전 「오! 오묘한 성령의 바람이여」(Wonder O' the Wind)에서 이렇게 말하고 있습니다.

> 우리가 무시한 것은 교회도 아니고, 하나님의 말씀도 아니며, 매일의 헌신도 아닙니다. 우리는 그것들을 무시하지 않았습니다. 오히려 그 반대입니다. 현대의 수많은 그리스도인들처럼 우리도 일상적인 종교 의식을 치릅니다. 그러나 그것은 마치 가축 우리나 불모지에 있는 먼지처럼 메말라 있습니다.

부끄럽게도 저는 제 삶의 기쁨이 그리스도로부터 오는 것이 아니라 땅으로부터 오고 있음을 어렴풋이 깨닫게 되었습니다. 그러나 이율배반적으로 저의 영적 침체의 원인은 영혼 깊은 곳에 있는 하나님을 알고자 하는 강한 욕구였습니다. 그곳에는 그리스도와 교제하고자 하는 그치지 않는 욕구가 있었습니다. 그러나 어떻게 그 일이 가능하겠습니까? 참으로 그것이 어떻게 가능하겠습니까? 그 해답을 산상수훈에서 살펴보기로 하겠습니다.

CHAPTER 제2장 TWO

진정한 행복의 시작

제 1 일

"내가 원하는 것은 행복해지는 것입니다."

여러분은 이런 말을 이전에도 많이 들어왔을 것입니다. 사실 이것은 누구에게나 있는 마음입니다. 우리의 마음은 계속해서 '그렇습니다. 내가 원하는 것은 정말로 행복해지는 것입니다!' 라고 외칩니다.

최근에 여러분이 정말로 행복하다고 느꼈던 때는 언제입니까? 기억이 나십니까? 회상해 보십시오. 아마도 잠자리에서 막 일어나 창틈으로 들어오는 한 줄기 햇살을 바라보았을 때였는지도 모릅니다. 또한 영화 "사운드 오브 뮤직"에서처럼 춤추며 노래하며 산마루를 뛰어다니고 싶을 만큼 행복하다고 느꼈던 때였을지도 모릅니다. 그때는 모든 일이 형통하고 아무런 폭풍우도 일지 않았을 것입니다. 여러분의 꿈에는 전혀 비바람이라고는 불지 않을 것이라고 생각했을 것입니다. 여러분의 꿈의 선박을 행복의 섬에 이끌어줄 순풍만이 불고 있었을 것입니다.

그런데 어디선가 갑자기 폭풍이 휘몰아쳐 왔습니다. 여러분의 행복은 순식간에 무서운 폭풍우에 휘몰려 내려갔습니다. 이제 여러분은 꿈의 목적지에 다다를 수 없음을 깨닫게 되었고, 행복이란 단지 환상적인 감정에 불과하지 않다는 것도 알게 되었습니다. 갑자기 돌변한 환경이 그 소중한 행복을 휘몰아 간 것입니다.

행복이란 이처럼 환경에 의존하는 것입니까? 대부분의 사람들에게 있어서 행복은 그러합니다. 사실 행복이란 사람마다 다릅니다. 일반적으로 그것은 만족감이나 기쁨을 말합니다. 또한 행복은 환경의 문제만이 아니라 감정의 문제이기도 합니다. 신체가 건강하고 신진 대사가 원활하고 모든 것이 잘 되어가며 건전한 자아상을 소유하고 있을 때 행복감을 느끼기도 합니다. 반면에 건강이 악화되거나 신진 대사가 원활치 못하며 환경이 뒤틀려가고 자아가 손상될 때 좋지 않은 감정을 느끼기도 합니다.

모든 사람들에게 행복이란 다양한 형태로 다가옵니다. 여러분이 해야 할 일은 '사람들이 무엇을 말하고 있는가'에 귀기울이는 것입니다. 그러면 여러분은 사람들을 행복하게 만드는 것이 무엇인지를 발견할 수 있을 것입니다.

"이 감기만 다 나으면 난 행복해질꺼야."

"그 직업을 가지면 난 행복해질꺼야."

"그가 나에게 결혼해 달라고 요청하면 난 가장 행복한 여자가 될꺼야."

"이러한 규칙들이 없어진다면 난 행복해질꺼야. 지금은 내가 원하는 것을 할 수가 없잖아."

"새 집을 마련하기만 하면 난 행복해질꺼야."

이제 그 소원이 다 이루어졌습니다.

감기가 떨어졌습니다 … 그러나 여러분은 치통을 앓게 되었습니다!

그 직업을 갖게 되었습니다 …그러나 여러분의 상관은 못된 사람입니다!

그가 당신에게 결혼하자고 요청했습니다 … 그러나 당신은 비참한 결혼생활을 하고 있습니다!

그 규칙들을 피했습니다 … 그러나 그 결과로 고통을 당했습니다!

새 집을 마련했습니다 … 그러나 여러분의 구상대로 지어지지는 않았습니다!

여러분의 환경 가운데 이러한 '소나기'들이 내린 적은 없습니까? 행복이란 이처럼 변덕스러운 친구입니다. 좋을 때는 순풍처럼 여러분 곁에 있지만, 곤경을 당할 때는 여러분 곁을 떠나는 그런 소나기 같은 친구입니다.

그러나 사랑하는 여러분, 제가 말씀드리고 싶은 것은 행복이란 결코 참된 친구가 아니라는 것입니다. 그리고 여러분이 찾고 있는 것은 진정한 행복이 아니라는 것입니다. 그것은 세상의 행복입니다. 참 행복은 쉽게 사라지는 환상적인 꿈이 아닙니다. 그것은 여러분이 그것을 어디에서 발견할 수 있는지 알고 있을 때에만 가질 수 있는 것입니다. 앞으로 몇 주간 동안 주의 깊게 경청하고 배운 것을 적용한다면 여러분은 참 행복을 발견할 것으로 확신합니다. 그것은 변덕스러운 친구도 아니요, 믿을 수 없는 친구도 아닙니다. 그것은 형제보다 더 가깝고 모든 역경 가운데서도 여러분 곁에 붙어 있는 참된 친구입니다.

지금 여러분과 함께 나누고 있는 것을 제가 어떻게 해서 이처럼 확신하게 되었을까요? 그것은 간단합니다. 저는 하나님의 말씀이 진리인 것을 알고 있기 때문입니다. 산상수훈은 참 행복의 땅에 들어가는 문을 여는 열쇠입니다.

행복(happiness)이란 말은 하나님의 말씀에서는 '복된' (blessed) 혹은 '축복' (blessedness)이란 말로 쓰입니다. 그것은 헬라어 '마카리오스' (makarios)란 말에서 유래합니다. 이 단어에는 윤리적인 요소가 포함되어 있습니다. 또한 이 단어에는 하나님과는 관계가 없지만 윤리적으로 사람이 해야 할 일을 하지 않으면 벌을 받는다는 의미가 내포되어 있습니다. 거기로부터 출발해서 이 '마카리오스' 란 단어는 행복의 본질로서 내적 교정(correction)의 의미를 띠게 되었고, 마침내 하나님의 말씀 가운데서 진리의 말씀으로 사용되었습니다. 성경에서 축복이란 "하나님의 인정"을 의미합니다. 그것은 하나님과의 바른 관계로부터, 하나님 앞에서 바르게 행함으로부터 옵니다. 그것은 순수한 마음에서 우러나오는 행복입니다. 순수한 마음이란 "죄를 모든 불행의 근원으로 보고, 경건을 모든 고통의 해결책으로 바라보는 것" 입니다.[2]

이것이 참된 행복입니다. 이것은 환경에 좌우되는 것이 아니요 하나님과의 바른 관계로부터 오는 복된 상태를 말합니다. 수많은 사람들이 비록 환경은 불우해도 평화와 고요함과 만족과 확신에 차 있는 이유가 바로 여기에 있습니다. 그들은 폭풍 가운데서도 행복해 합니다.

'마카리오스' 라는 단어가 여러 가지 형태로 쓰이고 있는 다음의 성경 구절들을 살펴보십시오. 성구들을 기록하면서 이 단어가 인간의 참 행복을 위한 하나님의 단어라는 사실을 마음에 새기십시오. 그리고 생

---

2. Marvin R. Vincent, *Word Studies in the New Testament* (Grands Rapids: Eerdmans, 1976), 35.

각 나는 것들을 기록해 보십시오.

1. 요한복음 13:17

2. 요한복음 20:29

3. 디모데전서 1:11

　　디모데전서 1:11을 보면서 여러분은 분명 하나님이 복되신 분임을 발견했을 것입니다. 그러므로 행복이란 하나님을 닮아가면서, 또는 신의 성품을 소유해 가면서 발견되어지는 것입니다. 그러면 여러분은 이렇게 질문할 것입니다. "케이 여사, 그런데 어떻게 하나님을 닮아갈 수 있습니까? 나를 잘 알지도 못하면서 어떻게 그렇게 말할 수 있습니까?" 그렇지 않습니다. 저는 여러분들이 어떤 사람인지 잘 알고 있습니다. 왜냐하면 하나님을 떠난 제가 어떠한 사람이었는지 잘 알고 있기 때문입니다. 내일 이 문제를 살펴보겠습니다. 그 해답은 심령의 가난함에 있습니다.

제 2 일

잠시 모든 것을 멈추고 생각해 보십시오. 참 행복이란 외부로부터 오는 것이 아니라 우리 안에서부터 시작된다는 사실이 감사하지 않습니까? 즉 환경이 아니라 인격에서 온다는 사실입니다. 주님은 산상수훈을 시작하시면서 여덟 번이나 행복이란 우리가 어떤 사람인가에 달려 있음을 말씀하셨습니다. 심령이 가난한 사람, 애통해 하는 사람, 온유한 사람, 의에 주리고 목마른 사람, 자비로운 사람, 마음이 청결한 사람, 화평케 하는 사람, 핍박을 받는 사람들에게 행복이 찾아온다는 것입니다.

이상하지 않습니까? 특히 핍박을 받는 자가 복이 있다는 말은 더더욱 그러합니다. 세상이 행복이라고 부르는 것과 얼마나 정반대의 말씀입니까!

예수님의 산상수훈이 청중들의 자제력을 잃게 할 정도로 그들을 경악시켰다는 사실이 놀랍지 않습니까! 이렇게 권위 있는 말씀을 하신 분은 바로 육신으로 오신 하나님이십니다. 창조주가 피조물에게 말씀해 주신 행복이란 하나님 앞에서 인정받는 데서 샘솟는 것입니다. 여러분들은 아마도 이것을 의아스럽게 생각할지 모릅니다. 그러나 하나님께서 다음과 같이 계속해서 말씀하시는 한 이것은 아무런 문제가 되지 않습니다. "나는 네가 어떤 사람인지를 알고 있다. 그러나 너는 나의 기쁨이다."

사람은 하나님의 영광을 위해, 하나님의 기쁨을 위해 창조되었습니다. 그렇다면 어찌 사람이 그 창조된 목적을 이루지 않고서 완전해지거나 만족해 할 수 있겠습니까?

이 모든 것을 염두에 두고 이제 '팔복'을 관찰해 봅시다. 이미 여러분들도 다 아시겠지만, 그것들은 자연인의 인격이나 자질이 아닙니다. 사람은 이러한 자질들을 스스로의 힘으로 이룰 수 없습니다. 오히려 우리 인간의 마음은 심히 거짓되고 부패해 있습니다(렘 17:9).

산상수훈이 오늘날에는 적용되지 않는다고 말하는 사람들은 심령이 가난하다는 말을 결코 이해하지 못한 사람들입니다. 이 첫 번째 복은 다른 모든 복이 건축되어지는 기초석입니다. 그것은 그리스도인의 삶의 알파요, 자아 실현의 오메가입니다. 총체적인 삶이 모두 이 한 구절에 함축되어 있습니다.

"심령이 가난한 자는 복이 있나니 천국이 저희 것임이요"(마 5:3).

'심령이 가난하다' 라는 말은 무슨 의미입니까? 가난하다는 말은 '몸을 굽실거리고 움츠러드는 것' 을 의미합니다. 그 말은 두려워 움츠러들거나 몸을 숨기는 것을 의미하는 말에서 유래합니다. 그것은 가난에 찌들고 힘이 없고 아주 빈곤한 상태를 의미합니다. 무엇이 빈곤하다는 것입니까? 심령이 빈곤한 것입니다.

요한복음 4:24은 이렇게 기록하고 있습니다. "하나님은 영이시니 예배하는 자가 신령과 진정으로 예배할지니라." 아담과 하와가 에덴 동산에서 죄를 범했을 때 그들은 죽었습니다. 그들의 육적인 생명은 죽음을 향해 가게 되었고, 그들의 영적인 생명 또한 그 생명력을 잃었습니다. 그러나 그들은 여전히 살아 있는 영이었습니다. 그러므로 그들은 다른 방법으로 죽어야만 했습니다. 왜냐하면 하나님께서 "네가 먹는 날에는 정녕 죽으리라"(창 2:17)고 말씀하셨기 때문입니다.

아담이 하나님으로부터 자신의 몸을 숨긴 이유는 무엇입니까? 갑자기 자신의 몸이 벌거벗은 줄을 알게 되고 선악의 지식을 갖게 된 이유가 무엇입니까? 왜 아담은 무화과 나뭇잎으로 자신의 몸을 가리우고 더 이상 하나님과 교제할 수 없는 처지가 되었습니까? 왜 하나님은 그를 에덴 동산에서 내어 쫓으셨습니까?

저는 사람이 몸과 혼과 영으로 창조되었음을 믿습니다. 어떤 사람들은 이러한 삼분설보다 이분설을 더 선호합니다. 그러나 데살로니가전서 5:23에서 바울은 삼분설을 이야기하고 있습니다. "평강의 하나님이 친히 너희로 온전히 거룩하게 하시고 또 너희 온 영과 혼과 몸이 우리 주 예수 그리스도 강림하실 때에 흠 없게 보전되기를 원하노라."

사람은 범죄하므로 하나님의 영을 잃어버렸습니다. 그러나 사람이 하나님께 돌아와 예수님을 구세주로 영접할 때 성령이 그에게로 와서 그 안에 거하게 되며 이로써 "성령의 새롭게 하심"(딛 3:5)을 공유하게 됩니다.

그렇다면 하나님으로부터 멀어진 사람은 어떠한 사람입니까? 바로 심령이 빈곤한 사람입니다. 이러한 사람은 철저하게 심령이 빈곤합니다. 그는 성령이 부족합니다. 성령은 누구십니까? 성령은 하나님과 교제할 수 있으며 하나님을 만족케 하시는 분입니다. 하나님이 아니면 누가 하나님을 만족케 하실 수 있습니까? 하나님의 영 외에는 누가 하나님의 일들을 이해할 수 있습니까?(고전 2:11)

그러므로 심령이 가난하다는 것은 하나님 앞에서 전적으로 무능하다는 것을 깨닫는 것입니다. 하나님을 기쁘시게 하거나 그를 섬기는 일에 있어서 스스로는 전적으로 불가능함을 인정하는 것입니다. 심령의 가난은 죄를 변호해 주실 분이 하나님 밖에 없음을 인정하는 것입니다. 심령이 가난한 사람은 바울과 같이 고백합니다. "내 속 곧 내 육신에 선한 것이 거하지 아니하는 줄을 아노니" (롬 7:18).

심령의 가난은 누가복음 18:9-14에 아름답게 묘사되어 있습니다. 본문을 읽으십시오.

▶ 누가복음 18:9-14

⁹또 자기를 의롭다고 믿고 다른 사람을 멸시하는 자들에게 이 비유로 말씀하시되 ¹⁰두 사람이 기도하러 성전에 올라가니 하나는 바리새인이요 하나는 세리라 ¹¹바리새인은 서서 따로 기도하여 가로되 하나님이여 나는 다른 사람들 곧 토색, 불의, 간음을 하는 자들과 같지 아니하고 이 세리와도 같지 아니함을 감사하나이다 ¹²나는 이레에 두 번씩 금식하고 또 소득의 십일조를 드리나이다 하고 ¹³세리는 멀리 서서 감히 눈을 들어 하늘을 우러러 보지도 못하고 다만 가슴을 치며 가로되 하나님이여 불쌍히 여기옵소서 나는 죄인이로소이다 하였느니라 ¹⁴내가 너희에게 이르노니 이 사람이 저보다 의롭다 하심을 받고 집에 내려갔느니라 무릇 자기를 높이는 자는 낮아지고 자기를 낮추는 자는 높아지리라 하시니라

이 비유가 어떻게 심령의 가난을 설명하고 있는지를 자신의 말로 표현해 보십시오. 그리고 예수님께서 이 비유를 말씀하신 이유를 적어 보십시오.

여러분의 심령도 진실로 가난합니까? 여러분이 죄인임을 인정합니까? 하나님을 기쁘시게 하는 데 있어서 여러분은 전적으로 무능한 존재임을 인정합니까? 이 점을 깊이 묵상하시고 여러분의 생각을 적어 보십시오.

제 3 일

저는 신앙의 가정에서 자랐습니다. 그러나 저는 29세가 될 때까지 구원받지 못했습니다. 만일 그때 누군가 저에게 '기독교인이냐' 고 물었다면 저는 주저하지 않고 '그렇다' 고 대답했을 것입니다. 무엇보다 저는 세례를 받았기 때문입니다. 저는 주일학교에서 교사로 봉사했습니다. 저는 기도문이 없이도 기도할 수 있게 되었고, 저의 부친은 성직자가 되셨습니다. 그리고 지금은 비록 고인이 되었지만 저의 첫 남편은 목회에 대해 공부하고 있었습니다. "저요? 기독교인이냐구요? 물론이죠! 저는 미국에 살고 있고 교회에 다니고 있습니다. 아마도 하나님은 제가 기독교인이 됨으로 인해 이득을 보셨을 거예요. 저는 예쁜 숙녀로 성장했고, 부인회에 가입하여 나이든 노인들과 함께 봉사하고 있다구요!"

이것이 바로 제 자신을 바라보던 저의 시각이었습니다. 저는 진심으로 하나님께서 나를 택하신 것은 아주 잘한 일이라고 생각했습니다. 심령의 가난이라구요? 저는 그것이 무엇을 뜻하는지도 몰랐습니다. 20대 후반이 되기까지 저는 크게 죄의식을 느끼지 못하며 살았습니다. 이것은 무엇보다도 제가 종교적인 환경에 둘러싸여 있었고, 성령의 확신 아래 하나님의 말씀이 힘있게 선포됨을 듣지 못한 까닭이었습니다. 저는 바리새인과 같았습니다. 저에게는 규칙들이 있었습니다. 저는 그 규칙들을 지켰고 사람들에게 보이기 위해 의를 실천했습니다. 그러나 나의 의로는 구원을 얻을 수가 없었습니다.

26세가 되었을 때 저는 남편과 이혼했고, 두 아들과 함께 워싱턴 D.C로 이사했습니다. 저는 거실에 뻣뻣이 서서 주먹을 흔들며 하나님을 욕했습니다. "하나님, 지옥에나 가십시오. 나중에 뵙겠습니다. 나는 나를 사랑해 주는 다른 사람을 찾아 봐야겠습니다."

저는 짧은 미니 스커트를 입고, 밍크 목도리를 걸치고 남자를 찾아 나섰습니다. 저는 전의 남편이 나에게 보여주지 못한 무조건적인 사랑, 즉 추하든지 예쁘든지, 아프든지 건강하든지, 행복하든지 슬프든지 나를 무조건 사랑해 줄 수 있는 남자를 찾았습니다. 그러는 사이에 저는 결코 되지 않으리라고 맹세했던 부도덕한 여인이 되어 버렸습니다. 저는 이 남자 저 남자의 품으로 옮겨다니면서 이상적인 남자를 찾았습니다. 저의 어린 두 아들은 "엄마, 그 사람이 아빠가 될 건가요?"라고 자꾸 물어 보았습니다. 그럴 때마다 저는 죄의 올무에 빠져 있는 나 자신을 발견하곤 했습니다.

시편 9:15에서 시편 기자는 열방은 자기가 판 웅덩이에 빠진다고 말합니다. 저는 점점 더 깊은 진흙 구덩이에 빠져 들어감을 느낄 수 있었습니다. 저는 더러워지는 것이 싫었지만, 한편으로는 계속해서 더 자유로워지고 싶었습니다. 그래서 그 웅덩이에서 벗어나려고 애를 썼습니다. 그리고 제 자신에게 이렇게 말하곤 했습니다. "난 다시는 그러지 않을 거야. 그것은 나쁜 일이야." 그러나 저는 다시 그 일에 빠져들곤 했습니다. 저는 주위를 둘러 싼 벽을 손가락으로 밀어내고 몸을 끌어내어 그 진흙 구덩이에서 벗어나고자 노력했습니다.

그러던 어느 날 저녁, 저는 힘을 잃고 말았습니다. 매일매일 진흙 구덩이가 제 앞에서 저를 기다리고 있었기 때문입니다. 애를 쓰면 쓸수록 의지력과 결심은 저를 더욱 빠져나가지 못하게 막았습니다. 저는 죄의 덫에 걸려 있었던 것입니다. 그제서야 바울의 말이 실감났습니다. "나의 행하는 것을 내가 알지 못하노니 곧 원하는 이것은 행하지 아니하고 도리어 미워하는 그것을 함이라"(롬 7:15). 마침내 저는 제 자신 안에 선한 것이 없음을 깨달았습니다. 원함은 내 안에 있으나 행할 능력은 없었습니다. 저는 선을 원했지만 그것을 행하지는 못했습니다. 도리어 원치 않는 바로 그 악행을 실천했던 것입니다(롬 7:18-19 참조).

이전에는 하나님께서 저를 택하심이 하나님께 행운일 것이라고 생각했지만, 이제는 '하나님께서 어떻게 나와 같은 사람을 보실 수 있을까' 하고 생각하게 되었습니다. 만일 제가 하나님 앞에 서 있다면 하나님은 반드시 "나에게서 떠나라"고 명하실 것이라고 확신하게 되었습니다. 저는 선한 사람이 되고 싶었지만 그렇게 될 수가 없었습니다. 참으로 빈곤한 사람이 되어 있었습니다. 다시 말하면 하나님 앞에 '거지'가 되었던 것입니다. 예전에는 바울의 말을 이해할 수 없었지만 어느 날 그 말을 충분히 이해하게 되었습니다.

"오호라 나는 곤고한 사람이로다 이 사망의 몸에서 누가 나를 건져내랴" (롬 7:24).

1963년 7월 16일 아침, 저는 제 방으로 달려가 하나님의 발 앞에 엎드러 외쳤습니다. "하나님! 주님이 저에게 무엇을 행하시든지 이제 지는 거역하지 않겠습니다. 제 몸을 목에서부터 마비시킨다 해도 저는 불평하지 않겠습니다. 제가 사는 동안에 또 다른 남자를 만나지 못한다 해도 불평하지 않겠습니다. 만일 저에게 평화를 주신다면 저의 두 아들에게 무엇을 행하시든지 저는 상관하지 않겠습니다."

마침내 심령이 가난해졌고 저는 성령을 받았습니다. 저는 무릎을 꿇었습니다. 그리고 한참 뒤에 일어났을 때 창녀와 같았던 저는 처녀와 같은 심정을 갖게 되었습니다. 이전에는 창부의 옷을 걸쳐 입었지만, 일어섰을 때 하나님은 제가 가는 곳마다 함께 하셨음을 깨달았습니다. 그리고 그때부터는 하나님께 어울리는 옷을 입어야 했습니다.

> "사망의 줄이 나를 두르고 음부의 고통이 내게 미치므로 내가 환난과 슬픔을 만났을 때에 내가 여호와의 이름으로 기도하기를 여호와여 주께 구하오니 내 영혼을 건지소서 하였도다 여호와는 은혜로우시며 의로우시며 우리 하나님은 자비하시도다 여호와께서는 어리석은 자를 보존하시나니 내가 낮게 될 때에 나를 구원하셨도다 내 영혼아 네 평안함에 돌아갈지어다 여호와께서 너를 후대하심이로다 주께서 내 영혼을 사망에서 내 눈을 눈물에서 내 발을 넘어짐에서 건지셨나이다 여호와께서 내게 주신 모든 은혜를 무엇으로 보답할꼬 내가 구원의 잔을 들고 여호와의 이름을 부르며 여호와의 모든 백성 앞에서 나의 서원을 여호와께 갚으리로다 여호와여 나는 진실로 주의 종이요 주의 여종의 아들 곧 주의 종이라 주께서 나의 결박을 푸셨나이다"(시 116:3-8, 12-14, 16).

저는 심령이 가난한 사람이 되었습니다! 천국이 저의 것이 되었습니다! 하나님의 영이 제 안에 들어오셨습니다. 그러므로 저의 몸은 그의 성전이 되었습니다.

심령의 가난은 무엇입니까? 그것은 자기 확신, 자기 신뢰, 자기 교만을 버린 상태입니다. 그것은 독립된 자아에서 하나님께로의 전폭적인 의지로 돌아서는 것입니다. 그것은 깨어지는 것입니다. 그러므로 이제 여러분의 팔을 벌려서 자신을 깨뜨리고, 여러분의 무릎을 꿇게 하고, 하나님 앞에서 여러분을 전적인 빈곤으로 몰고갈 것을 기쁨으로 맞이하십시오.

1. 복음은 누구를 위한 것입니까? 예수 그리스도는 누구를 부르시고자 오셨습니까? 마태복음 9:10-13을 읽고 위의 질문에 답하십시오.

   ▶ 마태복음 9:10-13

   10예수께서 마태의 집에서 앉아 음식을 잡수실 때에 많은 세리와 죄인들이 와서 예수와 그 제자들과 함께 앉았더니 11바리새인들이 보고 그 제자들에게 이르되 어찌하여 너희 선생은 세리와 죄인들과 함께 잡수시느냐 12예수께서 들으시고 이르시되 건강한 자에게는 의원이 쓸데없고 병든 자에게라야 쓸데있느니라 13너희는 가서 내가 긍휼을 원하고 제사를 원치 아니하노라 하신 뜻이 무엇인지 배우라 내가 의인을 부르러 온 것이 아니요 죄인을 부르러 왔노라 하시니라

2. 누가복음 4:18을 읽으십시오. 예수님께서 이사야서에서 이 말씀을 펼쳐 읽으셨을 때 이 말씀은 어떤 의미였습니까?

> ▶ 누가복음 4:18
>
> ¹⁸주의 성령이 내게 임하셨으니 이는 가난한 자에게 복음을 전하게 하시려고 내게 기름을 부으시고 나를 보내사 포로된 자에게 자유를, 눈먼 자에게 다시 보게 함을 전파하며 눌린 자를 자유케 하고

제 4 일

디 에이 카슨(D. A. Carson)은 그의 탁월한 소책자인 「산상수훈: 마태복음 5-7장까지의 복음적인 강해」에서 이렇게 말하고 있습니다.

> 현대 복음주의는 하나님이 우리를 받아들이실지 어떠실지에 대한 관심은 거의 없습니다. 반면에 우리가 그를 받아들일 것인지에 대해서는 훨씬 더 관심이 많습니다. 우리가 그를 기쁘시게 해 드리는 일에 대한 관심은 적고, 그가 우리를 기쁘게 해 주셔야 한다는 사실에는 대단한 관심을 보입니다. 이러한 위조된 회심이 만연한 이유는 사람들에게 왜 그리스도가 필요한지를 처음부터 가르치지 않았기 때문이라고 생

각합니다.³

심령의 빈곤을 철저히 느낄 때까지 사람들은 천국을 받아들이지 못합니다. 이러한 이유로 세례 요한이 "회개하라 천국이 가까웠느니라"고 외치고, 바리새인과 서기관들에게는 "회개에 합당한 열매를 맺으라"고 말한 것이 아닐까요?(마 3:2, 8) 그는 분명히 그들이 자신들의 자만, 자기 의지, 자기 확신 등을 포기하지 않을 것을 알았습니다. 그들 역시 자신들을 택하심은 하나님께서 아주 덕본 일이라고 생각했을 것입니다. 그들의 자기 의는 그들로 하여금 믿음으로부터 오는 의를 보지 못하게 했습니다.

우리가 가르치는 복음은 어떤 종류입니까? 사람들에게 죄인임을 확신케 하는 복음입니까? 사람들로 하여금 "하나님, 이 죄인에게 자비를 베푸소서"라고 가슴을 치며 통곡하게 하는 복음입니까?

요한 웨슬레는 복음을 어떻게 전할 것인가를 알기 원하는 한 젊은이에게 다음과 같은 성경적인 교훈을 주고 있습니다. 이를 통해 우리도 교훈을 얻기 바랍니다.

웨슬레는 그가 새로운 장소에 도착하여 복음을 전할 때마다 하나님의 사랑을 선포함으로 시작한다고 말합니다. 그런 다음 그는 '율법'(그에게 있어서 이는 하나님의 의의 기준과 불순종에 대한 형벌을 의미)을 가능한 한 아주 엄격하게 선포합니다. 그는 청중 대부분이 자신이 죄인임을 깨달을 때까지 이를 계속하는데, 청중들은 심지어 거룩하

---

3. D. A. Carson, *The Sermon on the Mount: An Evangelical Exposition of Mattew Five through Seven* (Grands Rapids: Baker, 1978), 118-119.

신 하나님으로부터 용서받을 수 없다는 절망에 빠지기까지 합니다. 웨슬레는 이때 비로소 예수 그리스도의 복음을 소개합니다.

웨슬레는 구원에 있어서의 그리스도의 인격, 그의 사역과 죽음, 부활 그리고 오직 믿음으로 말미암아 하나님의 은혜로만 구원을 받는다는 놀라운 진리를 설명합니다. 청중들이 죄인이며 스스로 구원할 수 없는 자라는 사실을 깨닫지 못하는 한 하나님의 은혜의 능력은 그들을 움직이지 못한다고 생각하기 때문입니다. 웨슬레는 수많은 무리가 회심한 후에 율법과 관련된 내용을 첨가합니다. 그는 참된 신자들은 체험적인 의에 굶주리고 있으며 심령의 가난을 계속해서 인정하는 자들이며, 그들이 하나님께 용납되는 이유는 항상 그리스도의 희생 위에서만 가능하다는 것을 계속 인식한다는 진리를 이해하기 때문입니다.[4]

심령의 가난은 하나님의 자녀로서 살아가는 동안 일생에 단 한 번 일어나는 사건이 아닙니다. 오히려 그것은 삶의 전 과정입니다. 그것은 여러분 스스로 결코 하나님을 기쁘게 할 수 없으며 하나님의 의의 수준을 결코 충족시킬 수 없음을 깨닫고 하나님께 전폭적으로 의지하는 삶입니다. 오직 성령의 은사와 성령 안에서 행함으로써 우리는 하나님을 기쁘시게 할 수 있습니다.

이제 잠시 중단하고 우리로 하여금 심령의 가난을 깨닫지 못하게 하는 것들이 무엇인지 생각해 봅시다. 내일은 심령이 가난한 자들의 행함을 검토해 보겠습니다.

---

4. Ibid., 69, 118-119.

1. 로마서 10:1-3을 읽고 다음 질문에 답하십시오.

   ▶ 로마서 10:1-3

   ¹형제들아 내 마음에 원하는 바와 하나님께 구하는 바는 이스라엘을 위함이니 곧 저희로 구원을 얻게 함이라 ²내가 증거하노니 저희가 하나님께 열심이 있으나 지식을 좇은 것이 아니라 ³하나님의 의를 모르고 자기 의를 세우려고 힘써 하나님의 의를 복종치 아니하였느니라

   a. 왜 이스라엘 사람들은 자신들이 심령이 가난한 자임을 깨닫지 못했습니까?

   b. 그들은 구원받았습니까, 아니면 구원받지 못했습니까? 위의 세 구절로 여러분의 답을 변호해 보십시오.

   c. 오늘날도 그러합니까? 그렇다면 어디에서 그러한 현상이 나타납니까? 설명해 보십시오.

2. 고린도전서 1:18-22을 읽고 다음 질문에 답하십시오.

▶ 고린도전서 1:18-22

[18]십자가의 도가 멸망하는 자들에게는 미련한 것이요 구원을 얻는 우리에게는 하나님의 능력이라 [19]기록된 바 내가 지혜 있는 자들의 지혜를 멸하고 총명한 자들의 총명을 폐하리라 하였으니 [20]지혜 있는 자가 어디 있느뇨 선비가 어디 있느뇨 이 세대에 변사가 어디 있느뇨 하나님께서 이 세상의 지혜를 미련케 하신 것이 아니뇨 [21]하나님의 지혜에 있어서는 이 세상이 자기 지혜로 하나님을 알지 못하는 고로 하나님께서 전도의 미련한 것으로 믿는 자들을 구원하시기를 기뻐하셨도다 [22]유대인은 표적을 구하고 헬라인은 지혜를 찾으나

a. 사람들로 하여금 심령의 가난을 보지 못하도록 방해하는 것은 무엇입니까?

b. 이러한 일들이 오늘날에도 일어납니까? 만일 그렇다면 그 이유를 설명해 보십시오.

3. 마가복음 10:17-25에 등장하는 젊고 부유한 관원을 기억하십니까? 그렇지 못한다면 다시 한번 읽고 다음 질문에 답하십시오.

▶ 마가복음 10:17-25

¹⁷예수께서 길에 나가실새 한 사람이 달려와서 꿇어앉아 묻자오되 선한 선생님이여 내가 무엇을 하여야 영생을 얻으리이까 ¹⁸예수께서 이르시되 네가 어찌하여 나를 선하다 일컫느냐 하나님 한 분 외에는 선한 이가 없느니라 ¹⁹네가 계명을 아나니 살인하지 말라, 간음하지 말라, 도적질하지 말라, 거짓 증거하지 말라, 속여 취하지 말라, 네 부모를 공경하라 하였느니라 ²⁰여짜오되 선생님이여 이것은 내가 어려서부터 다 지키었나이다 ²¹예수께서 그를 보시고 사랑하사 가라사대 네게 오히려 한 가지 부족한 것이 있으니 가서 네 있는 것을 다 팔아 가난한 자들을 주라 그리하면 하늘에서 보화가 네게 있으리라 그리고 와서 나를 좇으라 하시니 ²²그 사람은 재물이 많은 고로 이 말씀을 인하여 슬픈 기색을 띠고 근심하며 가니라 ²³예수께서 둘러보시고 제자들에게 이르시되 재물이 있는 자는 하나님의 나라에 들어가기가 심히 어렵도다 하시니 ²⁴제자들이 그 말씀에 놀라는지라 예수께서 다시 대답하여 가라사대 얘들아 하나님의 나라에 들어가기가 어떻게 어려운지 ²⁵약대가 바늘귀로 나가는 것이 부자가 하나님의 나라에 들어가는 것보다 쉬우니라 하신대

a. 이 구절에 따르면 심령의 가난을 보지 못하게 하고, 천국에 들어가지 못하도록 막는 것은 무엇입니까?

b. 왜 이러한 일이 당시뿐만 아니라 오늘날에도 일어난다고 생각하십니까? 여러분의 의견을 적어 보십시오.

4. 고린도전서 1:26-31을 읽고 다음 질문에 답하십시오.

▶ 고린도전서 1:26-31

²⁶형제들아 너희를 부르심을 보라 육체를 따라 지혜 있는 자가 많지 아니하며 능한 자가 많지 아니하며 문벌 좋은 자가 많지 아니하도다 ²⁷그러나 하나님께서 세상의 미련한 것들을 택하사 지혜 있는 자들을 부끄럽게 하려 하시고 세상의 약한 것들을 택하사 강한 것들을 부끄럽게 하려 하시며 ²⁸하나님께서 세상의 천한 것들과 멸시받는 것들과 없는 것들을 택하사 있는 것들을 폐하려 하시나니 ²⁹이는 아무 육체라도 하나님 앞에서 자랑하지 못하게 하려 하심이라 ³⁰너희는 하나님께로부터 나서 그리스도 예수 안에 있고 예수는 하나님께로서 나와서 우리에게 지혜와 의로움과 거룩함과 구속함이 되셨으니 ³¹기록된 바 자랑하는 자는 주 안에서 자랑하라 함과 같게 하려 함이니라

a. 이 구절은 심령의 가난과 어떻게 연결됩니까?

b. 여러분은 하나님 앞에서 무엇을 자랑합니까?

여러분은 심령의 가난을 가로막는 자신의 의, 지성, 세상의 지혜, 부, 능력을 소유하고 계십니까? 그렇다면 그것들은 여러분의 천국 가는 길

을 가로막고 있을 것입니다. 왜냐하면 오직 심령이 가난한 사람만이 천국을 소유하기 때문입니다. 이 내용을 깊이 생각하시고 내일 그 문제에 대해 더 토의하겠습니다.

제 5 일

산상수훈은 천국에 속한 사람들의 의로운 삶의 스타일을 묘사한 것입니다. 문제는 이것입니다: "어떻게 사람이 그러한 의를 얻을 수 있습니까?" 산상수훈의 복은 확실히 자연적으로 얻어지는 것이 아닙니다.

마태복음 5:21-7:12의 요구 조건들은 인간적으로는 불가능하며, 오직 예수 그리스도에 의해서만 성취 가능합니다. 그러므로 예수님은 자신을 따르는 모든 사람들에게 근본적인 복에 대해 언급하시며 산상수훈을 시작합니다.

"심령이 가난한 자는 복이 있나니 천국이 저희 것임이요."(마 5:3).

어떻게 심령이 가난해질 수 있습니까? 제가 믿기로는 하나님을 바라봄으로써 가능하다고 생각합니다. 그는 거룩하시기 때문에 우리의 기준을 가지고 만나뵐 수 있는 분이 아님을 깨닫는 것입니다. 우리는 그의 기준을 가지고 만나야 합니다. 하나님의 말씀과 하나님의 율법은 우리에게 그의 거룩하심을 보여주고 있습니다. 율법은 하나님이 우리에게 요구하시는 것을 말하고 있으며, 하나님의 말씀은 하나님이 진실로 어떠한 분이신가를 계시합니다.

하나님을 바라볼 때 우리는 비로소 우리의 죄를 깨닫기 시작합니다.

하나님이 요구하시는 높은 기준을 알 때 비로소 우리는 하나님의 영광
에 이르지 못하는 자신을 발견하게 됩니다. 우리는 그의 의와 거룩의 기
준에 미치지 못합니다. 이것이 바로 웃시야 왕이 죽던 해에 이사야에게
일어난 일입니다.

이사야 6:1-8을 읽고 다음 질문에 답하십시오.

▶ 이사야 6:1-8

¹웃시야 왕의 죽던 해에 내가 본즉 주께서 높이 들린 보좌에 앉으셨는데 그
옷자락은 성전에 가득하였고 ²스랍들은 모셔 섰는데 각기 여섯 날개가 있
어 그 둘로는 그 얼굴을 가리었고 그 둘로는 그 발을 가리었고 그 둘로는
날며 ³서로 창화하여 가로되 거룩하다 거룩하다 거룩하다 만군의 여호와
여 그 영광이 온 땅에 충만하도다 ⁴이같이 창화하는 자의 소리로 인하여 문
지방의 터가 요동하며 집에 연기가 충만한지라 ⁵그 때에 내가 말하되 화로
다 나여 망하게 되었도다 나는 입술이 부정한 사람이요 입술이 부정한 백
성 중에 거하면서 만군의 여호와이신 왕을 뵈었음이로다 ⁶때에 그 스랍의
하나가 화로에 단에서 취한 바 핀 숯을 손에 가지고 내게로 날아와서 ⁷그것
을 내 입에 대며 가로되 보라 이것이 네 입에 닿았으니 네 악이 제하여졌고
네 죄가 사하여졌느니라 하더라 ⁸내가 또 주의 목소리를 들은즉 이르시되
내가 누구를 보내며 누가 우리를 위하여 갈꼬 그 때에 내가 가로되 내가 여
기 있나이다 나를 보내소서

1. 이사야는 언제 자신의 참 모습을 알게 되었습니까?

2. 이사야는 언제 하나님의 용서를 깨닫게 되었습니까?

3. 이사야는 언제 하나님께서 자신에게 요구하시는 바를 행할 준비가 되었습니까?

우리가 자신의 힘으로 하나님을 기쁘시게 하려고 애를 쓰지만 계속 실패할 때 하나님은 우리 심령의 빈곤을 보여주십니다. 이것은 로마서 7장에서 고백하고 있는 사도 바울의 체험이기도 합니다. 겸손은 무릎을 꿇고 다음과 같이 외칠 때 옵니다. "오호라 나는 곤고한 사람이로다 이 사망의 몸에서 누가 나를 건져내랴"(롬 7:24). 이렇게 고백할 때 하나님은 그에게 성령을 부어 주셨습니다. 성령이 우리 속에 내주하실 때에야 비로소 우리는 하나님의 아들이라 일컬음을 받게 됩니다(롬 8:1-17). 성령이야말로 그리스도인의 삶의 열쇠입니다. 심령이 가난해짐으로 단지 구원만을 얻는 것이 아닙니다. 심령이 가난한 사람은 하나님의 성령을 떠나서는 아무것도 할 수 없음을 기억하며 참된 그리스도인의 삶을 살게 됩니다.

산상수훈의 팔복은 예수 그리스도의 영광스러운 모범을 보게 합니다. 그분은 우리 믿음의 창시자요, 지도자이십니다(히 12:2). 그러므로 여러분의 눈을 그분에게 고정시키십시오. 그러면서 그분이 여러문의 가난한 심령 안에서 어떻게 행하시는가를 살펴보십시오. 예수님이 하나님이심을 기억하십시오. 그분은 아무것도 부족하지 않으셨습니다. 그분은 하나님과 동등하셨습니다. 그러나 그분은 사람으로 태어나 이 세상에 사시면서 전폭적으로 하나님만 의지하셨습니다.

다음의 성구들을 읽고 예수님이 아버지를 어떻게 의지했는지를 기록하십시오.

1. 요한복음 8:26, 28-29

2. 누가복음 6:12-13

마태복음 3:16-17에 있는 대로, 예수 그리스도께서 그의 공적 사역을 시작하시기에 앞서 '모든 의'를 이루시기 위해 세례를 받은 사실은 매우 흥미롭습니다. 그때 성령이 비둘기처럼 그에게 임했습니다. 여기에 우리의 본보기가 있습니다. 예수님께서 성령을 전폭적으로 의지해서 사셨다면 우리도 그와 같이 살아야 할 것입니다. 우리가 하는 말은 하나님의 말이 되어야 합니다. 우리는 사람들에게 우리 자신의 지혜나 생각을 주어서는 안 될 것이며, 하나님의 진리와 떨어져서 생각해서도 안 될 것입니다. 우리의 행위는 그분의 행위가 되어야 하며, 그것들은 성령에 의해 지배되어야 합니다.

에베소서 5장 15절과 18절은 우리가 어떻게 조심스럽게 행해야 하며, 어떻게 성령의 충만을 받아 그의 지배를 받을 것인지에 대해 말하고 있습니다. 성령은 단지 우리의 구원을 보증하기 위해 주어진 것이 아닙니다. 성령은 우리의 위로자, 돕는 자, 교사, 지도자로서 주어졌습니다 (엡 1:14; 요 14:16, 26; 16:23). 그러므로 가난한 심령으로 산다는 것은 예수님이 성령께 그러하셨던 것처럼, 우리도 성령께 전폭적으로 의지하면서 사는 것을 의미합니다.

가난한 심령 가운데 행한다함은 포도나무에 거하는 것을 의미합니다. 그리고 성령으로 말미암아 포도나무의 생명을 받아들여 그것이 우리에게 흘러 들어와 열매를 맺는 것을 의미합니다. 그에게 떨어져서 우리는 아무것도 할 수 없습니다(요 15:5).

또한 가난한 심령 가운데 행한다함은 빌립보서 2:12-13의 바울의 고백처럼 사는 것을 말합니다.

"그러므로 나의 사랑하는 자들아 너희가 나 있을 때 뿐 아니라 더욱 지금 나 없을 때에도 항상 복종하여 두렵고 떨림으로 너희 구원을 이루라 너희 안에 행하시는 이는 하나님이시니 자기의 기쁘신 뜻을 위하여 너희로 소원을 두고 행하게 하시나니."

'구원을 이룬다' 함은 하나님께서 여러분에게 요구하시는 바를 완전하게 수행하는 것을 의미합니다.

그는 우리에게 그것을 행하고자 하는 소원을 주실 뿐만 아니라 능력도 주십니다. 그러므로 심령이 가난한 가운데 행하는 것은 하나님으로 하여금 여러분의 삶을 완전히 지배하도록 하는 것입니다. 그럼으로써 하나님이 여러분에게 하시고자 하는 바를 이루게 하시고, 여러분 안에서 하나님 되고자 원하시는 바를 그대로 되게 하는 것입니다. 심령이 가난한 사람은 전적으로 하나님을 의지합니다.

1983년 여름, 저는 콜롬비아 성경 대학에서 단기 과정 하나를 가르치는 기회를 갖게 되었습니다. 그때 얼라이브 교회의 하워드 볼도 한 과정을 맡았는데, 저는 그와 더불어 귀한 교제의 시간을 가질 수 있었습니다. 대화하는 도중 그는 자신의 경험 한 가지를 저와 나누게 되었습니다. 어느 날 하나님이 갑자기 그에게 다음과 같은 질문을 주셨다고 합니다.

"만일 하나님이 너에게서 떠난다면, 또한 너의 교회에서, 너의 사역에서 떠난다면 무슨 일이 일어날 것인가?"

그는 저에게 이렇게 말했습니다. "저는 그때 하나님을 전적으로 의지하지 않고 있었음을 깨달았습니다."

사랑하는 여러분, 여러분은 이미 천국을 소유했다는 생각 때문에 오히려 그것을 잃지 않았습니까? 심령의 가난은 한 번의 사건으로 끝나는 것이 아닙니다. 그것은 삶의 전 과정입니다. 여러분은 하나님께 어떻게 기도하시겠습니까? 아래의 빈 칸에 적어 보십시오.

CHAPTER 제3장 THREE

죄에 대한 애통

제 1 일

저는 한 개혁파 장로교회의 더러운 지하실 방에 앉아 있었습니다. 소수만이 수요 기도모임에 모였습니다. 그러나 그것이 저에게는 문제가 되지 않았습니다. 저는 영적으로 허기져 있었습니다. 하나님의 자녀로 갓 태어난 아이로서 저는 하나님의 말씀을 충분히 섭취할 수 없었습니다. 주일날 아침이면 저는 교회에 나가 앞좌석에 앉아 턱를 괴고 열심히 생명의 말씀을 마셨습니다. 저는 보다 많이 원했고, 그것이 제가 다시 주님 앞으로 돌아온 이유였습니다.

목사님은 나무로 된 작은 강단에 서서 누군가가 성경을 읽어 주기를 요청했습니다. 아무도 움직이지 않았고, 아무도 자원하지 않았습니다. 갑자기 저는 앞에 서 있는 하나님의 사람이 민망하게 여겨졌습니다. 강단에 서서 아무런 반응을 얻지 못한다는 것은 끔찍한 일이기 때문입니다. 마침내 저는 그 상황을 더 이상 참을 수 없게 되었고, 비록 제가 그 교회에서는 새신자에 불과했지만, 자원했습니다. "제가 읽겠습니다." 저는 일어나 강단으로 걸어나갔습니다. 그리고 저의 성경책을 펼쳐 누가복음 7:36부터 읽어 내려갔습니다.

"한 바리새인이 예수께 자기와 함께 잡수시기를 청하니 이에 바리새인의 집에 들어가 앉으셨을 때에 그 동네에 죄인인 한 여자가 있어 예수께서 바리새인의 집에 앉으셨음을 알고 향유 담은 옥합을 가지고 와서 예수의 뒤로 그 발 곁에 서서 울며 눈물로 그 발을 적시고 자기 머리털로 씻고 그 발에 입맞추고 향유를 부으니 예수를 청한 바리새인이 이것을 보고 마음에 이르되 이 사람이 만일 선지자더면 자기를 만지는 이 여자가 누구며 어떠한 자 곧 죄인인 줄을 알았으리라 하거늘 예수께서 대답하여 가라사대 시몬아 내가 네게 이를 말이 있다 하시니 저가 가로되 선생님 말씀하소서 가라사대 빚주는 사람에게 빚진 자가 둘이 있어 하나는 오백 데나리온을 졌고 하나는 오십 데나리온을 졌는데 갚을 것이 없으므로 둘 다 탕감하여 주었으니 둘 중에 누가 저를 더 사랑하겠느냐 시몬이 대답하여 가로되 제 생각에는 많이 탕감함을 받은 자니이다 가라사대 네 판단이 옳다 하시고 여자를 돌아보시며 시몬에게 이르시되 이 여자를 보느냐 내가 네 집에 들어오매 너는 내게 발 씻을 물도 주지 아니하였으되 이 여자는 눈물로 내 발을 적시고 그 머리털로 씻었으며 너는 내게 입맞추지 아니하였으되 저는 내가 들어올 때로부터 내 발에 입맞추기를 그치지 아니하였으며 너는 내 머리에 감람유도 붓지 아니하였으되 저는 향유를 내 발에 부었느니라 이러므로 내가 네게 말하노니 저의 많은 죄가 사하여졌도다 이는 저의 사랑함이 많음이라 사람을 받은 일이 적은 자는 적게 사랑하느니라" (눅 7:36-47).

저는 더 이상 읽어 나갈 수가 없었습니다. 저는 울음을 터뜨렸습니다. 하나님의 말씀을 듣기 위해 이곳에 모인 소수의 사람들 앞에서 서는 공개적으로 울어버린 것입니다. 이전에 저는 이 본문을 읽어 본 적이 없었습니다. 그러나 그곳에서 갑자기 저는 그 여인이 되어 주님의 발을 씻었고, 그 발에 입맞추었으며, 순식간에 저의 삶을 변화시킨 그분을 경배하게 되었습니다.

그 여인에 대한 동정심이 저의 영혼 가운데 넘쳐 흘렀습니다. 주님을 향한 그 여인의 사랑을 충분히 이해할 수 있었습니다. 그녀의 죄가 용서받은 사실이 한량없이 기뻤습니다. 그녀와 나 사이에는 2000년이란 세월의 간격이 있었습니다. 우리는 문화도 다르고, 지역도 달랐습니다. 그러나 우리의 죄는 똑같았고, 바로 거기에 동일하게 예수님이 계셨습니다.

어제나 오늘이나 영원히 동일하신 예수 그리스도께서 우리를 용서하셨습니다. 저는 주님에 대한 사랑과 동시에 저에 대한 슬픔으로 압도되었습니다. 어떻게 제가 그러한 죄를 지을 수 있었을까요? 저를 그렇게도 사랑하신 주님은 얼마나 가슴이 아프셨을까요? 눈물이 계속해서 뺨을 타고 흘러내렸습니다. 교인들은 아무 말 없이 저를 바라보며 앉아 있었습니다. 교인들은 제가 무엇 때문에 울음을 터뜨렸는지 이상하게 여겼을 것입니다. 그들은 그 시간에 제가 받은 용서가 어떠한 것이었는지 상상도 하지 못했을 것입니다.

이윽고 저는 마지막 구절을 다시 읽기 시작했습니다. 세 구절이 남아 있었는데 저는 끝까지 읽어 나갈 수 있었습니다.

"이에 여자에게 이르시되 네 죄 사함을 얻었느니라 하시니 함께 앉은 자들이 속으로 말하되 이가 누구이기에 죄도 사하는가 하더라 예수께서 여자에게 이르시되 네 믿음이 너를 구원하였으니 평안히 가라 하시니라" (눅 7:47-50).

"평안히 가라." 제가 1963년 7월 16일 소리쳤던 것은 평화였습니다.

"오 주님! 저에게 평화를 주소서."

주님은 저에게 평강과 위로의 하나님을 만나게 하셨습니다. 왜냐하면 저도 마침내 하나님이 보시는 방법대로 저의 죄를 보았기 때문입니다. 저는 하나님이 증오하시는 것처럼 죄를 증오했습니다. 자비하신 주님은 저의 울부짖음을 들으셨고 저의 죄를 용서해 주셨습니다.

"애통하는 자는 복이 있나니 저희가 위로를 받을 것임이요"(마 5:4).

사랑하는 여러분, 애통함이 무엇을 의미하는지 아시겠습니까?

누가복음 7:36-50을 다시 한 번 읽어보십시오. 그리고 예수님과 바리새인, 여인에 대해 배운 바를 기록하십시오. 각각 다른 이에게 어떻게 반응했는지를 찾은 다음 여러분과 관련 있는 사람이 누구인지, 그리고 그 이유가 무엇인지를 다음의 표 안에 적어 보십시오.

	예수님	바리새인	여인
각각의 반응			
관련있는 사람			
이유			

제3장 죄에 대한 애통 57

제 2 일

최근에 여러분은 애통해 본 적이 있습니까? 그것도 다른 사람이 여러분에게 잘못 행한 일 혹은 여러분에게 일어난 일 때문이 아니라, 여러분이 행한 잘못과 하나님의 마음을 아프게 한 일 때문에 애통해 한 일 말입니다. 다른 사람의 죄 때문에 애통해 한 적은 언제입니까? 하나님의 마음이 아프시기 때문에 여러분의 마음도 아팠던 적은 언제입니까?

사랑하는 여러분, 혹시 여러분은 하나님께서 마음 아파하시고 계신다는 사실을 믿기 어렵지는 않습니까? 중보 기도하는 가운데 인간의 타락으로 인해 애통해 본 적은 언제입니까? 그리스도 안에서 핍박받는 형제 자매를 위해 애통해 한 적은 언제입니까? 하나님의 거룩한 이름이 인간의 반역적인 행위로 말미암아 모독을 받는 것 때문에 애통해 한 적은 언제입니까?

사랑하는 여러분, 지금은 눈물을 흘릴 때입니다. 저와 함께 기도하지 않겠습니까?

"오 하나님 당신의 마음을 아프게 한 것들로 인해 저의 마음도 아프게 하여 주옵소서."

팔복의 축복 가운데 "애통하는 자가 복이 있다"는 말씀은 가장 이해하기 어려운 말씀입니다. 애통하는 자가 자신을 복 되다, 영적으로 번창하며 하나님의 인정을 받고 있다고 생각하는 것은 어려운 일입니다. 눈물과 슬픔과 애통이 참으로 행복과 함께 할 수 있습니까? 그렇습니다.

그것은 하나님의 섭리 안에서만 가능한 것입니다. 오직 애통하는 자만이 위로를 받습니다. 축복은 애통 가운데 오지 않습니다. 그것은 애통의 결과로 오는 것입니다. 그 축복은 애통한 후 하나님의 친밀함과 여러분을 둘러싸고 있는 그의 단단한 팔을 확신할 때 오는 축복이요, 여러분을 그의 풍성한 가슴으로 가까이 끌어오실 때 들리는 그의 심장의 고동을 듣는 축복입니다.

두 번째 축복인 '애통' 이라는 단어는 "고통", "슬픔"이란 뜻의 '펜토스'에서 유래한 것으로 "고통으로 몸부림치는 정도로 철저하게 탄식하고 슬퍼하는 것"을 의미합니다. 그 단어가 여기서 쓰이고 있는 방식은 우리가 결코 죄나 슬픔에 무감각해져서는 안 된다는 것을 의미합니다. 우리는 슬퍼하거나 애통해할 수 있는 능력을 결코 잃어버려서는 안 됩니다. 너무나 무감각해져서 죄나 고통을 보고도 아무렇지 않게 여기거나 심지어 웃고 있는 일이 일어나서는 절대로 안 된다는 것입니다.

그러나 여러분은 이렇게 질문할 것입니다. "왜 우리가 애통해야 합니까? 성경은 하나님을 기뻐함이 우리의 힘이 된다고 말하지 않습니까?" 그렇습니다. 느헤미야 8:10에서 말씀하시는 바가 그것입니다. 그러나 우리는 그 말씀을 문맥에서 따로 떼어 내서 해석해서는 안 됩니다. 이스라엘 백성들은 포로생활에서 귀환했고, 예루살렘 성전과 성벽을 재건하였습니다. 이제 그들은 그렇게도 멸시하던 하나님의 말씀을 청종했습니다. 그들은 자신들이 포로가 된 이유가 그 말씀을 청종치 않았기 때문인 것을 알았습니다. 그러나 이제 그 연단의 시간은 지났습니다. 70년간의 포로생활이 끝났습니다. 이제는 애통해하거나 슬퍼할 때가 아니라, 주님의 위로를 받아들일 때입니다. 그러므로 주를 기뻐함이 그들의 힘이 된다고 말하는 것입니다.

한 가지 질문을 하겠습니다. 여러분 주위를 둘러보십시오. 우리의 현실은 어떠합니까? 사람들의 상태가 어떠한지 살펴 보십시오. 교회 안에 팽배해 있는 무관심과 자기 만족을 보십시오. 여러분은 교회의 모든 성도들이 참으로 하나님께 전적으로 성별되어 있다고 생각하십니까? 여러분은 그들이 참으로 의에 굶주리고 목말라한다고 여기십니까? 그들이 참으로 경건함을 추구합니까?

여러분은 바울과 베드로가 살았던 삶을 추구하고 있습니까, 아니면 서기관들과 바리새인들의 삶을 바라보며 추구하고 있습니까? 지금은 기뻐해야 할 때입니까, 아니면 애통해야 할 때입니까?

만일 예수님께서 다시 육신으로 여기에 오신다면 여러분은 그분이 애통해 하실 것이라고 생각하십니까, 아니면 기뻐하실 것이라고 생각하십니까? 만일 우리가 이 세상에 계셨던 예수님처럼 살아가야 한다면, 이 세상에 대해 주님이 어떻게 생각하시는지를 알아야만 합니다.

1. 이사야 53:1-6을 읽고 두 번째 복과 관련하여 생각해 보십시오. 그런 다음 예수님께서 이 세상에 대해 어떻게 반응하실지 생각되는 것들을 기록하십시오. 그리고 그 이유를 말해 보십시오.

   ▶ 이사야 53:1-6

   ¹우리의 전한 것을 누가 믿었느뇨 여호와의 팔이 뉘게 나타났느뇨 ²그는 주 앞에서 자라나기를 연한 순 같고 마른 땅에서 나온 줄기 같아서 고운 모양도 없고 풍채도 없은즉 우리의 보기에 흠모할 만한 아름다운 것이 없도다 ³그는 멸시를 받아서 사람에게 싫어 버린 바 되었으며 간고를 많이 겪었으며 질고를 아는 자라 마치 사람들에게 얼굴을 가리우고 보지 않음을 받

는 자 같아서 멸시를 당하였고 우리도 그를 귀히 여기지 아니하였도다 ⁴그는 실로 우리의 질고를 지고 우리의 슬픔을 당하였거늘 우리는 생각하기를 그는 징벌을 받아서 하나님에게 맞으며 고난을 당한다 하였노라 ⁵그가 찔림은 우리의 허물을 인함이요 그가 상함은 우리의 죄악을 인함이라 그가 징계를 받음으로 우리가 평화를 누리고 그가 채찍에 맞음으로 우리가 나음을 입었도다 ⁶우리는 다 양 같아서 그릇 행하며 각기 제 길로 갔거늘 여호와께서는 우리 무리의 죄악을 그에게 담당시키셨도다

2. 창세기 6:1-12을 읽고 다음 질문에 답하십시오.

▶ 창세기 6:1-12

¹사람이 땅 위에 번성하기 시작할 때에 그들에게서 딸들이 나니 ²하나님의 아들들이 사람의 딸들의 아름다움을 보고 자기들의 좋아하는 모든 자로 아내를 삼는지라 ³여호와께서 가라사대 나의 신이 영원히 사람과 함께 하지 아니하리니 이는 그들이 육체가 됨이라 그러나 그들의 날은 일백이십년이 되리라 하시니라 ⁴당시에 땅에 네피림이 있었고 그 후에도 하나님의 아들들이 사람의 딸들을 취하여 자식을 낳았으니 그들이 용사라 고대에 유명한 사람이었더라 ⁵여호와께서 사람의 죄악이 세상에 관영함과 그 마음의 생각의 모든 계획이 항상 악할 뿐임을 보시고 ⁶땅 위에 사람 지으셨음을 한탄하사 마음에 근심하시고 ⁷가라사대 나의 창조한 사람을 내가 지면에서 쓸어 버리되 사람으로부터 육축과 기는 것과 공중의 새까지 그리하

리니 이는 내가 그것을 지었음을 한탄함이니라 하시니라 ⁸그러나 노아는 여호와께 은혜를 입었더라 ⁹노아의 사적은 이러하니라 노아는 의인이요 당세에 완전한 자라 그가 하나님과 동행하였으며 ¹⁰그가 세 아들을 낳았으니 셈과 함과 야벳이라 ¹¹때에 온 땅이 하나님 앞에 패괴하여 강포가 땅에 충만한지라 ¹²하나님이 보신즉 땅이 패괴하였으니 이는 땅에서 모든 혈육 있는 자의 행위가 패괴함이었더라

a. 노아 당시 사람들의 상태에 관한 목록을 만들어 보십시오.

b. 사람들의 모습이 하나님의 마음을 어떻게 했습니까? 여러분의 답을 적고 그 답의 근거가 되는 구절들을 기록하십시오.

3. 에스겔 6:9을 읽고 다음 질문에 답하십시오.

▶ 에스겔 6:9

⁹너희 중 피한 자가 사로잡혀 이방인 중에 있어서 나를 기억하되 그들이 음란한 마음으로 나를 떠나고 음란한 눈으로 우상을 섬겨 나로 근심케 한 것을 기억하고 스스로 한탄하리니 이는 그 모든 가증한 일로 악을 행하였음이라

a. 이 구절에 묘사된 하나님의 백성들의 상태는 어떠합니까?

b. 이것은 하나님께 어떠한 영향을 미쳤습니까?

c. 오늘날은 애통해 할 때입니까, 아닙니까? 그 이유는 무엇입니까?

이렇게 기도하지 않으시겠습니까?
"하나님, 당신의 마음을 아프게 한 것들로 인해 저의 마음도 아프게 하여 주옵소서."

제 3 일

두 번째 복을 통해 살펴본 대로 애통은 단 한 번에 끝나는 일이 아닙니다. 그것은 우리가 이 땅에서 살아갈 동안 계속되어야 할 삶의 습관입니다. 우리는 이것을 이상하게 생각해서는 안 됩니다. 만일 여러분이 예수님의 생애를 기억하신다면 여러분은 때때로 그가 우셨던 모습을 발견할 것입니다.

그는 예루살렘을 보시고 우셨습니다. 왜냐하면 그들이 권고받는 날을 알지 못했기 때문입니다(눅 19:41-44). 그는 또한 나사로의 무덤에서 우셨습니다. 부활이요, 생명이신 예수님께서 그곳에 서서 인간의 연약함을 보시고 마음 아파하셨습니다. 그는 죽음을 앞에 놓고 있는 그들과 함께 우셨습니다. 왜냐하면 죄가 다시 한 번 그 삯을 지불했기 때문입니다(요 11:33-38; 롬 6:23). 그는 이스라엘 백성들의 눈 먼 것과 예루살렘의 운명에 대해 한탄하셨습니다. 왜냐하면 그가 팔을 뻗었으나 그의 백성들은 생명 얻기 위해 그에게로 나아오지 않았기 때문입니다(마 23:27-39).

주님께서 세례 요한의 목이 어떻게 해서 헤롯과 헤롯디아에게 넘겨졌는지를 들으시고 한적한 곳에 홀로 가신 것은 분명히 슬픔 때문이었습니다. "당신이 그 여자를 취한 것이 옳지 않다"(마 14:4)라고 말한 사람의 목을 침으로 해서 죄는 외관상 의를 침묵시켰습니다. 그들이 요한의 말을 청종했더라면 그들은 용서함을 받았을 것입니다. 그랬다면 요한이 헤롯의 머리를 가졌을 것입니다! 예수님께서 홀로 계신 것은 이상한 일이 아닙니다(마 4:12).

그렇습니다. 예수님은 슬픔의 사람이었습니다. 의는 죄의 현실 앞에서 웃고 있을 수 없습니다. 그는 슬퍼했습니다. 만일 그가 슬퍼했다면, 우리의 마음도 하나님의 마음을 아프게 했던 것들로 인해 슬퍼해야 마땅합니다. 우리 모두는 슬퍼해야만 합니다.

그렇다면 우리는 무엇 때문에 애통해야 합니까?

3일 동안 우리는 이 애통의 축복에 대해 세 가지를 생각할 것입니다.
- 첫째, 우리는 삶 가운데 있는 죄에 대해 슬퍼해야 합니다.
- 둘째, 우리는 교회 안의 죄에 대해 슬퍼해야 합니다.

· 세째, 우리는 세상의 죄에 대해 슬퍼해야 합니다.

축복에는 독특한 단계가 있습니다. 앞서 말씀드린 대로 그 근본은 심령의 가난함에 있습니다. 다른 모든 것이 거기에 뿌리를 박고 있습니다. 죄는 하나님으로부터 독립하고자 하는 인간의 마음에 있습니다. 그러므로 죄는 가난하지 않은 심령 그 자체입니다. 그러나 심령이 가난해질 때, 애통의 담은 그 기초 위에 세워집니다. 애통과 회개는 함께 존재합니다. 회개는 심령의 가난의 가장 근원적인 형태인 것을 기억하십시오.

우리는 조금 후에 고린도후서 7:6-13을 살펴보게 될 것입니다. 그러나 그 본문을 읽기 전에 우리는 고린도후서가 쓰여진 당시의 배경을 연구해야 합니다. 고린도교회는 슬프게도 죄를 범했습니다. 그 죄로 인해 바울은 편지로(고린도전서) 그들을 책망했습니다. 이제 고린도후서에서 그는 앞의 편지를 보낼 수밖에 없었던 일로 인해 슬퍼하고 있다고 고백합니다. 그러나 그의 슬픔이 기쁨으로 바뀌었습니다. 왜냐하면 그들이 회개했기 때문입니다. 이 일을 통해 하나님은 우리에게 두 가지 슬픔의 종류와 그 열매를 알게 하십니다.

이제 고린도후서 7:6-13을 읽으십시오. 그리고 두 가지 슬픔의 종류와 그 열매를 기록하십시오.

▶ 고린도후서 7:6-13
⁶그러나 비천한 자들을 위로하시는 하나님이 디도의 옴으로 우리를 위로하셨으니 ⁷저의 온 것뿐 아니요 오직 저가 너희에게 받은 그 위로로 위로하고 너희의 사모함과 애통함과 나를 위하여 열

심 있는 것을 우리에게 고함으로 나로 더욱 기쁘게 하였느니라 8그러므로 내가 편지로 너희를 근심하게 한 것을 후회하였으나 지금은 후회하지 아니함은 그 편지가 너희로 잠시만 근심하게 한 줄을 앎이라 9내가 지금 기뻐함은 너희로 근심하게 한 까닭이 아니요 도리어 너희가 근심함으로 회개함에 이른 까닭이라 너희가 하나님의 뜻대로 근심하게 된 것은 우리에게서 아무 해도 받지 않게 하려 함이라 10하나님의 뜻대로 하는 근심은 후회할 것이 없는 구원에 이르게 하는 회개를 이루는 것이요 세상 근심은 사망을 이루는 것이니라 11보라 하나님의 뜻대로 하게 한 이 근심이 너희로 얼마나 간절하게 하며 얼마나 변명하게 하며 얼마나 분하게 하며 얼마나 두렵게 하며 얼마나 사모하게 하며 얼마나 열심 있게 하며 얼마나 벌하게 하였는가 너희가 저 일에 대하여 일절 너희 자신의 깨끗함을 나타내었느니라 12그런즉 내가 너희에게 쓴 것은 그 불의 행한 자를 위한 것도 아니요 그 불의 당한 자를 위한 것도 아니요 오직 우리를 위한 너희의 간절함이 하나님 앞에서 너희에게 나타나게 하려 함이로다 13이로 인하여 우리가 위로를 받았고 우리의 받은 위로 위에 디도의 기쁨으로 우리가 더욱 많이 기뻐함은 그의 마음이 너희 무리를 인하여 안심함을 얻었음이니라 위의 본문에서 '위로'라는 단어가 몇 번 쓰여지고 있으며, 언제 그 '위로'가 왔는지 기록하십시오.

여러분은 여러분 자신의 죄에 대해 어떠한 종류의 슬픔을 가지고 있습니까? "저는 죄에 붙잡혀 있어요. 저는 제 자신의 죄의 값을 지불해야만 해요." 이것은 세상적인 근심입니다. 이는 자신만을 바라보는 슬픔이며 자신의 죄의 결과에 대해 단순히 슬퍼하는 것입니다. 이것은 죄가 하나님의 마음을 어떻게 아프게 했는지를 결코 생각지 않는 자기 중심적인 것입니다. 이 슬픔은 어디로 인도합니까? 이는 회개를 이루지 않기 때문에 사망으로 인도합니다.

또 다른 슬픔이 있는데, 그것은 경건한 슬픔입니다. 이 슬픔은 회개를 이룹니다. 회개란 마음의 변화로서 후회하게 하며, 나아가서 삶의 방향 전환을 낳는다는 것을 기억하십시오. 이러한 슬픔은 구원을 이룹니다. 바울이 본문에서 말한 구원이란 우리를 지옥으로부터 구출하여 천국에 이르게 하는 구원이 아닙니다. 바울은 죄의 올무에서 벗어나는 구원을 말한 것입니다. 경건한 슬픔은 우리로 하나님의 품안으로 달려가게 하며 우리의 죄를 고백하며 슬퍼하게 합니다.

"만일 우리가 우리 죄를 자백하면 저는 미쁘시고 의로우사 우리 죄를 사하시며 모든 불의에서 우리를 깨끗케 하실 것이요"(요일 1:9).

하나님께서 우리로 슬프게 하실 때 우리가 슬퍼하면 바로 그때 하나님의 위로가 다가옵니다.

사무엘하 11장은 죄의 생생한 실례를 보여줍니다. 다윗은 전장에 가야 했었지만 나가지 않았습니다. 그 결과 다윗은 죄의 소용돌이에 빠졌고, 그 죄는 다윗을 빙빙 돌려 정신차리지 못하게 했으며, 그를 점점 더 깊은 불법의 늪으로 밀어 넣었습니다. 선지자 나단의 담대함이 없었더라면 그는 그 불법의 늪에서 헤어나지 못했을 것이며 자신을 회복할 수 없었을 것입니다. 여러분은 이미 이 내용을 잘 알고 있을 것입니다. 헐리우드 영화는 다윗의 죄를 대형 화면으로 보여주면서 그의 불법을 허용하는 대신 하나님의 심판은 극소화했습니다.

다윗은 전장에 나갔어야 했지만 예루살렘에 머물러 있었습니다. 그는 지붕 위에서 아름다운 여인이 목욕하는 모습을 보았고 거기에서 눈을 돌리지 않았습니다! 그는 밧세바가 유부녀임을 알았으면서도 그녀를 취했습니다. 그가 수많은 여인을 아내로 맞이했을 때 그의 아내는 어떠했겠습니까? 밧세바가 아기를 잉태했다는 말을 들었을 때 다윗은 자비의 보좌로 달려가는 대신 못된 음모를 꾸몄습니다. 그는 그녀의 남편 우리아를 전장에서 불러내어 밧세바와 동침케 하려고 했습니다. 그렇게 함으로써 그 아이가 우리아의 아이인 것처럼 꾸미고자 했습니다. 다윗은 우리아가 얼마나 품위 있는 사람인지를 몰랐습니다. 우리아는 동료 군인들이 전장에 있기 때문에 아내와 동침할 수 없다고 말하면서 동침을 마다했습니다. 다윗은 그를 술취하게 해서라도 밧세바와 동침케

하고자 했으나 우리아는 꿈쩍도 하지 않았습니다. 그는 원칙의 사나이 였습니다. 다윗은 그러한 우리아 앞에서 잠시 주춤했을 것입니다.

그러나 다윗은 결코 슬퍼하지 않았습니다. 오히려 죄에 더 깊이 빠져 들어 갔습니다. 우리아에 대한 그의 음모는 그가 우리아의 상관인 요압에게 보낸 편지에 분명히 드러납니다. "너희가 우리아를 맹렬한 싸움에 앞세워 두고 너희는 뒤로 물러가서 저로 맞아 죽게 하라"(삼하 11:15). 소용돌이는 점점 더 좁혀졌고 더욱 강해졌습니다. 요압이 우리아를 포함한 부하들의 죽음을 알렸을 때 죄는 혀를 내밀어 단지 이렇게 이야기했습니다.

"다윗이 사자에게 이르되 너는 요압에게 이같이 말하기를 이 일로 걱정하지 말라 칼은 이 사람이나 저 사람이 나 죽이느니라 그 성을 향하여 더욱 힘써 싸워 함락시키라 하여 너는 저를 담대케 하라"(삼하 11:25).

밧세바는 그녀의 남편으로 인해 슬퍼했으나 다윗은 새 아내를 얻게 되었습니다. 그는 결코 슬퍼하지 않았습니다. 그는 자신의 죄를 스스로 해결하려고 했습니다. 그러나 그는 곧 일이 뒤틀려지고, 하나님으로부터 네 배나 되는 벌을 받게 될 것을 알지 못했습니다. 다윗은 거룩하신 하나님이 손수 기름 부으신 왕이라도 그 죄를 간과하실 수 없음을 잊은 것입니다.

테네시 주 샤타누가 우들랜드 팍 침례교회의 웨인 바버 목사님은 사무엘하 11장에 대한 강해에서 다음과 같은 세 가지를 언급했습니다.

- 죄는 여러분이 생각하는 것보다 더 멀리 여러분을 끌고 갑니다.

- 죄는 여러분이 생각하는 것보다 더 오랫동안 여러분을 끌고 다닙니다.
- 죄는 여러분이 지불하고자 하는 것보다 더 많은 것을 지불하게 합니다.

만일 여러분이 죄의 소용돌이에 빠진 적이 있다면 여러분은 이 말이 얼마나 참된 것인지를 알 것입니다.

다윗이 경건한 슬픔을 나타내기 시작한 것은 나단 선지자를 통해 하나님이 다윗을 대면했을 때입니다. 하나님께서는 그의 성도들의 성공뿐만 아니라 그들의 실패까지도 공유하신다는 사실로 인해 저는 너무나도 감사합니다. "무엇이든지 전에 기록한 바는 우리의 교훈을 위하여 기록된 것이니 우리로 하여금 인내로 또는 성경의 안위로 소망을 가지게 함이니라"(롬 15:4).

시편 51:1-17을 읽고 다윗이 어떻게 회개하고 있는지 여러분 자신의 말로 간단하게 기록하십시오.

▶ 시편 51:1-17

¹하나님이여 주의 인자를 좇아 나를 긍휼히 여기시며 주의 많은 자비를 좇아 내 죄과를 도말하소서 ²나의 죄악을 말갛게 씻기시며 나의 죄를 깨끗이 세하소서 ³대저 나는 내 죄과를 아오니 내 죄가 항상 내 앞에 있나이다 ⁴내가 주께만 범죄하여 주의 목전에 악을 행하였사오니 주께서 말씀하실 때에 의로우시다 하고 판단하실 때에 순전하시다 하리이다 ⁵내가 죄악 중에 출생하였음이여 모친이 죄 중에 나를 잉태하였나이다 ⁶중심에 진실함을

주께서 원하시오니 내 속에 지혜를 알게 하시리이다 7우슬초로 나를 정결케 하소서 내가 정하리이다 나를 씻기소서 내가 눈보다 희리이다 8나로 즐겁고 기쁜 소리를 듣게 하사 주께서 꺾으신 뼈로 즐거워하게 하소서 9주의 얼굴을 내 죄에서 돌이키시고 내 모든 죄악을 도말하소서 10하나님이여 내 속에 정한 마음을 창조하시고 내 안에 정직한 영을 새롭게 하소서 11나를 주 앞에서 쫓아내지 마시며 주의 성신을 내게서 거두지 마소서 12주의 구원의 즐거움을 내게 회복시키시고 자원하는 심령을 주사 나를 붙드소서 13그러하면 내가 범죄자에게 주의 도를 가르치리니 죄인들이 주께 돌아오리이다 14하나님이여 나의 구원의 하나님이여 피 흘린 죄에서 나를 건지소서 내 혀가 주의 의를 높이 노래하리이다 15주여 내 입술을 열어 주소서 내 입이 주를 찬송하여 전파하리이다 16주는 제사를 즐겨 아니하시나니 그렇지 않으면 내가 드렸을 것이라 주는 번제를 기뻐 아니하시나이다 17하나님의 구하시는 제사는 상한 심령이라 하나님이여 상하고 통회하는 마음을 주께서 멸시치 아니하시리이다

"하나님의 구하시는 제사는 상한 심령이라 하나님이여 상하고 통회하는 마음을 주께서 멸시치 아니하시리이다"(시 51:17). 이 고백을 통해 마침내 다윗은 하나님의 위로를 받았습니다.

이제 야고보서 4:7-10을 살펴보겠습니다.

"그런즉 너희는 하나님께 순복할지어다 마귀를 대적하라 그리하면 너희를 피하리라 하나님을 가까이 하라 그리하면 너희를 가까이 하시리라 죄인늘아 손을 깨끗이 하라 두 마음을 품은 자들아 마음을 성결케 하라 슬퍼하며 애통하며 울지어다 너희 웃음을 애통으로, 저희 즐거움을 근심으로

바꿀지어다 주 앞에서 낮추라 그리하면 주께서 너희를 높이시리라"(약 4:7-10).

먼저 야고보가 이 서신을 보낸 목적을 염두에 두십시오. 그는 다음 구절에서 그의 목적을 언급하고 있습니다.

"내 형제들아 너희 중에 미혹하여 진리를 떠난 자를 누가 돌아서게 하면 너희가 알 것은 죄인을 미혹한 길에서 돌아서게 하는 자가 그 영혼을 사망에서 구원하며 허다한 죄를 덮을 것이니라"(약 5:19-20).

야고보는 진리가 무엇이며 진리에서 떠난다는 것이 무엇을 의미하는지를 우리에게 보여주고 있습니다.

프리셉트의 야고보서 성경공부를 하신 분들은 '진리에 대한 확신'에 대해 잘 아실 것입니다. 그것은 위대한 자유를 가져오는 확신입니다. 야고보서 4:7-10에서 야고보는 사람들을 회개에로 부르고 있습니다. 그들은 세상과의 교제에 빠져 있습니다. 그것은 그들을 교만케 하고 영적인 간음으로 인도하며 하나님의 마음을 아프게 하기 때문에 야고보는 그들에게 애통하며 울라고 권고하는 것입니다.

해결책은 무엇입니까?
그것은 죄에 대해 웃는 일을 중지하는 것입니다. 야고보서 4:9을 주의 깊게 읽어보십시오. "슬퍼하며 애통하며 울지어다 너희 웃음을 애통으로, 너희 즐거움을 근심으로 바꿀지어다." 여러분의 주위를 둘러보십시오. 무엇이 보입니까? 여러분은 사람들이 죄에 대해 웃고 킬킬거리며 발광하는 모습을 볼 것입니다. 오늘날 텔레비전의 코미디 프로나 브로드웨이의 연극을 막론하고 죄에 대해 웃음을 짓게 하지 않는 것은 거의 없습니다.

최근 저는 「리더스 다이제스트」에서 코미디언 조지 번즈의 글을 읽게 되었습니다. 그 글은 어떻게 젊음을 유지하는가에 대한 것이었습니다.(저처럼 50대인 사람들에게 얼마나 흥미 있는 내용입니까!) 여러분은 과거에 라디오에서 방송되는 조지 번즈나 그레이시 알렌의 이야기에 우리가 얼마나 익숙해 있었는지를 기억하실 것입니다. 당시 그들의 이야기는 깨끗했습니다. 그들이 스스로 그러했는지, 아니면 방송의 심의 때문에 그러했는지는 알 수 없지만 그들은 건전한 웃음을 자아냈습니다. 그러나 이 글에서 조지 번즈는 성적인 풍자를 섞어가면서 그의 이야기를 더럽히고 있었습니다. 80대 노인이 그러한 말을 했다고 상상할 수 있겠습니까?

하나님께서는 무엇이라고 말씀하십니까? "죄인들아 손을 깨끗이 하라 두 마음을 품은 자들아 마음을 성결케 하라 슬퍼하며 애통하며 울지어다"(약 4:8-9). 죄가 예수님을 십자가에 못 박았을진대 어떻게 우리가 죄를 보고 웃고 있을 수가 있겠습니까?

죄를 범했습니까? 그러나 위로받기를 원하십니까? 여러분은 위로받을 수 있습니다. 하나님께서 여러분을 위로하시기 때문입니다. 그것은 오직 여러분이 그 일에 대해 하나님의 마음을 소유하느냐 아니냐에 달려 있습니다. 그것은 여러문이 자신의 죄에 대해 슬퍼하느냐 아니냐에 달려 있는 것입니다.

제 4 일

애통의 두 번째 대상은 교회의 죄에 대한 것입니다.

저는 여러분이 잠시 중단하고 이 문제에 대해 숙고하기를 원합니다. 여러분의 교회는 죄의 문제를 어떻게 다루고 있습니까? 예컨대 다음과 같은 죄가 교회에서 발견된다고 합시다. 어떤 사람이 행음을 한다거나, 혹은 다른 사람을 비방하거나, 혹은 술 취하거나, 혹은 사업상 다른 사람들을 속이거나 하는 죄들이 발견되었을 때 여러분의 교회는 이러한 죄들에 대해 어떠한 조치를 취합니까?

여러분의 대답은 어떠합니까? 한편으로는 심판하고 싶으나 또 한편으로는 마태복음 7:1에 "서로 비판하지 말라"는 말씀을 생각하십니까? 아니면 여러분은 마음속으로부터 이렇게 생각할지도 모르겠습니다. "결국 모든 사람이 죄인인걸! 게다가 공개적으로 죄를 짓는 사람들을 우리가 어찌할 수 있단 말인가?"

이것은 정당한 질문이요 성경적인 해결을 모색해야 하는 좋은 질문입니다.

고린도전서 5장을 읽고 다음 질문에 답하십시오.

▶ 고린도전서 5장

[1]너희 중에 심지어 음행이 있다 함을 들으니 이런 음행은 이방인 중에라도 없는 것이라 누가 그 아비의 아내를 취하였다 하는도다 [2]그리하고도 너희가 오히려 교만하여져서 어찌하여 통한히 여기지 아니하고 그 일 행한 자를 너희 중에서 물리치지 아니하였느냐 [3]내가 실로 몸으로는 떠나 있으나 영으로는 함께 있어서 거기 있는 것같이 이 일 행한 자를 이미 판단하였노

라 ⁴주 예수의 이름으로 너희가 내 영과 함께 모여서 우리 주 예수의 능력으로 ⁵이런 자를 사단에게 내어 주었으니 이는 육신은 멸하고 영은 주 예수의 날에 구원 얻게 하려 함이라 ⁶너희의 자랑하는 것이 옳지 아니하도다 적은 누룩이 온 덩어리에 퍼지는 것을 알지 못하느냐 ⁷너희는 누룩 없는 자인데 새 덩어리가 되기 위하여 묵은 누룩을 내어 버리라 우리의 유월절 양 곧 그리스도께서 희생이 되셨느니라 ⁸이러므로 우리가 명절을 지키되 묵은 누룩도 말고 괴악하고 악독한 누룩도 말고 오직 순전함과 진실함의 누룩 없는 떡으로 하자 ⁹내가 너희에게 쓴 것에 음행하는 자들을 사귀지 말라 하였거니와 ¹⁰이 말은 이 세상의 음행하는 자들이나 탐하는 자들과 토색하는 자들이나 우상 숭배하는 자들을 도무지 사귀지 말라 하는 것이 아니니 만일 그리하려면 세상 밖으로 나가야 할 것이라 ¹¹이제 내가 너희에게 쓴 것은 만일 어떤 형제라 일컫는 자가 음행하거나 탐람하거나 우상 숭배를 하거나 후욕하거나 술 취하거나 토색하거든 사귀지도 말고 그런 자와는 함께 먹지도 말라 함이라 ¹²외인들을 판단하는데 내게 무슨 상관이 있으리요마는 교중 사람들이야 너희가 판단치 아니하랴 ¹³외인들은 하나님이 판단하시려니와 이 악한 사람은 너희 중에서 내어 쫓으라

1. 고린도 교회의 문제는 무엇입니까? 왜 바울은 그들을 책망합니까?

2. 그들을 향한 바울의 교훈은 무엇입니까? 위의 본문 전체를 읽고 하나하나 기록하십시오.

3. 그들은 누구를 판단해야 했습니까?

4. 하나님은 누구를 판단하십니까?

여러분이 고린도전서 5장에서 살펴본 대로 바울이 책망한 것은 개인의 근친상간 문제가 아닙니다. 그것은 교회의 교만의 문제입니다! 교회는 그 죄를 슬퍼하지 않았습니다. 그들은 회개에 이르는 경건한 슬픔을 갖지 않았습니다.(고린도후서 7장에서 배운 경건한 근심과 세상의 근심을 기억하십시오. 바울이 고린도전서를 쓸 때까지 그 교회의 죄는 판단 받지 아니하고 도리어 묵인되었습니다!)

혹자는 이렇게 말합니다. "그러나 만일 우리가 교제를 끊는다면 그들은 더 깊은 죄의 심연에 빠져들 것입니다. 우리는 그들에게 하나님의 사랑을 보여주어야 합니다. 하나님의 용서를 보여주어야 합니다!"

여러분, 우리가 하나님보다 더 현명합니까? 우리가 사람을 창조하신 분보다 더 사람에 대해 잘 알고 있습니까? 우리의 의무는 인간의 이성에 호소하는 것이 아니라 하나님의 말씀에 복종하는 것입니다. 하나님은 무엇이라고 말씀하십니까? "이 악한 사람은 너희 중에서 내어 쫓으라"(고전 5:13). 우리는 악한 사람을 사단에게 내어 주어 육신을 멸하게 해야 합니다. 그와 상관할 것은 아무것도 없습니다. 심지어 그와 식사를 같이 해서도 안 됩니다. 물론 그 사람은 더 깊은 죄에 빠질 수도 있습니다. 그런데 바로 그렇게 하는 것이 하나님께서 그를 사단에게 내어 주어 육신을 멸한다는 의미입니다(고전 5:5).

하나님께서 왜 우리에게 이것을 명하십니까? 그것은 사람들로 하여금 죄에 대한 하나님의 무서운 진노와 하나님의 심판을 알게 하기 위함입니다. 그래서 결국 사람들로 경건한 슬픔을 갖게 하고 회개케 하고자 하는 것입니다.

그런 결과를 얻게 되었습니까? 그렇습니다. 고린도후서 2:5-11을 읽으십시오. 그 교회는 회개했고, 그 사람도 회개했습니다. 교회는 그를 용서하고 위로했을 뿐만 아니라 그를 향한 그들의 사랑을 다시 확증했습니다.

사랑하는 여러분, 하나님께서는 자백하지 않는 자를 결코 용서하시지 않는다는 사실을 잊어서는 안 될 것입니다. 우리가 반역의 길을 걷는 한 하나님은 우리를 위로하실 수 없습니다.

그러나 우리는 이렇게 질문할 수 있습니다. "어떻게 그 사람에게 접근해야 합니까? 죄에 빠진 자를 어떻게 다루어야 합니까?" 이에 대한 해답은 마태복음 18:15-20에서 찾아볼 수 있습니다. 거기에는 여러분의 형제가 죄에 빠질 때 취해야 할 몇 가지 단계가 기록되어 있습니다.

▶ 마태복음 18:15-20

[15]네 형제가 죄를 범하거든 가서 너와 그 사람과만 상대하여 권고하라 만일 들으면 네가 네 형제를 얻은 것이요 [16]만일 듣지 않거든 한두 사람을 데리고 가서 두세 증인의 입으로 말마다 증참케 하라 [17]만일 그들의 말도 들

지 않거든 교회에 말하고 교회의 말도 듣지 않거든 이방인과 세리와 같이 여기라 [18]진실로 너희에게 이르노니 무엇이든지 너희가 땅에서 매면 하늘에서도 매일 것이요 무엇이든지 땅에서 풀면 하늘에서도 풀리리라 [19]진실로 다시 너희에게 이르노니 너희 중에 두 사람이 땅에서 합심하여 무엇이든지 구하면 하늘에 계신 내 아버지께서 저희를 위하여 이루게 하시리라 [20]두세 사람이 내 이름으로 모인 곳에는 나도 그들 중에 있느니라

1. 그에게 가서 개인적으로 훈계하십시오.
2. 만일 그가 듣지 않거든 한두 사람과 함께 가십시오. 그렇게 해도 듣지 않거든 교회에 말하십시오.
3. 만일 그가 교회의 말도 듣지 않거든 그를 이방인과 세리처럼 여기십시오. 다른 말로 하면 그와 상관하지 말라는 말입니다.

여러분이 이를 행함은 이미 천국에서 매인 것을 땅에서도 매는 일이 될 것입니다. 여러분은 땅에서 하나님의 뜻을 행하고 있는 것입니다. 형제 중 두 사람이 이 문제에 동의하면 그 두 사람은 아버지께 나아가 그에 대한 심판을 청구할 수 있으며 그 일이 이루어질 것입니다. 왜냐하면 하나님이 그들 가운데 계시기 때문입니다.

마태복음 18:18-19을 문맥에 맞추어 해석하는 것이 흥미롭지 않습니까? 종종 이 구절들은 잘못 해석되어 문맥과는 상관없이 인용되고 있습니다. 그것은 사람들이 하나님의 말씀을 잘 모르기 때문입니다. 저는 여러분이 시간을 내어 하나님의 말씀을 공부하고 성장하여 하나님의 뜻을 이루시기를 권면합니다. "네가 진리의 말씀을 옳게 분변하며 부끄러울 것이 없는 일군으로 인정된 자로 자신을 하나님 앞에 드리기를 힘쓰

라"(딤후 2:15).

여러분에게 성경의 한 부분을 소개하겠습니다. 이를 통해 하나님의 백성들의 죄를 깊이 슬퍼했던 한 사람의 마음을 이해하길 원합니다. 그 사람은 바로 예레미야입니다. 그는 종종 '눈물의 선지자'로 알려져 있습니다.

"추수할 때가 지나고 여름이 다하였으나 우리는 구원을 얻지 못한다 하는도다 딸 내 백성이 상하였으므로 나도 상하여 슬퍼하며 놀라움에 잡혔도다 길르앗에는 유향이 있지 아니한가 그곳에는 의사가 있지 아니한가 딸 내 백성이 치료를 받지 못함은 어쩜인고 어찌하면 내 머리는 물이 되고 내 눈은 눈물 근원이 될꼬 그렇게 되면 살륙당한 딸 내 백성을 위하여 주야로 곡읍하리로다"(렘 8:20-9:1).

"내가 산들을 위하여 곡하며 부르짖으며 광야 목장을 위하여 슬퍼하나니 이는 그것들이 불에 탔으므로 지나는 자가 없으며 거기서 가축의 소리가 들리지 아니하며 공중의 새도 짐승도 다 도망하여 없어졌음이니라"(렘 9:10).

"만군의 여호와께서 이같이 말씀하시되 너희는 잘 생각하고 곡하는 부녀를 불러오며 또 보내어 지혜로운 부녀를 불러오되 그들로 빨리 와서 우리를 위하여 애곡하게 하여 우리의 눈에서 눈물이 떨어지게 하며 우리 눈꺼풀에서 물이 쏟아지게 하라 이는 시온에서 호곡하는 소리가 들려 이르기를 우리가 아주 망하였구나 우리가 크게 수욕을 당하였구나 우리가 그 땅을 떠난 것은 그들이 우리 주택을 헐었음이로다 함이로다"(렘 9:17-19).

자칭 하나님의 자녀들이라 일컫는 사람들의 죄에 대해 예레미야처럼 울지 않으시겠습니까? 곡하는 사람들을 불러옵시다. 그리고 함께 울며 애곡합시다. 주님께서 우리를 들으시고 우리의 호곡 소리에 귀를 기울이실 것입니다. 하나님께서는 그의 아들을 위해 창녀보다는 순결한 처녀를 원하십니다.

제 5 일

우리는 우리 자신의 죄에 대해, 교회의 죄에 대해, 그리고 세상의 죄에 대해 울어야 합니다.

1983년 여름, 잭과 저는 매년 갖는 휴식 시간을 가까운 친구인 척과 바브 집에서 보내고 있었습니다. 그들과 함께 우리 자신을 돌아보는 일은 하나의 사역이 되었습니다. 저녁에 식사를 하면서 우리는 멋진 교제의 시간을 가졌습니다. 그들은 우리를 이해하고 있고 우리에게 귀중한 교훈을 주는 분들입니다. 8월은 잭이 바다 낚시를 즐기며, 저는 바브와 즐거운 시간을 보내는 귀한 때입니다.

바브와 저는 구두 세일을 둘러보고 노드스트롬즈에서 나오면서 뮤지컬 "코러스 라인"이 상영 중인 것을 알았습니다. 그 뮤지컬을 보는 일은 너무나 신나는 일이었으므로 그것이 좋은지 나쁜지 깊이 생각해 볼 겨를도 우리에겐 없었습니다. 우리는 당장 저녁 상영 좌석표를 샀습니다.

그 뮤지컬은 요란한 무용으로 시작되었습니다. 그것은 저의 무질서한 과거를 생각나게 했습니다. 그들이 정열적으로 노래를 부르고 춤을 추는 것까지는 좋았습니다. 곧이어 합창 단원들이 한 사람 한 사람씩 앞으로 나와 잠깐 동안 그녀 자신들의 얘기를 늘어놓았습니다. 저는 제 귀를 의심할 수밖에 없었습니다. 들리는 소리는 단순히 천연덕스러운 정도가 아니었습니다. 그것은 왜곡된 말들이요, 경솔하며 야비했습니다. 그들은 거룩하고 의롭고 순수한 것이면 모두 다 모욕을 주었습니다. 그들은 부도덕으로 악취를 뿜어 댔습니다. 그들의 뻔뻔스러운 풍자는 청중들로 웃음을 자아내게 했습니다. 그러나 그 웃음은 결코 선하고 건전하며 배꼽을 잡아 흔드는 웃음이 아니라, 병들고 음탕한 웃음이었습니다. 그것은 죄로 가득 차 있었습니다.

저는 귀에다 손가락을 틀어막고 외쳤습니다. "오 아버지여, 죄송합니다. 죄송합니다." 바브와 저는 서로 얼굴을 마주보고 그곳을 빠져나가자고 동의했습니다.

그곳을 나가기 위해 일어섰을 때 저는 극장 안의 모든 사람에게 소리치고 싶었습니다. "여러분, 왜 웃고 있습니까? 이것은 나쁜 일입니다! 왜 웃습니까? 왜 그러한 저질스러운 말에 귀를 기울이십니까? 이것이야말로 우리를 망하게 하는 것입니다. 이것은 나쁜 일입니다!" 저는 우리가 생각하고 행하는 모든 것을 보고 아시는 거룩하신 하나님에 대해 말하고 싶었습니다.

저는 그러기를 원했지만 그렇게 하지는 않았습니다.

오! 예레미야여, 저는 당신이 왜 울었는지 알고 있습니다. 제가 당신을 홀로 남겨 두었나요? 저는 솔직히 제가 무엇을 했어야 했는지 알지 못합니다. 제가 아는 것은 다만 하고자 했던 일을 결국 하지 못했다는 것입니다. 그와 같은 상황에서는 성경의 한 구절(마 12:19)이 종종 저를 제한합니다. 예수님께서는 거리에서 외치지 아니하고 목소리를 높이지도 아니한다고 말씀합니다. 아마도 저는 돼지 앞에 진주를, 개 앞에 거룩한 것을 던진 격이 되었을지도 모릅니다. 아니면 육신에 사로잡힌고로 연약하여 파수꾼의 역할을 제대로 감당치 못했는지도 모릅니다. 파수꾼은 마땅히 백성들에게 죄를 버리라고 경고해야만 하는 것입니다 (겔 33장).

제가 알게 된 것은 단 한 가지, 즉 제 마음이 하나님의 마음을 아프게 한 것들로 인해 아팠다는 것입니다. 저의 마음이 그에게 다가갈수록 저는 더욱더 세상의 죄를 느끼고 울고 슬퍼하게 된 것입니다.

어느 주일 저녁, 저는 남편 잭과 아들 데이빗이 텔레비전에서 보고 있는 어느 과학 프로그램에 눈이 쏠렸습니다. 카메라는 현미경을 통해 두 신체에서 제거된 두 개의 심장 조직을 자세히 보여주었습니다. 각각에는 아직도 박동이 계속되고 있었습니다. 그러나 그들의 리듬은 달랐습니다. 그때 지혈용 기구가 심장 조직의 한 조각을 집어들고 옆의 조직에 갖다 대었습니다. 그것이 접촉되는 순간 그들은 동시에 박동하기 시작했습니다. 하나님은 왜 애통하는 사람들을 위로하십니까? 왜냐하면 우리의 마음이 그의 마음과 접촉할 때 똑같이 박동하기 때문입니다!

에스겔서는 유다가 바벨론 포로로 있을 때 기록된 것입니다. 하나님은 유다의 남왕국이 바벨론의 포로가 되도록 허락하셨습니다. 왜냐하면 그들이 하나님의 거룩한 계명을 어겼기 때문입니다. 하나님은 선지자들을 통해 끊임없이 그들을 회개시키고자 하셨습니다. 그러나 그들은 듣지 않았습니다. 에스겔 9장의 시대적 배경은 아직 예루살렘이 완전히 파괴된 때가 아니었습니다. 그래서 아직 몇몇 유대인들이 그곳에 살고 있었습니다. 그러나 하나님은 그 거룩한 도시를 완전히 심판하셔야만 했습니다. 이것이 바로 에스겔 9장의 상황입니다. 다음의 본문을 자세히 읽고 다음의 질문에 답하십시오.

▶ 에스겔 9장

¹그가 또 큰 소리로 내 귀에 외쳐 가라사대 이 성읍을 관할하는 자들로 각기 살륙하는 기계를 손에 들고 나아오게 하라 하시더라 ²내가 본즉 여섯 사람이 북향한 윗문 길로 좇아오는데 각 사람의 손에 살륙하는 기계를 잡았고 그중에 한 사람은 가는 베옷을 입고 허리에 서기관의 먹 그릇을 찼더라 그들이 들어와서 놋 제단 곁에 서더라 ³그룹에 머물러 있던 이스라엘 하나님의 영광이 올라 성전 문지방에 이르더니 여호와께서 그 가는 베옷을 입고 서기관의 먹 그릇을 찬 사람을 불러 ⁴이르시되 너는 예루살렘 성읍 중에 순행하여 그 가운데서 행하는 모든 가증한 일로 인하여 탄식하며 우는 자의 이마에 표하라 하시고 ⁵나의 듣는데 또 그 남은 자에게 이르시되 너희는 그 뒤를 좇아 성읍 중에 순행하며 아껴 보지도 말며 긍휼을 베풀지도 말고 쳐서 ⁶늙은 자와 젊은 자와 처녀와 어린아이와 부녀를 다 죽이되 이마에 표 있는 자에게는 가까이 말라 내 성소에서 시작할지니라 하시매 그들이 성전 앞에 있는 늙은 자들로부터 시작하더라 ⁷그가 또 그들에게 이르시되 너희는 성전을 더럽혀 시체로 모든 뜰에 채우라 너희는 나가라 하시매 그들이 나가서 성읍 중에서 치더라 ⁸그들이 칠 때에 내가 홀로 있는지라 엎드리어 부르짖어 가로되 오호라 주 여호와여 예루살렘을 향하여 분노를 쏟으시오니 이스라엘 남은 자를 모두 멸하려 하시나이까 ⁹그가 내게 이르시되 이스라엘과 유다 족속의 죄악이 심히 중하여 그 땅에 피가 가득하며 그 성읍에 불법이 찼나니 이는 그들이 이르기를 여호와께서 이 땅을 버리셨으며 보지 아니하신다 함이라 ¹⁰그러므로 내가 그들을 아껴 보지 아니하며 긍휼을 베풀지 아니하고 그 행위대로 그 머리에 갚으리라 하시더라 ¹¹가는 베옷을 입고 허리에 먹 그릇을 찬 사람이 복명하여 가로되 주께서 내게 명하신 대로 내가 준행하였나이다 하더라

1. 하나님은 왜 관할자들을 나오게 했습니까? 그 목적은 무엇입니까?

2. 그들은 무엇을 해야 했습니까?

3. 가는 베옷을 입고 허리에 서기관의 먹 그릇을 찬 사람은 무엇입니까?

4. 그는 왜 이 일을 해야만 합니까?

5. 그 심판에서 제외되는 사람은 누구입니까?

　사랑하는 여러분, 우리가 회개하지 않는다면 하나님은 우리를 심판하실 것입니다. 그리고 그가 사용하시는 심판의 도구는 아마도 예루살렘의 그것과 동일할지도 모릅니다. 다른 나라를 끌어들여 우리를 포로로 삼을지도 모릅니다. 만일 우리 나라에서 일어나는 모든 혐오스러운 일들로 인해 탄식하며 신음하는 사람들의 이마에 표시(타우라는 글자로 십자가 모양임)를 하기 위해 허리에 먹 그릇을 찬 사람을 보낸다면 여러분의 이마에도 타우라는 글자를 새겨 넣을까요? 그날에 하나님은 사람을 차별하지 않으실 것입니다. 이스라엘에게 있어서 그가 성전에서 시작하여 백성들에게로 나아가신 것처럼 우리 나라에서도 하나님은 교회에서 시작하여 백성들의 지도자들을 거쳐 백성들에게로 나아갈 것입니다.

거기에는 아무도 예외가 있을 수 없습니다. 타우, 아니면 칼입니다. 오직 슬퍼하는 자만이 살아남을 것입니다.

"주 여호와의 신이 내게 임하셨으니
이는 여호와께서 내게 기름을 부으사
가난한 자에게 아름다운 소식을 전하게 하려 하심이라
나를 보내사 마음이 상한 자를 고치며
포로된 자에게 자유를, 갇힌 자에게 놓임을 전파하며
여호와의 은혜의 해와 우리 하나님의 신원의 날을 전파하여
모든 슬픈 자를 위로하되
무릇 시온에서 슬퍼하는 자에게 화관을 주어
그 재를 대신하며 희락의 기름으로 그 슬픔을 대신하며
찬송의 옷으로 그 근심을 대신하시고
그들로 의의 나무 곧 여호와의 심으신 바
그 영광을 나타낼 자라 일컬음을 얻게 하려 하심이니라" (사 61:1-3).

사랑하는 여러분, 지금은 눈물을 흘릴 때입니다. 슬퍼할 때입니다. "오 하나님, 당신의 마음을 아프게 했던 것들로 인해 저의 마음도 아프게 하여 주시옵소서."

CHAPTER 제4장 FOUR

온유 1
- 하나님의 주권 인정

제 1 일

　산상수훈을 공부할수록 여러분은 팔복이 인간의 자연적인 자질들이 아님을 깨달을 수밖에 없을 것입니다. 그것은 내주하시는 성령께서 우리 안에 불어 넣으시는 자질들입니다. 성령께서는 우리를 다듬으시고 하나님의 형상으로 우리를 만들어 가십니다. 우리의 전적인 심령의 가난을 깨닫고 하나님의 마음을 아프게 했던 우리의 교만한 삶에 대해 슬퍼하게 될 때, 우리는 온유한 마음으로 무릎을 꿇고 하나님께 전적으로 복종할 수 있습니다. 마침내 우리는 이러한 깨달음을 얻게 됩니다. 즉 우리의 남은 생애를 하나님께 헌신하고자 한다면 우리는 무가치하고 무익한 종으로 남아 있어야 한다는 사실입니다. 주님의 못 박힌 사랑의 손을 감싸 줄 수 있을 때 우리는 절대자 하나님 앞에 무릎을 꿇고 순전하게 의지하게 됩니다. 이렇게 고백할 수 있습니다. "아버지여, 당신을 기쁘시게 하는 것이 바로 저를 기쁘게 하는 것입니다."

　온유한 자가 땅을 상속하게 될 것입니다. 만일 알렉산더 대왕이나 나폴레옹이나 히틀러나 스탈린에게 이런 말을 한다면, 그들은 웃을 것이고 여러분을 미친 사람 취급할 것이며 "서로 꾀하여 여호와와 그 기름 받은 자를 대적"(시 2:2)할 것입니다. 그들은 계속해서 땅을 정복해 나갈 것이고, 하나님께서 "그 날을 정하셨고 그 달 수도 주께 있으므로 그 제한을 정하여 넘어가지 못하게"(욥 14:5) 하신다는 사실도 일부러 잊고자 할 것입니다. 그들은 하나님께서 통치하시며 "생물들의 혼과 인생들의 영이 다 그의 손에 있다"(욥 12:10)는 사실을 잘 모릅니다.

온유함이란 무엇입니까? 그것은 하나님의 주권과 속성에 어떻게 조화를 이룹니까? 이것이 성숙을 위해 이번 주에 우리가 해결해야 할 문제입니다.

'온유'라는 단어를 살펴봅시다. '온유한'(meek) 또는 '온유함'(meekness)은 NASB(New American Standard Bible)에서는 종종 "친절한"(gentle) 혹은 "친절함"(gentle)으로 번역됩니다. 구약에서 그 단어는 "겸손한" 또는 "고통스러운"의 의미로 번역되었습니다. 수년간 저는 그 온유함이라는 단어의 정의에 대해 수많은 기록들을 수집했지만, 저를 가르쳐 주신 선생님들께 적절한 영예를 돌릴 수 있을지 확신하지 못합니다. 그래서 저는 만일 이 책이 그 선생님들의 손에 들리게 될 때 제가 그분들의 정의를 잘못 인용하여 그분들의 명예를 실추시킨다 해도 그분들이 이해해 주실 것을 기도합니다.

바인(W.E. Vine)은 온유함에 대해 이렇게 말합니다: "온유함이란 영혼에 새겨진 은혜입니다. 그것을 실천함은 다른 무엇보다 먼저 하나님을 향한다는 것을 뜻합니다. 온유함은 영혼의 자질로서 우리는 그것으로 우리를 선대하시는 하나님을 아무런 쟁론이나 반항없이 받아들이게

됩니다."⁵

온유함이란 하나님께 순종하며 그를 의지하는 자세를 가리킵니다. 그것은 우리를 향한 하나님의 섭리를 선한 것으로 받아들이며, 불평하거나 쟁론하거나 대꾸하지 않는 것입니다. 그것은 사람으로부터 온 것이라도 하나님이 허락하신 것이며, 우리를 다듬어가고 순결케 하기 위한 하나님의 뜻으로 받아들이는 것입니다. 온유함이란 신뢰의 자세로서 환경과 사람을 넘어 절대자 하나님을 바라보는 것이며 무릎을 꿇고 이렇게 말하는 것입니다. "하나님, 당신을 기쁘게 하는 것이 저를 기쁘게 하는 것입니다."

사랑하는 여러분, 저는 확신합니다. 만일 우리가 온유함 가운데 행하려면 우리는 하나님이 어떤 분이신지 알아야만 합니다. 그가 주권자이심을 이해해야만 합니다. 우리는 모든 인간사와 하늘 군대의 일을 통치하시는 그분의 속성을 알아야만 합니다.

그러므로 제가 여러분들과 함께 이번 주에 나누고자 하는 것은 하나님의 속성와 그의 주권을 공부하는 일입니다. 제가 배운 모든 진리 중에서 하나님의 주권이라는 진리처럼 확신과 담대함, 고요함과 헌신과 평안과 감사, 그리고 겸손함을 주는 것은 없습니다. 저는 여러분들도 이와 같기를 기도합니다.

---

5. W. E. Vine, *An Expository Dictionary of New Testament words, vol. 3* (Old Tappan: Revell, 1966), 56.

다시 한 번 다니엘 4:34-35을 살펴봅시다.

▶ 다니엘 4:34-35

³⁴그 기한이 차매 나 느부갓네살이 하늘을 우러러 보았더니 내 총명이 다시 내게로 돌아온지라 이에 내가 지극히 높으신 자에게 감사하며 영생하시는 자를 찬양하고 존경하였노니 그 권세는 영원한 권세요 그 나라는 대대로 이르리로다 ³⁵땅의 모든 거민을 없는 것같이 여기시며 하늘의 군사에게든지, 땅의 거민에게든지 그는 자기 뜻대로 행하시나니 누가 그의 손을 금하든지 혹시 이르기를 네가 무엇을 하느냐 할 자가 없도다

이 구절은 하나님의 주권에 관한 모든 성경 말씀의 열쇠입니다. 제가 하나님의 주권을 말할 때는 하나님께서 모든 것을 통치하신다는 사실을 의미합니다. 하나님은 모든 피조물과는 전적으로 지고하고 탁월하게 초월해 계십니다. 그분의 통치나 계획을 벗어난 사람이나 사물은 하나도 없습니다. 여러분을 위해 다니엘 4:34-35을 도표화해 보겠습니다.

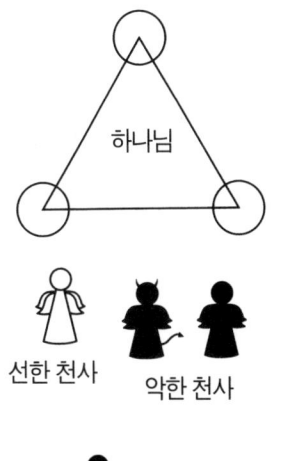

다니엘 4장은 하나님께서 "하늘 군대"를 통치하신다고 말합니다. 이 군대는 무엇을 의미합니까?(옆의 도표를 참고하십시오.)

거기에는 하나님의 명을 수행하는 선한 천사의 무리가 있습니다. 또

다른 한편에는 사단의 명을 수행하는 타락한 천사들이 있습니다. 저는 도표에서 사단을 선한 천사와 악한 천사 중간에 그려 넣었습니다. 그는 에베소서 2:2에서 공중의 권세 잡은 자로, 불순종의 아들들 가운데 역사하는 영으로 언급되어 있습니다. 그의 영역은 타락한 천사들 뿐만 아니라 주 예수 그리스도를 알지 못하는 진노의 자녀(엡 2:3)에게까지 미칩니다.

여기에서 자연스럽게 여러분의 마음속에 질문이 하나 떠오를 것입니다. "만일 하나님에게 주권이 있고 그분이 모든 것을 통치하신다면 인간의 자유의지가 설 자리는 어디인가?" 이것은 좋은 매우 질문입니다. 그런데 하나님의 주권이 인간의 자유의지를 부정하거나 또는 인간의 자유의지가 하나님의 주권을 배제하지 않습니다. 그러면 이렇게 또 질문할 수 있을 것입니다. "그러나 한편이 사실이면서 어떻게 다른 한편도 사실일 수 있습니까? 그것은 서로 충돌하지 않습니까?"

사람들에게 그것은 서로 모순되며 충돌되는 것처럼 보입니다. 그러나 우리는 하나님의 속성 가운데 하나는 불가해성이라는 것을 기억해야 합니다. 이것은 그분이 하나님이시기 때문이며 우리의 이해를 초월하는 분이시기 때문입니다. 그분의 섭리와 성품, 그분의 행위는 우리의 것보다 높습니다. 그러므로 우리는 그분이 우리에게 계시하는 만큼만 알 수 있습니다. 하나님의 말씀은 그의 주권과 우리의 자유의지가 어떻게 조화를 이루는지 알려 주지 않습니다. 그는 오직 이사야 55:8-9에서 이렇게 말씀하실 뿐입니다. "여호와의 말씀에 내 생각은 너희 생각과 다르며 내 길은 너희 길과 달라서 하늘이 땅보다 높음 같이 내 길은 너희 길보다 높으며 내 생각은 너희 생각보다 높으니라."

바로 이 단계에서 믿음이 개입합니다. 우리는 유한한 존재요 이해에 한계가 있기 때문에 하나님의 말씀의 진리를 논리화시킬 수 없습니다.

하나님이 말씀하시면 우리는 그것을 받아들여야만 합니다. 그렇게 하지 않으면 지나치게 교리화됩니다. 이해하든 못하든 우리는 항상 계시의 균형을 지켜야 합니다. 하나님은 우리가 어떻게 살아야 하는지에 대한 충분한 진리를 계시하셨습니다. 그러므로 우리도 바울과 같은 고백을 해야 할 것입니다.

> "깊도다 하나님의 지혜와 지식의 부요함이여, 그의 판단은 측량치 못할 것이며 그의 길은 찾지 못할 것이로다 누가 주의 마음을 알았느뇨 누가 그의 모사가 되었느뇨 누가 주께 먼저 드려서 갚으심을 받겠느뇨 이는 만물이 주에게서 나오고 주로 말미암고 주에게로 돌아감이라 영광이 그에게 세세에 있으리로다 아멘"(롬 11:33-36).

제가 말씀 드린 내용들의 근간은 무엇입니까? 그것은 하나님은 군주이시며 절대적인 통치권이 그에게 있다는 것입니다. 그러나 하나님의 주권이 인간의 자유의지를 폐기하거나 인간의 책임을 면케 하지는 않습니다. 마태복음 18:7은 우리 인간의 책임을 분명히 지적하고 있습니다. "실족케 하는 일들이 있음을 인하여 세상에 화가 있도다 실족케 하는 일이 없을 수는 없으나 실족케 하는 그 사람에게는 화가 있도다."

실족케 하는 일도 오직 하나님이 허락하실 때에만 가능합니다. 그러나 하나님은 우리가 실족케 하는 원인자가 될 경우에는 우리가 전적으로 책임을 져야 한다고 말씀하십니다. 우리는 이러한 인간의 책임과 하나님의 주권에 관한 진리를 예수님께서 빌라도에게 하신 말씀 가운데서도 찾아볼 수 있습니다. "예수께서 대답하시되 위에서 주지 아니하셨더면 나를 해할 권세가 없었으리니 그러므로 나를 네게 넘겨준 자의 죄는 더 크니라"(요 19:11). 하나님은 가룟 유다가 예수님을 배반할 것을 미리 아셨습니다. 예수님 또한 그것을 아셨습니다. 그러나 하나님은 그것을 구속의 계획을 이루시는데 활용하셨습니다. 그리고 가룟 유다는 하나님 앞에 자신의 전적인 책임을 지게 되었습니다.

그러나 혹자는 이렇게 말할지도 모릅니다. "케이씨, 그것은 옳지 않습니다. 그것은 조화되지도 않으며 정당하지도 않습니다. 저는 그것을 믿기 어렵습니다." 저도 이해합니다만 그러한 진술은 성경적인 미숙에서 오는 것임을 말씀드리고 싶습니다. 그런 경우는 고기를 먹어야 할 시기가 되었지만 아직도 우유만을 먹으면서 울고 있는 아이와도 같은 경우입니다.

힘써 하나님을 압시다. 그러면 '하나님은 불공평하시다' 라는 말들은 더 이상 하지 않게 될 것입니다. 왜냐하면 불공평이란 하나님의 속성에 정반대되는 것이기 때문입니다. 하나님은 공평하신 분이십니다.

오늘 여러분이 드리는 기도는 무엇입니까? 하나님의 지혜, 계시, 이해가 필요하십니까? 만일 이런 것들을 이미 알고 계시다면 여러분의 마음은 보다 더 큰 온유함을 얻기 위해 울고 있습니까? 저는 이해합니다. 제 마음 또한 그것 때문에 울고 있습니다. 여러분의 하나님께 울부짖으시기 바랍니다. 그분은 의에 굶주리고 목말라하는 자녀들의 참된 울음소리에 귀 기울이실 것입니다.

제 2 일

"만군의 여호와께서 맹세하여 가라사대 나의 생각한 것이 반드시 되며 나의 경영한 것이 반드시 이루리라 … 만군의 여호와께서 경영하셨은즉 누가 능히 그것을 폐하며 그 손을 펴셨은즉 누가 능히 그것을 돌이키랴"(사 14:24, 27).

질문을 하나 하겠습니다. 여러분은 여러분의 배우자를 보면서 이는 잘못된 결혼이라고 생각한 적이 한 번이라도 있었습니까? 솔직한 대답을 해 보십시오. 저는 우리 중 대다수가 그렇다고 대답하리라고 생각합니다. 저 또한 그러했었고, 제 남편 또한 그럴 것이라고 생각합니다. 그러한 생각이 여러분을 당황하게 하지는 않습니까? 그럴 때면 혹시 내가 하나님의 뜻을 거역하는 것은 아닌가 하는 생각이 들것입니다.

이런 경우도 있을 것입니다. 당신이 홀로일 때, 당신의 친구가 들떠서 당신에게 한 남자나 한 여자를 소개했는데, 당신이 보기에 그 사람은 친구보다 당신 자신에게 더 어울린다고 생각되는 경우 말입니다. 그러나 그들은 이미 약혼한 사이입니다. 이때 당신은 이렇게 생각하며 고통스러워 할 것입니다. "오! 하나님, 왜 저를 먼저 만나게 하지 않으셨습니까? 이 사람이야말로 저를 위해 하나님이 예비하신 사람이 아닙니까?"

홀로였을 때 당신은 어떤 시간이나 장소에서 하나님께서 당신이 꿈에 그리던 배우자를 데리고 오실 것이라고 생각하면서 여기저기를 기웃거린 적은 없었습니까?

또는 그런 기회를 얻고자 이 교회, 저 교회를 전전하다가 결국 당신을 향한 하나님의 뜻을 어겼다고 스스로 생각하면서 당황한 적은 없었습니까?

만일 당신이 하나님의 뜻을 저버렸다는 생각으로 고통스럽게 사셨다면, 그것은 고문과 같이 괴롭다는 것을 아실 것입니다. 그러나 당신이 알지 못하는 사실은 바로 그것이 에덴 동산에서 마귀가 사용했던 오래된 전술이라는 것입니다.

"하나님은 너에게 무엇인가를 숨기고 계신다. 하나님은 네가 실제로 필요로 하는 것을 갖지 못하도록 하신다. 그러므로 너는 하나님에게서 제외된 것이다. 이러한 고통은 하나님으로부터 기인된 것임에 틀림없다."

오! 이러한 마귀의 전술에 사로잡혀서는 절대로 안 됩니다!

사랑하는 여러분! 하나님의 주권에 매달리십시오. 그리고 이사야 14:24, 27의 말씀을 마음에 새기십시오. "… 나의 생각한 것이 반드시 되며 나의 경영한 것이 반드시 이루리라 … 만군의 여호와께서 경영하셨은즉 누가 능히 그것을 폐하며 그 손을 펴셨은즉 누가 능히 그것을 돌이키랴." 당신이 결혼하셨다면 바로 당신의 배우자가 하나님의 뜻인 것입니다.

"그러나 저는 행복하지 않아요! 부족한것 투성이예요! 제가 원했던 것을 저는 항사 놓쳐 버렸어요."

오!사랑하는 여러분, 여러분은 결코 놓친 것이 아닙니다.

온유함이란 우리를 단련시키시고 순결하게 하시기 위해 하나님이 이 모든 것을 허락하시고 사용하신다는 사실을 깨닫고 무릎을 꿇는 것입니다. 온유함이란 "저의 뜻이 아니라 당신의 뜻이 이루어지이다"라고 말하는 것입니다. 온유란 보좌 앞에 무릎꿇고 보좌에 앉으신 하나님이 모든 지혜의 전지하신 하나님이심을 깨닫는 것입니다.

하나님께서 계획하신 것들은 그분의 속성에 기초하고 있습니다. 그분의 속성이란 하나님께서 옳은 목적을 택하시고 그 목적을 성취하기 위해 계획을 수립하신다는 것입니다. 온유란 보좌에 앉으신 하나님이 선하신 하나님이심을 아는 것입니다. 그는 복 주시기를 기뻐하시며 그의 백성들이 행복해지는 것을 기뻐하십니다. 그는 친절하시며 자비로우시고 인간을 향하여 선한 뜻으로 충만해 계십니다.

그러므로 여러분의 결혼에 행복이 없고 성취감이 없다 해도 하나님은 그것까지도 합력하여 선을 이루게 하실 것입니다. 그러므로 무릎꿇고 이렇게 고백하십시오. "주께서 이를 행하셨으므로 내가 영영히 주께 감사하고 주의 이름이 선함으로 주의 성도 앞에서 내가 주의 이름을 의지하리이다"(시 52:9). 하나님은 여러분의 영혼의 목마름을 만족케 하실 것입니다. 또한 선한 것으로 여러분의 배고픈 영혼을 채우실 것입니다(시 107:9).

수많은 책이 쓰여졌고, 수많은 세미나가 결혼의 아름다운 모습을 그리고 있습니다.

그들은 사람이 살아가는 제일의 목적이 행복한 결혼인 것처럼 보이게 합니다. 그러나 저는 그들의 생각에 동의할 수 없습니다. 저는 웨스터민스터 신앙 고백에 동의합니다. 즉 사람의 제일 된 목적은 하나님을 영화롭게 하며, 그를 영원토록 즐거워하는 것입니다.

결혼에 관한 수많은 세미나가 행복한 결혼을 위한 성경적인 공식인 것처럼 보인다고 해도, 또한 행복한 결혼을 위한 관계의 공식을 제공하는 수많은 책들이 쏟아져 나옴에도 불구하고, 아직도 몇몇 사람들은 가정이라는 작은 지옥에 살고 있습니다.

만일 당신의 배우자가 당신과 맞지 않는다면 어떻게 하겠습니까? 하나님과의 거룩한 계약을 파기하겠습니까? 이혼하겠습니까? "참으로 하나님은 이 상황을 인내하라고 요구하지 않으실 것입니다. 남은 생애를 이렇게 비참하게 살라고 요구하지는 않을 것입니다"라고 말하겠습니까? 아니면 이렇게 말하겠습니까? "일이 이렇게 된 것은 다 하나님께서 계획하셨기 때문입니다. 그것이 하나님께 선한 것이라면, 아버지여 저에게도 선한 것입니다. 아버지여, 이제 이것을 온전케 하여 주소서. 그것을 합력하여 당신의 영광을 이루시고 저에게 선한 결과가 되게 하여 주옵소서."

저는 여러분 각자가 어떤 처지에 놓여 있는지 잘 모릅니다. 그러나 사랑하는 여러분, 저는 하나님께서 여러분 중의 얼마에게는 아주 직접적으로 말씀하신다고 확신합니다. 저는 여러분들이 이러한 하나님의 음성을 청종하기를 기도합니다.

오늘 여러분의 숙제는 여러분의 하나님께 대하여 배운 바를 기록하는 일입니다.

제 3 일

만일 하나님이 주권자이시라면, 불의나 학살, 강도, 근친상간, 학대, 살인 등등의 범죄가 이 세상에 만연한 것에 대해서 어떻게 설명하겠습니까? 고통과 고난, 무자비함 등을 어떻게 설명하겠습니까? 어떻게 사랑의 하나님이 그러한 일이 일어나도록 허락하실 수 있습니까? 저는 우리 중 대부분이 한 번쯤은 하나님의 주권을 의심했을 것이라고 생각합니다. 왜냐하면 우리는 사랑의 하나님이 그러한 일을 허락하신다는 것을 이해할 수 없기 때문입니다.

저는 그날 저녁의 일을 결코 잊을 수 없습니다. 저는 침대에 앉아 한 소녀를 성폭행하고 살해한 어느 살인범이 자신의 범행을 자세히 진술한 글을 읽고 있었습니다. 그는 차 뒷자석에서 그 소녀를 성폭행했습니다. 그때 그 소녀가 이렇게 말했습니다. "하나님은 아저씨가 하는 짓을 결코 좋아하지 않으실 거예요. 이것은 나쁜 짓이에요." 이 말 때문에 그 사람은 화가 나서 그 소녀를 살해했습니다. 읽기를 마쳤을 때 저는 그 글을 내려놓고 머리를 뒤로 젖히고 두 눈을 감았습니다. 그러나 아무 소용이 없었습니다. 눈물이 쏟아져 내렸고 저는 흐느껴 울었습니다. "아버지여, 저는 이해할 수 없습니다. 도저히 이해할 수 없습니다."

저는 이해하지 못했습니다. 저는 하나님이 주권자이시며 보좌에 앉으신 사랑의 하나님이심을 알고 있습니다. 저는 그분의 본질이 사랑임을 알고 있습니다. 그분은 전능하신 팔로 나를 붙잡고 있으시며, 따라서 아무도 그분의 허락없이는 나를 만질 수도 없고, 나에게 말 한 마디 건넬 수도 없으며 심지어 나를 쳐다 볼 수도 없음을 알고 있습니다.

하나님은 제가 그분의 자녀로 새로 태어나던 때에 이것을 가르쳐 주셨습니다. 그래서 저는 다음과 같이 생각했습니다 '제가 아는 모든 것은 그 살인범의 시각에서 소녀에게 무엇이 일어났는가 하는 것입니다. 저는 하나님의 시각에서 그녀에게 무엇이 일어났는지 알지 못합니다. 아버지여, 저는 당신이 신실하심을 알고 있습니다. 저는 그 진리를 붙잡겠습니다. 당신의 모든 말씀은 진실입니다. 왜냐하면 당신은 진리이시기 때문입니다. 당신께서 말씀 가운데 하신 약속은 당신을 사랑하는 자 곧 그 뜻대로 부름을 입은 자들에게는 모든 것이 합력하여 선을 이루게 하신다는 것입니다. 아버지여, 당신은 사람들에게 흔히 일어나는 시험 외에는 우리에게 허락하지 않으신다고 약속하셨습니다. 당신은 우리가 감당할 만한 시험밖에는 허락하지 않으십니다. 시험 당할 즈음에 또한 피할 길을 주실 것입니다.'

하나님의 속성에서 저는 위로와 이해를 발견했습니다. 하나님은 진리의 하나님이십니다. 예수님은 진리이십니다. 그분의 말씀도 진리입니다. 그분은 약속에 신실하시기 때문에 어떻게든 이 소녀가 그 사람의 성도착을 견디어내도록 하나님의 은혜에 맡겨졌다는 것을 알게 되었습니다. "그러나 그 소녀는 생명을 잃지 않았습니까!" 그런가요? 그러나 저는 예수께서 부활이요 생명이요 그를 믿는 자는 결코 죽지 않는다는 것을 생각했습니다. 그녀의 생명은 그녀로부터 빼앗긴 것이 아니었습니다.

신명기 32:39은 이렇게 말합니다.

"이제는 나 곧 내가 그인 줄 알라 나와 함께 하는 신이 없도다 내가 죽이기도 하며 살리기도 하며 상하게도 하며 낫게도 하나니 내 손에서 능히 건질 자 없도다."

또한 요한계시록 1:17-18은 예수께서 사망과 음부의 열쇠를 가지셨다고 말합니다.

"… 두려워 말라 나는 처음이요 나중이니 곧 산 자라 내가 전에 죽었었노라 볼지어다 이제 세세토록 살아 있어 사망과 음부의 열쇠를 가졌노니."

잠시 시간을 내어 여러분이 오늘 하나님의 속성과 그의 주권에 관해 배운 바를 요약하십시오. 그런 다음 하나님께 아뢰십시오. 만일 여러분이 이해하기 어려운 것들이 있다면 그것도 주님께 아뢰십시오. 하나님은 모든 것을 알고 계시지만 여러분의 입을 통해 그 말을 듣고 싶어하십니다. 그러면 그분은 자신에게 속한 것들을 성령으로 말미암아 여러분들에게 계시하실 것입니다.

제 4 일

어제 살펴본 대로, 우리가 하나님의 주권을 인정하기 어려운 이유는 하나님께서 우리에게 고난이나 악을 허락하시기 때문입니다. 그리고 그것은 사실입니다.

이사야 45:6-7은 이렇게 말합니다.

"해 뜨는 곳에서든지 지는 곳에서든지 나 밖에 다른 이가 없는 줄을 무리로 알게 하리라 나는 여호와라 다른 이가 없느니라 나는 빛도 짓고 어두움도 창조하며 나는 평안도 짓고 환난도 창조하나니 나는 여호와라 이 모든 일을 행하는 자니라 하였노라."

전도서 7:13-14은 이렇게 말합니다.

"하나님의 행하시는 일을 보라 하나님이 굽게 하신 것을 누가 능히 곧게 하겠느냐 형통한 날에는 기뻐하고 곤고한 날에는 생각하라 하나님이 이 두 가지를 병행하게 하사 사람으로 그 장래 일을 능히 헤아려 알지 못하게 하셨느니라."

환란이란 말은 '악'이라는 말로도 번역됩니다. 그것은 '고난'을 의미합니다.

우리가 고난, 악 또는 환란을 대면할 때 하나님의 주권에 대해 문제를 갖게 되는 한 가지 이유는 우리가 일시적인 존재이기 때문입니다. 우리의 시각은 일시적이기 때문에 우리의 한계를 초월하여 볼 수 없다는 것입니다. 40대 후반이 되어 콘택트 렌즈에 의존하기 전까지 저의 시력은 20-20이었습니다. 그러나 나이가 들자 먼 데 있는 것은 읽을 수 있으나 가까이 있는 것은 보이지 않게 되었습니다. 저의 시력은 희미해졌습니다. 그러나 콘택트 렌즈를 끼자 상황은 전혀 달랐습니다. 이러한 상황들은 우리 대부분에게 일어나는 일들입니다. 우리는 미래에 초점을 맞추며 살아가기 때문에 현재 우리에게 일어나는 일들을 이해하지 못합니다. 그래서 그것들은 우리가 마땅히 그러해야 한다고 생각하는 방향으로 진행되어지지 않는 것 같습니다. 긴급한 일들은 희미해 보이기 때문에 구별하기가 어렵습니다.

사람들이 하나님의 주권에 대해 문제를 제기하는 것은 바로 이러한 이유 때문입니다. 그들은 미래를 바라보면서 그것을 매우 분명히 보고 있다고 생각합니다. 그들이 갖는 기대 때문에 긴급하고 어려운 삶의 정황을 하나님으로부터 오는 것으로 받아들이기 어렵습니다. 그들에게는 적절하게 영원의 시각을 열어 줄 수 있는 영적인 콘텍트 렌즈가 필요합니다. 오직 믿음만이 그 일을 할 수 있습니다. 하나님께 오는 사람은 그가 살아 계심을 믿어야 합니다(히 11:6).

그는 어떠한 분이십니까? 그는 영원한 분이십니다. 평안도 짓고 환란도 짓는 하나님은 시작도 없고 끝도 없으신 분입니다. 그는 시간의 제약을 받지 아니하시고 시간에 대한 인간의 이해에도 제약을 받지 않으십니다. 사실 그분은 시간의 원인이 되십니다. 온유함이란 역경을 당할 때 무릎을 꿇고 하나님은 영원하신 분임을 고백하는 것입니다. 시편 기자는 이렇게 말합니다. "… 주는 내 하나님이라 하였나이다 내 시대가 주의 손에 있사오니…"(시 31:14-15).

온유함이란 보이는 것을 돌아봄이 아니요 보이지 않는 것을 돌아보는 것입니다. 그것은 보이는 것은 잠깐이요 보이지 않는 것은 영원하기 때문입니다(고후 4:18). 온유함이란 보이는 것은 유한하며 하나님은 무한하시다는 것을 기억하는 것입니다. 하나님은 제한을 받거나 속박을 받지 않으십니다.

여러분에게 또 다른 의문이 있으십니까? 여러분은 하나님의 주권 혹은 하나님의 완벽한 속성에 대해 의문을 던질만한 점들을 살펴볼 필요가 있습니다.

여러분은 이렇게 말할지 모릅니다. "그러나 하나님께서 이 모든 일이 일어나도록 허용하시는 것을 볼 때에 하나님은 공평치 못한 분 같습니다. 마음대로 날뛰면서 살인을 저지르는 자들을 보십시오. 하나님을 사랑하는 그리스도인들이 공산국가에서 감옥과 정신병동에 갇혀있는 현실을 보십시오. 어떻게 공평하고 주권자되시는 하나님이 히틀러의 집단 학살을 허용하셨으며, 중국에서 수백 만의 사람들이 십자가에 처형당하고 목이 잘리고 수족이 절단되는 일들을 일어나게 하셨습니까? 어찌하여 자비로우신 하나님께서 수많은 소년 소녀들이 폭행을 당하고서도 그들의 가해자들은 붙잡히지 않도록 하실 수가 있습니까? 어떻게 그럴 수 있습니까? 그것은 공평치 못합니다! 거기에 대해서는 변명의 여지가 없습니다!"

"그것은 공평치 않습니다"라고 외치고 싶을 때 여러분은 하나님의 속성을 돌아볼 필요가 있습니다. 하나님은 의로우십니다. 그분은 항상 선하십니다. 그것은 그분의 속성상 필수불가결한 것입니다. 궁극적으로 그분은 하나님이시기 때문에 무엇을 하시든지 옳습니다. 그분은 절대자이십니다. 그 행위는 항상 그의 속성과 일치합니다. 그것은 사랑입니다. 그러므로 보좌에 앉으신 그분은 그분의 사랑과 의로움과 거룩함과 공평을 상실할 수 없습니다. 그분은 그의 속성 중 하나를 따로 떼어 놓고 그것과 별도로 행동하실 수 없습니다. 공평은 그분의 본질 중 일부입니다. 그분은 모든 행위에 있어서 공평하십니다. 사람, 천사, 마귀들을 다루실 때에도 의로운 일에 상 주시고 죄를 벌하심으로써 전적으로 공평하게 행하십니다. 그분은 모든 것을 알고 계시기 때문에 그의 모든 뜻은 절대적으로 공평합니다.

제가 하나님이 사람들로 죄 짓게 만든다는 말을 한다고 생각하지 마십시오. 이것은 그분의 속성과 반대됩니다. "사람이 시험받을 때에 내가 하나님께 시험을 받는다 하지 말지니 하나님은 악에게 시험을 받지도 아니하시고 친히 아무도 시험하지 아니하시느니라"(약 1:13). 모든 것이 논리적으로 이해되기를 원하는 사람들에게 설명하기는 참으로 어려운 문제입니다. 바로 여기에 믿음과 온유함이 개입합니다. 믿음은 말합니다. "하나님, 저는 이해할 수 없습니다. 그러나 당신은 주권자시요 사랑이시요 공평하신 분이십니다. 제가 이해하지 못할지라도 당신을 비난하거나 당신의 말씀을 내 신학에 꿰어 맞추지 않겠습니다."

모세는 하나님께 사십 년 동안 복종했습니다. 그러나 한 순간에 넘어지고 말았습니다. 하나님께서 그에게 바위를 한 번만 치라고 명하셨을 때 그는 두 번 내리쳤습니다. 모세는 백성들 앞에서 하나님을 거룩하게 하는데 실패했습니다. 그래서 하나님은 공평하게 모세가 결코 약속의 땅에 들어가지 못하리라고 말씀하셨습니다. 모세는 느보 산에서 가나안 땅을 보았지만 결코 그곳에 들어가지는 못했습니다.

하나님께서 이 같은 선고를 내리셨을 때 모세는 어떻게 대답했습니까? 그는 하나님께로부터 눈을 떼지 아니하고 이렇게 말했습니다.

> "내가 여호와의 이름을 전파하리니 너희는 위엄을 우리 하나님께 돌릴지어다 그는 반석이시니 그 공덕이 완전하고 그 모든 길이 공평하며 진실 무망하신 하나님이시니 공의로우시고 정직하시도다"(신 32:3-4).

오! 사랑하는 여러분, 온유함은 하나님이 옳지 않다 또는 불공평하다고 절대로 말하지 않는 것입니다. 온유함이란 하나님의 거룩하심을 깨닫는 것입니다. 그분은 윤리적으로 탁월하시고 완벽한 분이시며 모든 면에 순결하신 분이십니다. 그러므로 온유한 사람은 무릎을 꿇고 이렇게 말합니다. "하나님, 저는 당신을 신뢰합니다. 저는 당신이 거룩하고 의로우신 분이심을 압니다. 저는 당신의 공평하심을 압니다. 이제 저에게 일어나는 모든 일에 불평하지도 않고 논쟁하지도 않으며 원망하지도 않겠습니다. 저는 하나님이 신노의 하나님이심을 압니다. 지는 당신께서 모든 불의를 미워하며 모든 불의에 대해 꺼지지 않는 불같이 진노하심을 압니다. 저는 하나님께 거역하는 것은 무엇이든지 결국 망하리라는 것을 압니다. 하나님께서 공평과 의로 임하실 그 날을 저는 고대합니다."

"너희로 환란받게 하는 자들에게는 환난으로 갚으시고 환난받는 너희에게는 우리와 함께 안식으로 갚으시는 것이 하나님의 공의시니 주 예수께서 저의 능력의 천사들과 함께 하늘로부터 불꽃 중에 나타나실 때에 하나님을 모르는 자들과 우리 주 예수의 복음을 복종치 않는 자들에게 형벌을 주시리니 이런 자들이 주의 얼굴과 그의 힘의 영광을 떠나 영원하는 멸망의 형벌을 받으리로다"(살후 1:6-9).

그렇다면 왜 하나님은 그렇게 오래도록 기다리십니까?
왜 하나님은 불의한 사람들이 살도록 내버려두십니까? 왜 하나님은 신속하게 심판하시지 않습니까?

사랑하는 여러분, 하나님은 자비로우시며 오래 참는 분이시기 때문입니다. 하나님은 긍휼이 풍부하신 분입니다. 그는 고집을 피우며 그분의 뜻을 거스리는 사람들을 향하여 긍휼하심으로 다루십니다. 하나님은 오래 참으십니다. 그분의 의로운 분노는 그의 경고를 듣지 아니하고 그의 교훈에 복종치 않는 사람들을 향하여 더디게 타오릅니다. 피조물을 향하여 가장 최고의 선을 원하시기 때문에 그는 거룩한 정의를 지체케 하시는 것입니다.

"주의 약속은 어떤 이의 더디다고 생각하는 것같이 더딘 것이 아니라 오직 너희를 대하여 오래 참으사 아무도 멸망치 않고 다 회개하기에 이르기를 원하시느니라"(벧후 3:9).

또 다른 질문이 여러분의 마음에 일어날 것입니다.
"만일 하나님이 아무도 멸망하지 않는 것을 원하신다면 이방인들은 어떻게 됩니까? 하나님에 대해 결코 들어보지 못한 이방인들이 왜 멸망 당해야 합니까? 예수 그리스도에 대해 듣지도 보지도 못한 사람들이 지옥에 간다면 하나님을 어떻게 공평하고 의로우신 분이라고 말할 수 있습니까?"

이에 대한 해답을 내일까지 기다립시다. 제가 보기에 여러분들은 오늘 충분한 분량을 공부하셨습니다. 잠시 멈추고 하나님의 주권과 속성에 대해 배운 바를 묵상하십시오. 그리고 생각나는 것을 기록하십시오. 좋은 복습이 될 것입니다.

제 5 일

이방인들은 어떻게 됩니까? 만일 하나님께서 아무도 망하는 것을 원치 않으신다면, 왜 하나님은 예수 그리스도에 대해 듣지도 보지도 못한 사람들이 죽어 그리스도 없는 영원으로 가도록 내버려두십니까?
이에 대한 해답으로 예증을 하나 들어 보겠습니다.
저는 어느 날 한 젊은이가 예배당에 서서 울고 있던 날을 잊을 수가 없습니다. 그의 동료 한 사람이 갑자기 죽었을 때 그는 안타까워하면서 이렇게 말했습니다. "저로 인해 그 사람은 오늘 지옥에 갔습니다. 제가 그에게 전도하지 않았기 때문이죠."

그 젊은이가 전도하지 않았기 때문에 그 동료가 지옥에 갔습니까? 만일 그렇다면, 하나님의 주권과 인간의 영원한 운명이 들어갈 여지는 어디에 있습니까?

그 젊은이의 후회가 잘못된 것이 아니라 그 사람의 신학이 잘못된 것입니다. 우리는 책임 있는 존재입니다. 우리는 형제들을 지키는 자들입니다. 우리는 다른 사람에게 복음을 전해야 합니다. 그러므로 우리도 바울처럼 말할 수 있어야 합니다. "그러므로 오늘 너희에게 증거하노니 모든 사람의 피에 대하여 내가 깨끗하니"(행 20:26). 그러나 어떠한 사람의 운명도 그의 신실함 또는 그의 불성실에 의존하지 않습니다. 미국에서 진리인 것은 예수 그리스도의 이름을 듣지 못한 이방인들에게도 진리인 것입니다.

보좌에 앉으셔서 모든 우주를 통치하시는 하나님은 스스로 충족하신 분이십니다. 그분은 어떠한 도움 없이도 행하실 수 있고 자신의 뜻을 펼 수가 있습니다. 그분이 비록 도움을 받으신다 해도 무엇이 부족해서 그런 것이 아니고 그분이 단지 그렇게 하시기로 선택하셨기 때문입니다. 그분은 인간이라는 도구 없이도 자신을 계시하실 수 있습니다.

사무엘 모리스에 대한 이야기가 이 점을 예증하고 있습니다.

사무엘 모리스. 그의 어릴 때 이름은 카부였습니다. 그는 하나님을 전혀 모르는 서부 아프리카 어느 추장의 맏아들이었습니다.

그 지역에서는 추장이 전쟁에 패하면 그의 맏아들이 상대방의 인질이 되는 풍습이 있었습니다. 상대방은 그 인질을 볼모로 전쟁에 대한 배상을 받아냈습니다. 배상이 지체되면 종종 그 인질은 고문을 받았습니다. 그것이 카부의 운명이었습니다.[6]

카부가 열 다섯 살이었을 때 그는 세 번째 인질이 되었습니다. 그런데 이번에는 그의 아버지가 전쟁에 진 빚을 갚을 수 없었습니다. 적들은 카부를 고문하기 시작했습니다.

그의 등가죽은 갈가리 찢겨졌습니다. 그는 피를 많이 흘렸고 독이 든 포도주로 인해 고열이 났습니다. 그는 더 이상 서 있지도 앉아 있을 수도 없었습니다. 십자가가 세워졌고 그는 그 위에 던져졌습니다. 그리고 다시 벗겨진 등가죽을 얻어 맞았습니다.

기적적인 탈출

카부는 인질로 남아 있느니 차라리 죽기를 바랬습니다. 카부의 종족 중 많은 사람들이 이 사나운 추장에 의해 노예로 붙잡혀 왔습니다. 그 중 몇몇은 악마로 고소되었습니다. 카부는 자신의 종족들이 술 취해 흥분한 사람들에 의해 문자 그대로 갈가리 찢겨지는 것을 목격했습니다. 그러나 그는 이제 더욱 잔혹한 처지에 빠지게 되었습니다.

적들은 카부의 아버지가 돌아오지 않을 것을 대비하여 구덩이를 팠습니다. 마지막으로 그를 때려도 더 이상의 배상이 없을 경우 그는 구덩이에 목만 내밀고 묻혀야 했습니다. 그런 다음 적들은 그의 입을 벌려 달콤한 물질을 바르고 가까운데 있는 개미언덕의 개미들을 유혹하게끔 합니다. 그리고 마침내 아프리카산 공포의 드라이브 개미(아프리

---

6. Lindley Baldwin, *Samuel Morris, The Marth of Faith* (Minneapolis: Dimention Books), 8.

카의 개미 일종)가 몰려와 그의 살을 조금씩 뜯어먹게 만듭니다. 개미들이 그의 살점을 다 파먹으면 적들은 그의 백골을 처형 장소 앞에 놓아두어 장래 빚질 자들에게 경고가 되게 합니다.

카부가 마지막 매질을 위해 십자가에 던져졌을 때 그의 힘뿐만 아니라 모든 소망은 사라졌습니다. 그는 오직 죽기만을 바랐습니다.

그때 갑자기 매우 이상한 일이 벌어졌습니다. 번개처럼 아주 밝은 빛이 그 위에 쏟아져 내려왔습니다. 그 빛은 그 주위의 모든 사람들로 눈을 못 뜨게 했습니다. 그때 위로부터 한 음성이 들려왔습니다. 그 소리는 그에게 일어나 도망치라고 명했습니다. 모든 사람이 그 음성과 그 빛을 보았으나 그가 누구인지는 보지 못했습니다.

동시에 현대 과학으로서는 부정도 설명도 안되는 일이 벌어졌습니다. 즉각적인 치유가 일어난 것입니다. 눈 깜짝할 사이에 카부는 힘을 되찾았습니다. 그날 카부는 아무것도 먹지도 마시지도 못했지만 배고프거나 목마르지도 않았고 무기력하지도 않았습니다. 그는 신비한 음성에 복종하여 벌떡 일어나 놀라 어쩔 줄 모르는 적들에게서 사슴과 같이 빠르게 달아났습니다.

그에게 새 힘과 자유를 가져다 준 그 신비한 빛의 근원은 무엇이었을까요? 카부는 그것이 무엇인지 전혀 몰랐습니다. 그는 기독교의 신에 대해 들어본 적이 없었습니다. 그는 신의 특별한 섭리에 대해 전혀 아는 바가 없었습니다. 그는 결코 수많은 사람을 위해 희생이 되신 구세주에 대해 들어보지 못했습니다. 방금 카부에게 고통의 십자가를 가져다 준 이 땅의 임금은 죄수처럼 모욕을 당하고 매질을 당하고 나무 위에서 천천히 치욕의 죽음을 당하신 하늘의 임금에 대해서는 꿈도 꾸지 못했습니다.

그러나 카부는 보이지 않는 이상한 힘이 그를 구출해 내었음을 알았습니다. 방금 아파서 앉지도 못했던 그가 이제 일어서서 빠른 속도로 뛰고 있었던 것입니다.

그가 탈출한 날은 금요일이었습니다. 카부는 결코 그 날을 잊을 수가 없었습니다. 그는 그것을 그의 구원의 날이라 불렀습니다. 그가 살아 있는 동안 그는 그 날을 기념하여 매주 금식하며 음식도 물로 마시지 않았습니다.7

그의 동료 크루는 선교사들에게서 전도를 받았고 기도하는 법을 배웠습니다. 카부는 그가 무릎을 꿇고 손을 위로 올리고 머리를 위로 쳐든 모습을 보았습니다. 카부가 그에게 무엇을 하느냐고 물었습니다. 그는 "하나님께 이야기하고 있다"고 말했습니다.

"너의 신이 누구냐?"라고 카부가 물었습니다.

"그는 내 아버지다"라고 그 소년이 말했습니다.

"그렇다면 너는 네 아버지께 말하고 있는 것이구나"라고 카부가 말했습니다. 그 이후 그는 기도를 '내 아버지께 말하는 것'이라고 말합니다. 그의 유아기 신앙에 걸맞게 그의 기도는 육신의 아버지에게 말하는 것처럼 단순하고 확신에 차 있었습니다.

다음 주일 카부는 교회에 초청되었습니다. 거기서 그는 한 여인 주위에 사람들이 모여드는 것을 보았습니다. 그녀는 통역을 통해 사울의 회심에 대해 말하고 있었습니다. 그녀는 사울에게 하늘로부터 갑자기 한줄기 빛이 비추었고 신비한 음성이 위로부터 들려 온 사실에 대해 말했습니다.

바로 그때 카부가 외쳤습니다: "그것이 바로 제가 본 것입니다! 저는 그 빛을 보았습니다! 그것은 저를 구하고 이곳에 데리고 온 빛과 동

---

7. Ibid., 10-13.

일한 빛입니다!' 카부는 그때까지 어떻게 해서 자신이 죽음으로부터 기적적으로 구출되었고 숲을 통과해 올 수 있었는가 이상하기만 했습니다. 그러나 일순간 그는 깨닫기 시작했습니다.[8]

하나님은 사람이 하나님에 대한 지식을 갖고 의식적인 믿음을 활용하기 전까지는 그 영혼을 구원하실 수 없습니다. 그러나 하나님의 섭리는 종종 하나님을 모르는 사람들의 목숨을 구출하시며 치유하시기도 합니다. 그것은 때로 신자들의 기도에 대한 응답일 수도 있고, 하나님의 선한 목적에 기인하기도 합니다.

아마도 이렇게 말씀하실 분도 계실 것입니다. "저는 당신이 하나님에 대해 하신 말씀을 압니다. 그러나 만일 하나님이 변하신다면 어떻게 합니까? 저는 신약과 구약의 하나님이 다른 하나님이심을 압니다. 구약에서 그는 여호수아에게 여리고 성의 모든 주민을 죽이라고 명령했습니다. 그러나 신약에서는 그가 서기관들과 바리새인들이 간음하다 현장에서 붙잡힌 한 여인을 돌로 치지 못하게 했습니다. 그런 식으로 하나님이 다시 변한다면 어떻게 합니까?"

그러나 하나님은 결코 변하실 수 없습니다. 하나님은 본질과 속성과 그 뜻이 항상 동일합니다. 그는 결코 변화될 수 없습니다. 말라기 3:6에 이렇게 말합니다. "나 여호와는 변역지 아니하나니 …." 히브리서 13:8에서는 "예수 그리스도는 어제나 오늘이나 영원토록 동일하시니라."

두 개의 신, 즉 구약의 신과 신약의 신이 따로 있는 것이 아닙니다. 예수님은 신의 최신판이 아닙니다. 구약의 신보다 그가 더 친절하고 더 동정심이 많고 자비와 오래 참음이 더하다고 말할 수 없습니다. 결코 그

---

8. Ibid., 15-17.

렇지 않습니다. 이것들은 항상 신의 속성이었습니다. 그가 여리고 성의 남녀노소를 불문하고 모두를 죽이셨을 때 그는 의로운 분노를 집행하신 것이었습니다. 왜냐하면 그들은 오랫동안 회개할 기회가 주어졌음에도 불구하고 그렇게 하지 않았기 때문입니다. 이스라엘의 자녀들은 아모리인들의 죄가 충만하기 전까지는 가나안을 취할 수 없었습니다. 이것이 창세기 15:16에서 하나님이 아브라함에게 주신 말씀입니다.

또 다시 "만일 하나님께서 하나님이시기를 그만두신다면 어떻게 합니까? 하나님이 더 이상 존재하시지 않는다는 것을 사람들이 증명하면 어떻게 됩니까?"라고 질문할 수 있습니다.

사람들은 하나님께서 존재하지 않는다는 것을 증명하고자 애쓸 것입니다. 사람들은 여러분에게 그것을 증명하기 위해 모든 자료를 들이댈 것입니다. 그러나 여러분은 하나님이 자존하신 분임을 알고 있습니다. 하나님은 그 자신 외에는 존재의 이유가 없습니다. 그 자신 안에 그의 존재의 충분한 근거를 갖고 있습니다. 한때 하나님 외에는 아무것도 존재하지 않았던 때가 있었습니다. 그가 창조를 통해 자신에게 보탠 것은 아무것도 없습니다. 사람은 결코 이 지구상에 배어 있는 하나님에 대한 지식을 제거할 수 없습니다. 그는 위대하신 존재입니다. "나는 스스로 있는 자니라 … 이는 나의 영원한 이름이요 대대로 기억할 나의 표호니라"(출 3:14-15).

여러분이 배운 모든 진리의 빛 안에서 천천히 생각해 봅시다. 이 모든 진리를 대할 때 혹자는 아직도 하나님이 주권자가 아니라고 말할지 모릅니다. 하나님이 그렇지 않다고 잠시 생각해 봅시다. 그렇다면 이 우주를 통제하는 것은 무엇입니까?

사람입니까?
마귀입니까?
운명입니까?

만일 사람이 통제한다면 그는 신만큼이나 위대하고 강한 존재입니다. 그는 하나님의 뜻을 꺾고 자신이 원하는 바를 무엇이든지 행할 것입니다. 이러한 주장을 받아들일 수 있습니까?

또 만일 마귀가 하나님의 허락 없이 마음대로 한다면, 마귀가 하나님의 계획을 망쳐 놓을 수 있다는 말이 됩니다. 만일 그렇다면 사단은 하나님처럼 힘센 존재일 것입니다. 그러나 그것이 가능한 일입니까? 하나님에 의해 피조된 피조물이 지존하신 분 위에 보좌를 만들 수 있습니까? 결코 그럴 수 없습니다. 그는 그렇게 되고자 애를 썼고 결국 정죄 받아 불 못에 던지우게 되었습니다(사 14:12-15).

사람도 아니고 마귀도 아니라면, 운명이 우리를 통제하고 있습니까? 만일 그렇다면 하나님보다 어떤 능력이나 힘이 우리의 운명을 결정하고 있다는 말입니다. 그렇게 되면 하나님은 더 이상 초월자가 아닙니다. 그는 피조물 위에 계신 분이 아니라는 말이 됩니다. 결국은 그가 자신이 창조한 피조물에 의해 보좌를 빼앗겼다는 이야기가 됩니다.

이제 분명해졌습니다. 온유함이란 무릎을 꿇고 이렇게 말하는 것입니다. "내 주여, 당신이 기쁘시다면 저도 기쁩니다."

하나님의 속성과 주권을 공부하는 마지막 날입니다. 저는 여러분이 지금까지 배운 바를 복습하기를 원합니다. 그리고 그것을 아래에 기록하십시오. 그리고 여러분이 기억하는 것을 여러분의 마음속에 옮기시기 바랍니다.⁹ 기도하는 가운데 여러분의 의지를 그분에게 복종시키십시오. 그러면 말할 수 없는 평화가 여러분에게 임할 것입니다.

"여호와여 내 마음이 교만치 아니하고 내 눈이 높지 아니하오며 내가 큰 일과 미치지 못할 기이한 일을 힘쓰지 아니하나이다 실로 내가 내 심령으로 고요하고 평온케 하기를 젖 뗀 아이가 그 어미 품에 있음 같게 하였나니 내 중심이 젖 뗀 아이와 같도다 이스라엘아 지금부터 영원까지 여호와를 바랄지어다"(시 131).

---

9. 이 부문에 대해 더 깊이 연구하기를 원하시는 분들은 "악한 일이 일어날 때 하나님 당신은 어디 계셨습니까"라는 하박국의 내용을 다룬 "케이 아더 저, 송계성 외 공역, 「하나님의 침묵」, (서울: 프리셉트성경연구원), 1992."를 참고하시기 바랍니다.

CHAPTER 제5장 FIVE

온유 2
- 약함인가? 강함인가?

제 1 일

온유함은 많은 단면을 가진 하나의 아름다운 보석입니다. 그 각각의 단면들은 하나님의 진리의 빛을 던지고 있으며 우리는 그것이 하나님의 면류관에 적합한, 위대하며 흔치 않은 보석임을 발견하게 됩니다.

이에 대해 더 논하기 전에 저는 여러분들을 격려하고 싶습니다. 여러분 각자와 함께할 수 없고 제 팔로 여러분들을 모두 껴안아 줄 수 없기 때문에 글로 대신합니다. 저는 여러분이 스스로 성숙을 위한 훈련을 하는 소수의 사람 가운데 속해 있음을 감사하게 생각합니다. 만일 힘들다면 그것을 제가 이해하고 있음을 여러분들에게 말씀드리고 싶습니다.

인내하십시오. 우리는 거의 반 정도는 온 것입니다. 제가 뛰어 가지 않는 곳에서는 여러분도 뛰지 않기를 바랍니다. 할 수 있다라는 사실을 제 자신이 알지 못한다면 "여러분은 할 수 있습니다"라고 여러분에게 말하지 않겠습니다. 만일 제가 보상이 있다는 사실을 체험하지 못하고 알지도 못한다면 우리가 구하는 것이나 생각하는 것에 더 넘치도록 보상을 받는다는 것을 약속하지 않겠습니다. 그러므로 저의 손을 잡고 함께 전진합시다.

온유란 그리스 윤리의 위대한 말들 가운데 하나였습니다. 아리스토텔레스는 그것을 아주 조심스럽게 정의했습니다. 그는 온유란 지나치게 분노하거나 아예 분노하지 못하는 것의 중간이라고 말합니다. 그러므로 온유란 적절한 때에 적절한 시간 동안 적절한 사람에게 분노하는 것입니다.

아리스토텔레스는 그의 책 「Kingdom Living」에서 복에 대한 탁월한 해설을 해 주고 있습니다. 존 맥아더는 그것을 이렇게 말합니다. "온유란 … 통제 하에 있는 분노입니다." 그러나 온유란 결코 자아 중심적인 것이 아니기 때문에 자신에게 이루어진 일에 대해 분노하는 것이 아니라, 다른 사람에게 일어난 잘못되어진 일에 대한 의로운 분노인 것입니다.

몇몇 사람은 모든 분노는 죄라고 생각합니다. 그러나 에베소서 4:26은 무엇이라고 말합니까? 그것을 찾아 기록하십시오.

이 구절에 의하면 모든 분노가 죄입니까, 아닙니까? 여러분의 답을 말해 보십시오.

온유란 길들여진 동물을 묘사하는데 쓰여졌습니다. 그 동물들은 주인들의 통제를 받는데 익숙해져 있으며 그러므로 올바르게 행동합니다. 거기서부터 올바르게 행동하는 사람들에게까지 그 의미가 확장되었습니다. 온유란 친절한 행위이며 부드러움과 사랑스러움입니다. 복종은 항상 온유의 한 단면입니다.

그러나 온유라는 보석이 다듬어지고 윤이 나도록 닦여진 것은 하나님의 말씀 안에서입니다. 온유란 우리를 향한 하나님의 섭리 모두를 선한 것으로 인정하는 것이며, 따라서 불평하거나 논쟁하지 않는 것을 말합니다.

▶ 시편 37:1-11

¹행악자를 인하여 불평하여 하지 말며 불의를 행하는 자를 투기하지 말지어다 ²저희는 풀과 같이 속히 베임을 볼 것이며 푸른 채소같이 쇠잔할 것임이로다 ³여호와를 의뢰하여 선을 행하라 땅에 거하여 그의 성실로 식물을 삼을지어다 ⁴또 여호와를 기뻐하라 저가 네 마음의 소원을 이루어 주시리로다 ⁵너의 길을 여호와께 맡기라 저를 의지하면 저가 이루시고 ⁶네 의를 빛같이 나타내시며 네 공의를 정오의 빛같이 하시리로다 ⁷여호와 앞에 잠잠하고 참아 기다리라 자기 길이 형통하며 악한 꾀를 이루는 자를 인하여 불평하여 말지어다 ⁸분을 그치고 노를 버리라 불평하여 말라 행악에 치우칠 뿐이라 ⁹대저 행악하는 자는 끊어질 것이나 여호와를 기대하는 자는 땅을 차지하리로다 ¹⁰잠시 후에 악인이 없어지리니 네가 그 곳을 자세히 살필지라도 없으리로다 ¹¹오직 온유한 자는 땅을 차지하며 풍부한 화평으로 즐기리로다

시편 37:1-11은 우리에게 온유가 반응하는 네 가지 길을 알려 줍니다. 그것은 신뢰하고 의탁하며 의지하고 기다리는 것입니다. 신뢰란 온유의 한 단면입니다. 왜냐하면 온유는 주님을 신뢰하고 그를 즐거워하는 것이기 때문입니다(3-4절). 이러한 신뢰로 인해 주님께 그 길을 의탁하는 것이며(5절), 그를 의지하고 하나님의 기뻐하시는 뜻이 무엇인지를 참을성 있게 기다리는 것입니다(7절). 그것은 악인의 형통에 대해 불평하지 않는 것입니다(7-8절). 오히려 주님을 기다리며 그 땅을 소유할 것을 아는 것입니다. 온유한 자가 그 땅을 차지할 것은 확실합니다(9, 11절). 그러므로 구약도 신약의 산상수훈에 나타난 예수님의 말씀과 동일합니다.

"온유한 자가 땅을 기업으로 얻을 것이요"(마 5:5).

온유란 아버지의 뜻에 겸손히 복종하는 것입니다. 그것은 하나님과 다투지 않는 것입니다.

온유의 본보기는 요셉이 보여준 그의 형제들에 대한 사랑과 용납입니다. 그들은 질투심에서 그를 음해하여 죽이고자 했습니다. 그리고 그를 노예로 팔았습니다. 온유가 요셉으로 하여금 형제들의 행동을 넘어 하나님의 주권을 바라보게 했고, 그를 다루시는 하나님의 손길을 받아들이게 했습니다. 요셉이 그 형제들에게 말할 때 우리는 이것을 요셉에게서 발견할 수 있습니다.

"요셉이 그 들에게 이르되 두려워 마소서 내가 하나님을 대신하리이까 당신들은 나를 해하려 하였으나 하나님은 그것을 선으로 바꾸사 오늘과 같이 만민의 생명을 구원하게 하시려 하셨나니"(창 50:19-20).

온유란 성령의 통제 하에 걷는 것입니다.

"범사에 우리 주 예수 그리스도의 이름으로 항상 아버지 하나님께 감사하며"(엡 5:20).

온유란 또한 악인에 대한 반응을 통해 자신을 드러냅니다. 그것은 원수들에게 다른 쪽 뺨을 대며 원수를 사랑하며 핍박하는 자를 위해서 오히려 기도합니다(마 5:39, 44). 온유가 이러한 일을 하는 이유는 사람들이 가져다주는 모욕이나 상처들은 오직 자신을 순결케 하고 다듬어가기 위해 하나님이 사용하시고 허용하시는 것임을 깨닫기 때문입니다.

그러나 온유란 나약함을 의미하지 않습니다. 도리어 권능의 열매입니다. 그것은 결코 자신에게 점령되지 않기 때문에 우쭐대거나 낙담하지 않는 심령의 평정입니다.

그렇다면 온유는 어디에서 오는 것일까요? 그것은 하나님의 자녀로서 받는 유산의 일부입니다. 나중에 살펴보겠지만 그것은 성령의 열매 중 하나입니다. 그것은 심령의 가난에서 출발합니다.

우리는 아무것도 아니며,
아무것도 가진 것 없고,
하나님을 기쁘시게 하기 위해 아무것도 할 수 없음을 발견할 때 오는 것입니다.

우리의 삶으로부터 만들어낸 것은 혼란뿐이라는 것을 깨닫게 될 때 온유함으로 하나님의 주권에 무릎을 꿇고 그의 넓은 가슴에 우리를 던지는 일 외에 무슨 일을 할 수 있겠습니까? 그를 떠나서는 생명이 없습니다!

시간을 내어 기도하십시오. 아래의 빈 칸에 온유에 대해 배운 바를 기록하십시오. 여러분의 온유함이 부족한 곳이 어디인지 가르쳐 달라고 하나님께 기도하십시오. 그리고 여러분의 길을 그에게 맡기고 그를 신뢰하십시오. 그러면 그가 이루실 것입니다.

제 2 일

팔복을 관찰하면 예수 그리스도의 성품을 알 수 있습니다. 마태복음 11:28-30을 읽고 다음의 질문에 답하십시오.

▶ 마태복음 11:28-30

[28]수고하고 무거운 짐 진 자들아 다 내게로 오라 내가 너희를 쉬게 하리라 [29]나는 마음이 온유하고 겸손하니 나의 멍에를 메고 내게 배우라 그러면 너희 마음이 쉼을 얻으리니 [30]이는 내 멍에는 쉽고 내 짐은 가벼움이라 하시니라

1. 예수님은 자신을 어떻게 묘사하고 있습니까?

2. 본문에서 예수님이 우리에게 요구하는 것은 무엇입니까? 아래에 기록해 보십시오.

3. 예수님은 우리에게 무엇을 주신다고 말씀하십니까? 그것은 어떤 환경에서 이루어지는 것입니까?

이 구절을 볼 때, 온유란 주어지는 것임이 분명합니다. 그것은 예수 그리스도의 멍에와 함께 동행할 때 옵니다. 다른 말로 하면 성령과 동행할 때 옵니다. 저는 오늘 하나님의 어린 양에게서 드러난 온유를 살펴보고자 합니다.

앞에서 우리는 온유란 주인의 통제에 익숙해져서 적절하게 행동하는 길들여진 동물에 쓰여진다고 배웠습니다. 우리는 그것이 하나님을 향한 순종과 신뢰의 태도임을 살펴보았습니다. 이러한 모습을 보여준 사람이 있다면 그분은 오직 하나님의 어린 양입니다. 그는 이렇게 말했습니다. "나의 양식은 나를 보내신 이의 뜻을 행하며 그의 일을 온전히 이루는 이것이니라" (요 4:34).

1. 요한복음 8:28-29을 기억하십니까? 그 본문을 다시 읽고 예수 그리스도의 온유가 어떻게 드러나고 있는지 적어 보십시오.

    ▶ 요한복음 8:28-29

    ²⁸이에 예수께서 가라사대 너희는 인자를 든 후에 내가 그인 줄을 알고 또 내가 스스로 아무것도 하지 아니하고 오직 아버지께서 가르치신 대로 이런 것을 말하는 줄도 알리라 ²⁹나를 보내신 이가 나와 함께하시도다 내가 항상 그의 기뻐하시는 일을 행하므로 나를 혼자 두지 아니하셨느니라

    a. 본문에서는 예수 그리스도의 온유를 어떻게 묘사하고 있습니까?

    b. 본문을 통해 배운 것을 여러분의 삶에 어떻게 적용할지 정리해 보십시오.

우리는 앞에서 온유란 통제되고 있는 분노라고 배웠습니다. 온유란 냉담이 아닙니다. 현관에 놓인 신발털이 매트와 같은 심성이나 존재가 아닙니다. 통제 하의 분노는 우리로 하여금 어떻게 행동하게 합니까?

2. 요한복음 2:13-17을 읽어보십시오.

> ▶ 요한복음 2:13-17
>
> 13유대인의 유월절이 가까운지라 예수께서 예루살렘으로 올라가셨더니 14성전 안에서 소와 양과 비둘기 파는 사람들과 돈 바꾸는 사람들의 앉은 것을 보시고 15노끈으로 채찍을 만드사 양이나 소를 다 성전에서 내어 쫓으시고 돈 바꾸는 사람들의 돈을 쏟으시며 상을 엎으시고 16비둘기 파는 사람들에게 이르시되 이것을 여기서 가져 가라 내 아버지의 집으로 장사하는 집을 만들지 말라 하시니 17제자들이 성경 말씀에 주의 전을 사모하는 열심이 나를 삼키리라 한 것을 기억하더라

a. 온유하고 긍휼이 많은 예수님께서 화를 내신 이유는 무엇입니까? 설명해 보십시오.

b. 예수님은 정당한 이유를 가지고, 적절한 대상에게, 적절한 때에 분노하셨습니까? 본문으로부터 여러분의 답을 설명해 보십시오.

성전 안에 환전상을 상주시켜 놓는 일은 하나님의 집을 강도의 굴혈로 만드는 일이었습니다. 겟세마네 동산에서 우리는 다시 한 번 그 희생이 어떠하든지 하나님의 주권적인 뜻에 복종함으로써 온유의 본보기가 되신 예수 그리스도의 모습을 보게 됩니다.

마태복음 26:37-44을 읽고 아래 질문에 답하십시오.

▶ 마태복음 26:37-44

37베드로와 세베대의 두 아들을 데리고 가실새 고민하고 슬퍼하사 38이에 말씀하시되 내 마음이 심히 고민하여 죽게 되었으니 너희는 여기 머물러 나와 함께 깨어 있으라 하시고 39조금 나아가사 얼굴을 땅에 대시고 엎드려 기도하여 가라사대 내 아버지여 만일 할 만하시거든 이 잔을 내게서 지나가게 하옵소서 그러나 나의 원대로 마옵시고 아버지의 원대로 하옵소서 하시고 40제자들에게 오사 그 자는 것을 보시고 베드로에게 말씀하시되 너희가 나와 함께 한 시 동안도 이렇게 깨어 있을 수 없더냐 41시험에 들지 않게 깨어 있어 기도하라 마음에는 원이로되 육신이 약하도다 하시고 42다시 두 번째 나아가 기도하여 가라사대 내 아버지여 만일 내가 마시지 않고는 이 잔이 내게서 지나갈 수 없거든 아버지의 원대로 되기를 원하나이다 하시고 43다시 오사 보신즉 저희가 자니 이는 저희 눈이 피곤함일러라 44또 저희를 두시고 나아가 세 번째 동일한 말씀으로 기도하신 후

1. 예수님께서는 아버지께 무엇을 요구하셨습니까?

2. 주님께서 말씀하신 '잔' 이란 무엇을 뜻합니까? 요한복음 18:11과 비교한 후 여러분의 답을 적어 보십시오.

3. 예수님께서는 몇 번이나 이 기도를 하셨습니까?

4. 이것이 어떻게 주님의 온유를 드러내 줍니까?

사랑하는 여러분, 여기에 우리의 모범이 있습니다! 주님의 멍에가 우리를 기다리고 있습니다. 당신은 그것을 취함으로 주님의 온유를 배우시겠습니까? 여러분의 영혼이 매일매일 평안을 얻는 길은 바로 그것뿐입니다. 두려워하지 마십시오. 그의 멍에는 쉽고 그의 짐은 가볍다는 것을 발견할 것입니다.

기도의 형태로 여러분의 답을 적어 보십시오. 만일 두렵다면 하나님께 그 두려움을 고백하십시오. 그분께 왜 그런지 그 이유를 말하십시오. 만일 여러분이 고백하신다면 여러분이 두려워하는 바로 거기서 그분은 여러분을 만나 주실 것입니다. 모든 두려움을 내어 쫓는 그의 완전한 사랑을 보여달라고 그분께 요청하십시오(요일 4:18).

제 3 일

우리는 온유에 대한 정의를 내렸고, 우리 믿음의 창시자요 마지막이신 예수 그리스도를 통해 그의 행동 가운데서 그것을 살펴보았습니다.

하나님께서 이 땅을 창조하시고 그 위에 사람을 만들어 놓았을 때 하나님은 사람이 그의 모든 창조물을 하나님을 대신하여 통치하도록 의도하셨습니다. 모든 사람은 창조주를 전적으로 의지하면서 하나님께 순종해야 했습니다. 그러나 그 순종은 자발적인 순종이었습니다. 그래서 하나님은 사람에게 독립적으로 행할 수 있는 권리를 주었습니다. 그는 에덴 동산에서 사람의 의지를 시험하셨습니다. 그것은 선악을 알게 하는 나무였습니다.

하나님의 명령은 분명했습니다. "동산 각종 나무의 실과는 네가 임의로 먹되 선악을 알게 하는 나무의 실과는 먹지 말라 네가 먹는 날에는 정녕 죽으리라"(창 2:16-17). 사람은 그의 죄의 결과에 대해 무지하지 않았습니다. 하나님은 디모데전서 2:14에서 아담이 속지 않았다고 우리에게 분명히 밝히고 계십니다. 속은 것은 아담이 아니라 하와였다고 말합니다. 아담은 그가 무엇을 하고 있는지 분명히 알고 있었습니다. 그는 하나님의 말씀보다 아내의 말에 더 귀를 기울였던 것입니다. 그는 의도적으로 불순종하면서 그 나무의 열매를 따먹었습니다. 그 과정 중에서 아담은 하나님에게서 독립하여 행하기를 택했고, 그래서 하나님 대신 이 땅을 통치하는 권리를 상실하게 되었습니다.

사람은 땅을 잃었습니다. 왜냐하면 하나님께 기꺼이 순종하고자 하지 않았기 때문입니다. 오직 온유함만이 잃어버린 동산을 되찾을 수 있습니다. 왜냐하면 "온유한 자가 땅을 차지할 것이기" 때문입니다.

이미 살펴보았지만 다시 한 번 복습하겠습니다. 온유란 심령의 가난으로부터 시작합니다. 그것은 구원을 동반합니다. 왜냐하면 그것은 우리 인생에 대한 하나님의 주권에 복종하게 하기 때문입니다. 제가 보기에 예수님께서 결론을 내린 마태복음 7:13-23의 메시지는 매우 분명합니다. 주님의 이름을 부르지만 그렇게 살지 않는 자는 천국에 들어갈 수 없다는 것입니다. 그러므로 주님을 부르면서도 그의 뜻을 행치 않을 경우에 우리는 결코 다시 태어난 것이 아닙니다. 온유란 어느 정도 실증되어야 합니다. 그렇지 않으면 하늘도 땅도 우리에게 속한 것으로 확신할 수 없기 때문입니다. 오히려 우리에게는 두려운 정죄와 하나님의 심판만이 있을 뿐입니다.

저는 온유란 성령의 열매임을 수차례 말씀드렸습니다. 갈라디아서 5:22-23을 읽으십시오. 그리고 이 두 구절을 아래에 적으십시오.

성령의 열매는 몇 가지입니까? 성령의 열매는 ＿＿가지입니다. 여러분은 몇 가지라고 생각하셨습니까? 정답은 "9가지" 열매입니다.

그런데 이상하게도 그 문장에서 주어도 하나요 동사도 하나임을 발견하셨습니까? "The fruit… is!" 여러분이 성령의 지배 아래 있다면 이 열매들은 여러분의 삶 속에 분명히 나타날 것입니다. 팔복은 자연적인 것이 아니라 상속받는 자질인 것을 기억하시기 바랍니다. 그러나 그것들은 우리 안에 새겨진 하나님의 은혜의 작업입니다. 온유란 성령의 열매이기 때문에 당연한 것이지요.

야고보서 1:21을 읽으십시오. 그 구절을 아래에 적고 다음의 질문에 답하십시오.

1. 야고보 사도가 말한 "마음에 심긴 도를 온유함으로 받으라"에서 온유는 여러분의 성장과 어떠한 관련이 있습니까?

2. 말씀을 온유함으로 받으려면 어떻게 행동해야 합니까? 이 질문에 답하면서, 온유의 정의가 무엇이었는지 기억해 보십시오.

시편 25:9을 찾아 아래에 기록하고 다음의 질문에 답하십시오. 구약에서 온유란 수 차례 '겸손' 또는 '괴로움'으로 번역되었음을 기억하십시오.

1. 이 본문에 의하면 주님께서는 누구를 인도하십니까?

2. 주님께서는 누구에게 그의 길을 가르치십니까?

여러분은 기꺼이 주님의 인도함을 받겠습니까?
여러분은 온유합니까? 여러분은 마음에 심긴 도를 온유함으로 받겠습니까?
여러분이 하나님의 말씀을 듣는 자보다 말씀의 실행자로서 말씀에 순종하여 걸을 때 그것은 나타날 것입니다.

오늘 배운 바를 요약해 봅시다. 만일 여러분이 온유하게 된다면 여러분의 삶에 대한 하나님의 주권에 더욱 순종할 것입니다. 성령으로 충만하여 신중하게 행할 것입니다. 여러분은 좋은 토양이 되어 하나님의 말씀을 받아서 열매를 맺을 것입니다. 여러분의 삶은 오늘 여러분이 살펴본 내용에 얼마나 부합됩니까? 그것을 마음에 깊이 생각해 보십시오.

여러분이 온유에 실패한 점을 하나님께 보여 달라고 간구하십시오.

제 4 일

다른 사람과의 관계에 있어서 온유는 어떻게 특징지어집니까? 갈라디아서 6:1과 디모데후서 2:24-26은 온유라는 단어를 사용하고 있습니다. 그러므로 이 두 본문을 읽고 온유에 대해 배운 바를 기록하십시오.

▶ 갈라디아서 6:1

[1]형제들아 사람이 만일 무슨 범죄한 일이 드러나거든 신령한 너희는 온유한 심령으로 그러한 자를 바로잡고 네 자신을 돌아보아 너도 시험을 받을까 두려워하라

▶ 디모데후서 2:24-26

[24]마땅히 주의 종은 다투지 아니하고 모든 사람을 대하여 온유하며 가르치기를 잘하며 참으며 [25]거역하는 자를 온유함으로 징계할지니 혹 하나님이 저희에게 회개함을 주사 진리를 알게 하실까 하며 [26]저희로 깨어 마귀의 올무에서 벗어나 하나님께 사로잡힌 바 되어 그 뜻을 좇게 하실까 함이라

1. 이 두 구절은 어떤 유사한 문제를 다루고 있습니까?

2. 이 두 구절로부터 배운 바를 구분하여 기록하십시오.

    제가 교정(correction)에 대해 생각할 때, 또는 온유함으로 사람들을 바로잡을 때 교훈 받은 것을 말할 때면, 저는 수년 전의 일을 생각하지 않을 수 없습니다.
    어느 날 저녁, 제 남편은 사람들을 대할 때 저에게 온유함이 부족함을 지적했습니다. 당시 우리는 헛간 생활을 할 때였습니다. 프리셉트 사역을 시작할 때 우리는 두 개의 헛간을 개조했습니다. 하나는 길고 낮은 축사였고, 다른 하나는 이층으로 된 헛간이었는데 그 꼭대기를 강당으로 사용했습니다. 그때가 우리에게는 가장 귀중한 시간들이었고, 즐거운 추억이었으며, 성장과 성숙의 기간이기도 했습니다.
    어느 날 저녁 헛간 강당에 250여명의 사람들이 모여들었습니다. 저는 그들에게 매우 강력한 메시지를 전했습니다. 그 날 저녁 잭은 저에게 이렇게 말했습니다. "여보, 나는 오늘 저녁 당신의 목소리에서 사랑을 느낄 수가 없었소." "그러나 그 십대들은 제가 그들을 사랑하는 줄 알고 있어요"라고 저는 급히 반박했습니다. "알아요. 그러나 나는 아직도 당신의 목소리에 사랑을 느낄 수 없소."
    저는 아무 말도 하지 않았습니다. 저는 침대에서 돌아누워서 생각했습니다. '당신이 어떻게 알아요? 당신은 십대들을 다룰 줄 몰라요.' 저는 불쾌감으로 눈을 감았습니다. 내일 아침이면 기분이 나아지겠지 하고 잠을 청했으나 잠이 오지를 않았습니다. 그리고 남편의 말이 마음속에 계속해서 메아리쳤습니다. "나는 당신의 목소리에 사랑을 느낄 수 없었소."

마침내 잠을 포기하고 저는 일어나서 사전을 펼쳤습니다. 그리고 '온유'에 관한 참고 구절들을 다 찾아보았습니다. 저는 그 날 저녁에 발견한 구절을 잊을 수가 없습니다.

"주의 온유함이 나를 크게 하셨나이다"(시 18:35).

저는 하나님 앞에서 많은 눈물을 흘렸습니다. 그리고 그에게 간구했습니다. "아버지여, 그것들을 되찾게 하여 주옵소서. 저는 그들을 가르칠 자격이 없습니다. 원하옵건데 그것들을 되찾게 하여 주셔서 제가 그들에게 잘못했다고 말할 수 있게 하시고, 그들에게 용서를 구할 수 있게 하여 주옵소서."

하나님은 그것들을 다시 되찾게 해 주셨습니다. 그 헛간이 다시 찼을 때 저는 그들 앞에 서서 울었습니다. 그리고 그들에게 용서를 구하고 하나님이 저에게 가르쳐 주신 바를 말했습니다.

오! 사랑하는 여러분, 죄가 얼마나 비참한 것이며 사단의 올무가 얼마나 강합니까! 그럴지라도 우리는 온유함 없이는 다른 사람을 바로잡을 수 없습니다. 우리의 의로운 분노는 온유함의 통제를 받아야 합니다. 그렇지 않으면 우리가 형제를 위로하고 그를 마귀의 올무에서 구하고자 할 때에라도 그들에게 결코 하나님의 성품을 보여줄 수 없으며, 그들을 하나님께 이끌지 못할 것입니다.

모세는 다른 사람들을 어떻게 온유함으로 다루어야 할지를 보여주는 또 하나의 본보기를 제공합니다. 민수기 12:1-13을 읽으십시오. 그리고 다음 질문에 답하십시오.

▶ 민수기 12:1-13

¹모세가 구스 여자를 취하였더니 그 구스 여자를 취하였으므로 미리암과 아론이 모세를 비방하니라 ²그들이 이르되 여호와께서 모세와만 말씀하셨느냐 우리와도 말씀하지 아니하셨느냐 하매 여호와께서 이 말을 들으셨더라 ³이 사람 모세는 온유함이 지면의 모든 사람보다 승하더라 ⁴여호와께서 갑자기 모세와 아론과 미리암에게 이르시되 너희 삼 인은 회막으로 나아오라 하시니 그 삼 인이 나아가매 ⁵여호와께서 구름 기둥 가운데로서 강림하사 장막문에 서시고 아론과 미리암을 부르시는지라 그 두 사람이 나아가매 ⁶이르시되 내 말을 들으라 너희 중에 선지자가 있으면 나 여호와가 이상으로 나를 그에게 알리기도 하고 꿈으로 그와 말하기도 하거니와 ⁷내 종 모세와는 그렇지 아니하니 그는 나의 온 집에 충성됨이라 ⁸그와는 내가 대면하여 명백히 말하고 은밀한 말로 아니하며 그는 또 여호와의 형상을 보겠거늘 너희가 어찌하여 내 종 모세 비방하기를 두려워 아니하느냐 ⁹여호와께서 그들을 향하여 진노하시고 떠나시매 ¹⁰구름이 장막 위에서 떠나갔고 미리암은 문둥병이 들려 눈과 같더라 아론이 미리암을 본즉 문둥병이 들었는지라 ¹¹아론이 이에 모세에게 이르되 슬프다 내 주여 우리가 우매한 일을 하여 죄를 얻었으나 청컨대 그 허물을 우리에게 돌리지 마소서 ¹²그로 살이 반이나 썩고 죽어서 모태에서 나온 자같이 되게 마옵소서 ¹³모세가 여호와께 부르짖어 가로되 하나님이여 원컨대 그를 고쳐 주옵소서

1. 여러분은 이 구절에서 모세의 온유에 대해 무엇을 배울 수 있습니까?

2. 모세는 미리암과 아론이 그를 대적할 때 어떻게 했습니까?

3. 하나님은 어떻게 반응하셨습니까?

4. 모세는 민수기 12:9-13에서 그의 온유함을 어떻게 드러냈습니까?

5. 여러분은 가족에 의해 정당치 않게 공격을 받거나 비난받은 적이 있습니까? 여러분은 이에 대해 어떻게 반응하셨습니까?

그들의 불공평한 공격과 비난이 여러분을 낙심케 하였습니까? 만일 그렇다면 그것은 여러분이 온유함으로 반응하지 않았다는 표시입니다. 온유란 우쭐대거나 낙심하지 않습니다. 왜냐하면 그것은 자신에게 집착하지 않기 때문입니다.[10] 온유란 자신에게 발생한 일에 대해 분노하는 것이 아니라 다른 사람에게 좋지 않은 일이 일어날 때 분노하는 것입니다.

모세의 생애를 통해 한 가지 더 살펴볼 것이 있습니다. 모세에 대해 배운 바대로 모세는 "온유함이 지면의 모든 사람보다 승했습니다"(민 12:3). 그러나 온유는 나약함이 아닙니다. 그것은 통제된 힘입니다.

그것은 민수기 16:1-4과 28-35절에 분명히 드러납니다. 고라의 자손들은 모세의 지도력에 도전했습니다. 사실 그들은 모세가 아니라 하나님께 반역했고 반항했던 것입니다. 그러나 모세는 하나님 앞에 무릎을 꿇었습니다. 그는 하나님의 사신으로서 하나님이 주신 지도권을 포기할 수 없었기에 고라의 자손들로 하나님께 반역하도록 허용했습니다. 그러므로 모세는 온유하게 하나님의 심판을 요청했고, 땅은 입을 벌려 250명의 사람들을 삼켰습니다. 그들은 제단에서 향을 피움으로 범죄했던 것입니다.

민수기 16:41-50에서 우리는 또다시 온유란 자신을 변호하지 않는 것임을 보게 됩니다. 이스라엘 회중이 모세와 아론에 대하여 불평했을 때 하나님은 진노하여 그들에게 역병을 보냈습니다. 모세는 미리암을 위해 중보 기도했던 것처럼, 이번에도 그들을 위해 중보 기도를 했습니다. 잊지 마십시오.

---

10. V.ine, *An Expository Dictionary*, 56.

온유란 나약함이 아닙니다! 그것은 약한 심성을 말함이 아닙니다.
온유란 하나님의 이름과 영광이 훼손될 때 흔들리지 않는 것입니다.
온유란 죄를 위한 신발 흙털이개가 되지 않는 것입니다.

이러한 것들을 나누기 위해 온유의 다양한 측면들을 살펴보며, 비뚤어진 이 세대 가운데 온유함이 우리에게 어떻게 반영되어야 하는지 살펴볼 필요가 있습니다. 저는 여러분들이 온유에 대해 균형잡힌 안목을 갖길 기도합니다. 그것은 매우 중요한 일입니다.

> "그러므로 너희는 하나님의 택하신 거룩하고 사랑하신 자처럼 긍휼과 자비와 겸손과 온유와 오래 참음을 옷 입고 누가 뉘게 혐의가 있거든 서로 용납하여 피차 용서하되 주께서 너희를 용서하신 것과 같이 너희도 그리하고" (골 3:12-13).

제 5 일

온유란 원통함에 대한 확실한 치유를 말합니다.
사실 여러분의 삶 가운데 어떤 원통함이 있다면 오늘 여러분은 그것으로부터 자유로울 수 있습니다. 여러분의 영혼을 좀 먹고 있는 것은 무엇입니까? 하나님의 영광의 아름다움을 욕되게 하는 것은 무엇입니까? 여러분의 닫혀진 마음 뒤에서 여러분을 고통스럽게 하는 것이 무엇입니까? 만일 여러분이 오늘 하나님께서 그의 말씀을 통해 여러분에게 말씀하실 때 성령에 귀 기울여 청종한다면 치유될 수 있습니다.
여러분 중의 어떤 분은 원통함에 대해서는 별로 문제 삼지 않는 경우도 있을 것입니다. 그러나 여러분은 원통해 하는 사람을 어떻게 도울수 있는지에 대해 알고 있습니까? 우리는 한편으로는 도움을 받아야 하지만 또 한편으로는 다른 사람을 돕는 사역자가 되어야 합니다. 우리는 하나님의 비밀을 맡은 청지기가 되어야 합니다. 그러므로 열심히 공부하십시오. 그러면 하나님께서 여러분 앞에 원통함으로 인생을 불태우는 사람을 보내실 것입니다. 그 과정을 통해 여러분은 병든 영혼을 치유하는 길르앗의 향유를 소유하게 될 것입니다.

히브리서 12:1-17을 기도하는 마음으로 주의 깊게 읽으십시오. '쓰다'(bitterness)라는 단어가 나오면 특별한 표시를 해 두십시오. 하나님께 영의 눈을 열어 달라고 기도하십시오. 그에게 말씀의 베일을 걷어 통렬하고 실제적인 방법으로 여러분께 말씀해 주시기를 요청하십시오. 두세 가지 단어를 더 표시하기 바랍니다. 그것은 '인내' 라는 단어와 '징계' 라는 단어입니다.

▶ 히브리서 12:1-17

¹이러므로 우리에게 구름같이 둘러싼 허다한 증인들이 있으니 모든 무거운 것과 얽매이기 쉬운 죄를 벗어 버리고 인내로써 우리 앞에 당한 경주를 경주하며 ²믿음의 주요 또 온전케 하시는 이인 예수를 바라보자 저는 그 앞에 있는 즐거움을 위하여 십자가를 참으사 부끄러움을 개의치 아니하시더니 하나님 보좌 우편에 앉으셨느니라 ³너희가 피곤하여 낙심치 않기 위하여 죄인들의 이같이 자기에게 거역한 일을 참으신 자를 생각하라 ⁴너희가 죄와 싸우되 아직 피 흘리기까지는 대항치 아니하고 ⁵또 아들들에게 권하는 것같이 너희에게 권면하신 말씀을 잊었도다 일렀으되 내 아들아 주의 징계하심을 경히 여기지 말며 그에게 꾸지람을 받을 때에 낙심하지 말라

⁶주께서 그 사랑하시는 자를 징계하시고 그의 받으시는 아들마다 채찍질 하심이니라 하였으니 ⁷너희가 참음은 징계를 받기 위함이라 하나님이 아들과 같이 너희를 대우하시나니 어찌 아비가 징계하지 않는 아들이 있으리요 ⁸징계는 다 받는 것이거늘 너희에게 없으면 사생자요 참 아들이 아니니라 ⁹또 우리 육체의 아버지가 우리를 징계하여도 공경하였거늘 하물며 모든 영의 아버지께 더욱 복종하여 살려 하지 않겠느냐 ¹⁰저희는 잠시 자기의 뜻대로 우리를 징계하였거니와 오직 하나님은 우리의 유익을 위하여 그의 거룩하심에 참여케 하시느니라 ¹¹무릇 징계가 당시에는 즐거워 보이지 않고 슬퍼 보이나 후에 그로 말미암아 연달한 자에게는 의의 평강한 열매를 맺나니 ¹²그러므로 피곤한 손과 연약한 무릎을 일으켜 세우고 ¹³너희 발을 위하여 곧은 길을 만들어 저는 다리로 하여금 어그러지지 않고 고침을 받게 하라 ¹⁴모든 사람으로 더불어 화평함과 거룩함을 좇으라 이것이 없이는 아무도 주를 보지 못하리라 ¹⁵너희는 돌아보아 하나님 은혜에 이르지 못하는 자가 있는가 두려워하고 또 쓴 뿌리가 나서 괴롭게 하고 많은 사람이 이로 말미암아 더러움을 입을까 두려워하고 ¹⁶음행하는 자와 혹 한 그릇 식물을 위하여 장자의 명분을 판 에서와 같이 망령된 자가 있을까 두려워하라 ¹⁷너희의 아는 바와 같이 저가 그 후에 축복을 기업으로 받으려고 눈물을 흘리며 구하되 버린 바가 되어 회개할 기회를 얻지 못하였느니라

읽으셨습니까? 그것을 다 읽기 전까지는 여러분과 제가 그것을 논할 수 없습니다. 그러므로 여러분의 성경을 충실하게 활용하십시오. 그리고 여러분의 마음에 하나님의 말씀을 보존하십시오.

이 본문의 주제는 하나님의 자녀로서 하나님의 징계를 참는 것입니다. 이 본문은 인내하지 못하고 포기하고 연약해지고 정신을 잃어버리는 것에 대해 경고하고 있습니다. 왜 우리는 인내하지 못합니까? 왜냐

하면 현재의 고난이 즐거워보이지 않기 때문입니다. 그러므로 징계에 긍정적인 반응을 보이는 대신, 즉 그것이 하나님의 거룩함에 동참키 위한 것임을 인정하는 대신에 우리는 낙담하기 쉽고, 하나님의 징계를 상처로 보기 쉬운 것입니다. 또 다른 위험은 하나님의 은혜에 이르지 못하는 것입니다. 그것은 하나님께서 우리를 징계하실 때 우리 안에서 쓴 뿌리가 나서 괴롭게 하고 다른 이를 더럽게 하는 경우입니다.

히브리서 12:15을 다시 보겠습니다. "너희는 돌아보아 하나님 은혜에 이르지 못하는 자가 있는가 두려워하고 또 쓴 뿌리가 나서 괴롭게 하고 많은 사람이 이로 말미암아 더러움을 입을까 두려워하고."

그렇다면 온유를 소유한 사람은 하나님의 징계에 어떻게 반응할까요? 온유란 하나님께 순종과 신뢰의 반응을 보이는 것입니다. 그것은 하나님과 논쟁하지 않습니다. 그것은 사람이 가하는 모욕과 상처는 하나님의 사랑의 손가락을 거쳐 나온 것이며, 우리를 순결케 하고 징계하기 위해 하나님이 허락하시고 하나님이 사용하시는 것임을 깨닫는 것입니다.

여기에 쓴 뿌리의 해결책이 있습니다! 쓴 뿌리는 하나님 앞에 순종치 못하고, 그의 징계의 손을 거절하고, 인내하지 못하는 데 있습니다. 쓴 뿌리는 하나님의 은혜에 이르지 못할 때 옵니다. 인내하는 것은 도망치는 것이 아니라 머무르는 것입니다. 온유함으로 우리는 인내할 수 있습니다. 왜냐하면 그때 우리는 모든 것이 하나님으로부터 온 것이요, 그러므로 하나님의 목적이 있음을 알기 때문입니다.

사랑하는 여러분, 인내하시겠습니까, 아니면 도망치겠습니까?

은혜에 이르지 못한다는 말은 무엇일까요? 먼저 은혜의 정의를 내려 봅시다. 여러분은 종종 은혜란 조건 없는 사랑이라는 말을 들었을 것입니다. 그렇습니다. 은혜란 우리를 향한 하나님의 호의입니다. 우리가 그것을 받을 만한 자격이 없고 그럴만한 가치가 없음에도 불구하고 주어지는 것을 의미합니다.

그런데 은혜에 대한 또 다른 정의가 있습니다. 그 정의는 제가 좋아하기에 여러분과 나누고 싶은 것입니다. "은혜란 그리스도가 나에게 모든 것 되는 것이며, 내가 이용할 수 있는 모든 것"이라는 정의입니다. 그러므로 하나님의 은혜에 이르지 못한다는 것은 하나님께서 여러분을 위해 가지고 계신 모든 것을 이용하지 못한다는 것입니다.

로마서 5:2은 여러분이 구원받았을 때 믿음으로 여러분이 서 있는 하나님의 은혜에 들어감을 얻었다고 말합니다. 바로 그것입니다. 여러분이 필요로 하는 모든 것, 그리고 여러분에게 이로운 모든 것입니다. 여러분은 삶의 모든 상황에 필요한 하나님의 풍성함에 서 있습니다. 하나님의 은혜에 이르지 못한다는 것은 여러분이 서 있는 그것을 활용치 못한다는 것입니다. 은혜에 들어감을 얻었다는 것은 몸을 구부리고 믿음으로 퍼올리는 것입니다. 왜냐하면 여러분은 여러분을 둘러싸고 있는 하나님의 모든 은혜 위에 서 있기 때문입니다.

구부리고 퍼올리십시오!

고린도후서 12:1-10에서 바울은 셋째 하늘에 끌려 올라간 뒤에 주께서 그를 연단하시고 있다고 말합니다. 바울이 목도한 계시는 너무나 놀라운 것이었고, 하나님께서는 바울이 자고하기를 원치 않으셨습니다. 그러므로 하나님께서는 바울에게 육체의 가시를 하나 허락하셨습니다.

그것은 사단의 사자로 그를 괴롭혔습니다. 그 육체의 가시는 매우 견디기 힘든 것이었으며, 그래서 바울은 주님께 세 번이나 나아갔습니다. 그리고 그것을 없애주시기를 간청했습니다. 그때 하나님께서 무슨 말씀을 주셨습니까?

"내게 이르시기를 내 은혜가 네게 족하도다 이는 내 능력이 약한 데서 온전하여짐이라…"(고후 12:9).

'이르시다' 라는 동사는 완료형으로 쓰였습니다. 그러므로 하나님께서 바울에게 하신 말씀은 "그 육체의 가시를 없애달라고 더 이상 나에게 간구하지 말라. 이것이 나의 대답이다. 내 은혜가 너에게 충분하다. 왜냐하면 내 능력이 약한데서 온전하여지기 때문이다" 라는 뜻입니다.

오! 사랑하는 여러분, 하나님께서 바울에게 하신 말씀은 여러분에게 하신 말씀이라는 것을 아십니까? 여러분이 주님의 연단 하에 있을 때, 하나님께서 당신 아들의 형상을 만들고자 정제의 과정을 통과하게 하실 때 이것을 마음에 새기십시오: '하나님의 은혜는 나에게 족하다.' 주님은 여러분이 견딜 수 없는 이상의 시험을 허락치 않으십니다. 이것이 고린도전서 10:13의 약속입니다.

"사람이 감당할 시험밖에는 너희에게 당한 것이 없나니 오직 하나님은 미쁘사 너희가 감당치 못할 시험당함을 허락지 아니하시고 시험당할 즈음에 또한 피할 길을 내사 너희로 능히 감당하게 하시느니라."

여러분은 인내할 수 있습니다. 하나님의 은혜가 족하기 때문입니다.

언제 쓴 뿌리가 나옵니까? 그것은 우리가 온유하지 못할 때, 우리 아버지의 징계의 손에 복종치 못할 때, 모든 것을 감사치 못할 때, 하나님의 은혜에 이르지 못할 때 옵니다.

만일 쓴 뿌리가 나온다면, 그것은 누군가 여러분을 낙담케 했을 때 그것이 하나님의 사랑의 손길을 거쳐 나온 것임을 여러분이 알지 못했기 때문입니다. 하나님께서 그의 주권 하에 그것을 허락했음을 알지 못했기 때문입니다. 온유함으로 무릎꿇지 않고 다음과 같이 말하지 못했기 때문입니다. "내 주여, 당신을 기쁘게 하는 것은 저를 기쁘게 하는 것입니다." 그리고 모든 것을 항상 감사치 못했기 때문입니다.

여러분은 어떻게 쓴 뿌리를 제거할 수 있습니까?

그것은 고백과 용서처럼 쉽습니다.

그러나 어떤 분은 "케이 여사, 그것은 말처럼 쉽지 않아요"라고 말할 것입니다. 좋습니다.

여러분은 하나님께 하나님의 은혜에 이르지 못함을 고백하겠습니까? 여러분은 여러분 안에 쓴 뿌리가 난다고 고백하겠습니까? 여러분은 하나님께 쓴 뿌리를 제거하고 성령으로 가득 채워 달라고 요청하시겠습니까? 그렇다면 여러분은 용서해야만 합니다. 여러분에게 악을 행한 사람이 누구든지간에 그를 충분히 용서해야 합니다.

여러분은 이렇게 말해야 할지도 모르겠습니다. "하나님, 당신을 용서합니다." 왜냐하면 여러분의 불평은 하나님께 대한 것인지도 모르기 때문입니다.

"그러나 저는 할 수 없어요!"라고 말하시겠습니까?

사랑하는 여러분, 그것은 여러분이 할 수 없는 것이 아닙니다. 여러분이 하고자 하지 않는 것일 뿐입니다. 그것에는 큰 차이가 있습니다. 만일 여러분이 다른 사람을 용서하지 않는다면 하나님도 여러분을 용서하지 않으실 것입니다. 그러므로 여러분은 용서할 수 있고 용서해야만 합니다. 문제는 그것에 있습니다. 여러분은 용서하시겠습니까?

온유는 쓴 뿌리에 대한 확실한 치료 방법입니다. 이번 주 여러분이 배운 가장 귀중한 교훈은 무엇입니까? 귀한 교훈을 주신 하나님께 감사하는 기도문을 작성하십시오.

CHAPTER 제6장 SIX

의에 대한 깊은 갈증

제 1 일

산상수훈은 급진적인 교훈으로서 청중들을 당황하게 만들었습니다. 왜냐하면 주님은 바리새인과 서기관들의 의보다 더 나은 의를 요구하셨기 때문입니다(마 5:20).

그는 참된 축복과 참된 행복을 다시 정의했습니다. 청중들은 그것이 환경에 기인한 행복이 아니요 그들 자신이 누구인가에 기인한 행복임을 알았습니다. 행복은 자기 의를 통해 오는 것이 아닙니다.

행복은 독립적이고 공격적이며 자기 확신에 찬 사람을 위한 것이 아닙니다. 행복은 심령이 가난하며 애통하며 온유하며 굶주리고 자비로우며 순결하고 화평케하며 핍박받는 자들의 것입니다.

산상수훈은 율법의 참된 의도를 밝혀 줍니다. 그것은 외적인 순종을 넘어 마음의 순종까지 나아가는 법입니다. 그것은 인간의 자연적인 응답을 포기하고 초자연적인 행동을 요구합니다. 그런 이유로 예수님은 다음과 같이 말씀하셨습니다. "그러므로 하늘에 계신 너희 아버지의 온전하심과 같이 너희도 온전하라"(마 5:48).

마태복음 6장으로 나아가면서 우리는 예수님께서 참된 경건을 재평가하고 계시는 것을 보게 됩니다. 경건이란 사람 앞에 보이기 위한 것이 아닙니다. 예배는 하나님의 눈을 위한 것이며, 그에게만 찬양드리기 위한 것입니다. 그는 사람들로 그들의 삶의 원동력이 무엇인가를 점검케 하셨습니다. 무엇이 참된 보물입니까? 무엇이 참으로 그들의 주인입니까? 사람은 두 가지를 동시에 섬길 수 없습니다. 사람들은 어디에 그들 자신을 헌신하고 정력을 쏟아야 합니까?

마태복음 7장에 의하면, 예수님은 의가 위선적인 판단으로 나아갈 수 있음을 아셨습니다. 그래서 그는 청중들에게 형제들의 눈 속에 있는 티를 빼내기 전에 먼저 자신들의 눈 속에 있는 들보를 꺼내라고 조심스럽게 경고하셨습니다. 그는 오직 구하고 찾고 두드리는 자가 천국을 소유한다는 사실을 그들이 알기를 원하셨습니다. 결국 하나님은 그들의 아버지이시며, 자신에게 요구하는 자에게 선한 것을 주는 것이 그의 기쁨이었습니다. 마침내 주님은 12절에서 한 문장으로 율법과 선지자들에 대한 참된 해석을 주셨습니다.

"그러므로 무엇이든지 남에게 대접을 받고자 하는대로 너희도 남을 대접하라 이것이 율법이요 선지자니라"(마 7:12).

이어서 좁은 문으로 들어가라는 초청이 등장합니다. 소수만이 그것을 찾는다는 사실에 놀랄 필요는 없습니다. 왜냐하면 나수가 넓은 길로 들어서서 멸망으로 가기 때문입니다. 예수님은 점점 더 강한 방식으로 그의 청중들에게 두 종류의 길, 두 종류의 문, 두 종류의 반응, 두 종류의 열매를 제시하십니다. 그는 천국이란 "주여, 주여" 하는 자가 아니라 주님의 주권 하에 사는 사람에게 속한 것임을 가르치셨습니다. 듣고 순종하는 자가 의를 얻습니다.

주님의 말씀은 의에 주리고 목마른 사람을 일으킵니다. 이것이 이번 주간에 우리가 공부해야 할 주제입니다.

"의에 주리고 목마른 자는 복이 있나니 저희가 배부를 것임이요"(마 5:6).

방금 저는 산상수훈에 대해 간단하게 요약했습니다. 여러분은 이것을 계속해서 마음에 간직하는 것이 중요합니다. 그래야 산상수훈의 전체 맥락 속에서 팔복의 각 부분을 살펴볼 수 있습니다. 오늘 여러분의 숙제는 마태복음 5, 6, 7장을 읽는 것입니다. 268 페이지를 보십시오. 앞의 요약을 참고하여 읽으면서 산상수훈의 내용을 요약해 보십시오. 그리고 아버지께 나아가 의에 주리고 목마른 것이 무엇인지 알게 해 달라고 간구하십시오. 그리고 하나님이 깨닫게 하시는 것을 아래에 기록하십시오.

제 2 일

'의에 주리고 목마르다' 라는 것은 무엇을 의미하는 것일까요?
주리고 목마른 것은 생명이 유지되기 위해 채워져야만 하는 신체의 욕구입니다. 그것이 열쇠입니다. 산상수훈은 우리가 바리새인과 서기관의 의보다 낫지 아니하면 영생을 얻지 못한다는 사실을 분명히 보여줍니다. 산상수훈은 천국에 속한 사람들의 삶의 스타일에 관한 것입니다.

그러면 어느 정도까지 우리가 이러한 의를 갈망해야 합니까? 배고플 때 음식을 구하고 목마를 때 물을 구하는 정도입니까? 만일 우리가 생명을 가져다 주는 의를 소유하고자 한다면 우리는 강렬한 굶주림과 목마름과 같이 그것을 열망해야만 합니다. 혹자는 이렇게 생각할지 모릅니다. "그것은 분명 많은 사람들을 제외시킬 것입니다." 그렇습니다. 왜 예수님께서 좁은 길과 작은 문에 대해 말씀하셨는지 우리는 이제 이해할 수 있습니다.

헬라어 원문에서 '굶주리고 목마르다' 라는 말의 동사시제는 의에 주리고 목마른 것이 한 순간의 일이 아니요 계속되어야 할 삶의 습관임을 보여줍니다. 한끼의 식사가 여러분의 남은 여생을 만족시키거나 금주의 남은 날들을 만족시키지는 못합니다. 한 번의 의에 대한 굶주림과 목마름은 평생 여러분을 만족케 할 수 없습니다. 그것은 매일매일 일어나야 할 일입니다. 예수님께서 '주리고 목마르다' 라는 단어를 사용하심은 모든 사람이 그것을 이해하기 때문입니다.

사랑하는 여러분, 여러분 안에 의에 대한 주림과 목마름과 열망이 있습니까?

의란 무엇입니까? '의' 라는 헬라어 단어는 그 자체로 옳거나 정당한 것에 사용합니다. 의란 하나님께서 말씀하시는 것은 무엇이든지 사람이 그대로 인정하고 복종하는 것을 의미합니다. 그것은 하나님께서 말씀하시는 것이지 사람이 생각하는 것이 아닙니다.

의라는 것은 하나님께서 요구하시는 총체적인 것을 말합니다. 의라는 것은 또한 인간의 종교적인 의무를 말합니다. 우리는 이것을 마태복음 6장에서 볼 수 있습니다. 거기서 예수님은 우리에게 구제, 기도, 금식과 같은 의로운 행위들을 실천하는 데 있어서 사람들에게 보이기 위한 것이 되지 않도록 조심할 것을 말씀하십니다.

앞서 우리가 살펴본 대로 결국 의라는 것은 하나님의 속성입니다. 그것은 신의 존재의 본질입니다. 의에 주리고 목마르다는 것은 하나님을 기쁘시게 하기 위해 타고난 열망이 있다는 것을 의미합니다. 그러나 제가 '타고나다' 라는 말을 하는 것은 우리가 태어날 때부터 그러한 열망을 소유하고 있음을 말함이 아닙니다. 그것은 하나님께서 그를 찾도록 우리 마음에 심어주시는 것입니다. 마침내 우리가 하나님께 나아올 때에 그것은 중생을 통해 타고난 것이 됩니다. 의에 주리고 목마른 것은 하나님께서 말씀하신 방식대로 살고자 애쓰는 것입니다.

그것은 하나님을 열망하는 것입니다.
그것은 거룩을 열망하는 것입니다.

이제 다시 여러분에게 묻습니다. "여러분은 의에 주리고 목말라 하고 있습니까?" 여러분은 "케이, 저는 자신 없어요." 라고 말할 수도 있습니다. 좋습니다.

사랑하는 여러분, 여러분은 이 주간이 가기 전에 그것을 어떻게 확신할 수 있는지에 대해 이야기를 나누게 될 것입니다. 또한 여러분이 어떻게 그것을 증가시킬 수 있는지를 발견하게 될 것입니다. 만일 그렇지 않다면 저는 하나님께서 어떻게 그것이 가능한지를 여러분에게 보여주실 것을 기도할 것입니다.

미국이라는 나라에서는 굶주림과 목마름이라는 단어를 이해하기가 어렵습니다. 우리는 풍성한 땅에 살고 있습니다. 우리는 수많은 물의 근원과 음료수 제조 기계를 충분히 보유하고 있습니다. 그러나 만일 우리가 예수님 당시로 되돌아간다면, 우리는 그 당시 사람들이 굶주리고 목마른 것이 무엇인지를 참으로 알고 있었음을 보게 될 것입니다. 종종 타는 입술들이 유대 언덕 위에 내려 쪼이는 강렬한 열선으로부터 자신들을 보호해 주는 울타리로 인해 하나님께 감사했습니다.

런던에서 출판된 책 가운데 놀라운 자서전이 한 권 있습니다. 그것은 1878년 중국 북쪽 지방을 거의 황폐화시킨 기근을 겪었던 시(Hsi) 목사님의 이야기입니다.

당시 그는 그리스도인이 아니었습니다. 그는 아주 자부심이 강한 유교 학자였습니다. 그는 그 사회에서 존경받았고, 사람들은 종종 그의 지혜를 빌렸습니다. 그런데 그가 끔찍한 질병을 앓게 되었고, 그것은 그에게 큰 고통을 안겨 주었습니다. 그의 친구들은 고통을 덜기 위해 아편을 권했습니다. 그러나 아편의 무서운 파괴력을 목격해온 터라 그는 그 권유를 뿌리쳤습니다. 그는 아편으로 인생을 망친, 그래서 사회에 쓸모가 없어진 사람들 가운데 살았기 때문입니다. 고통이 점점 더 심해오자 친구들은 더욱 그에게 아편을 권했습니다. "계속 아편을 피우라는 말이 아니네. 단지 좀 나아지도록 조금 복용하라는 말일세. 그러면 끊기도 아주 쉬울 걸세." 그래서 그는 굴복했고, 아편 상습 복용자가 되었습니다.

1878년 기근이 닥쳤을 때 그는 가까스로 살아 남았습니다. 그가 살아 남을 수 있었던 이유는 그가 아편을 재배했고 사람들은 그들의 습관을 유지하기 위해 그들의 영혼을 팔고 아편을 사들였기 때문입니다.

기근이 덮쳤을 때 7천만의 많은 사람들이 굶주렸습니다. 어떤 사람은 다음과 같은 기록을 남겼습니다. "그 여행 중에 우리는 마음에 지울 수 없는 공포스러운 장면을 목격했습니다…." 그는 계속해서 증언합니다.

"우리는 한때 힘있고 옷도 잘 차려입었으나 지금은 칼날 같은 추위에도 불구하고 넝마 조각을 걸쳐 입고 언 땅 위를 비틀거리며 걷고 있는 사람들을 지나쳐 갔습니다. 그들의 힘없는 발걸음, 쇠약해진 신체와 거친 얼굴들은 그들이 이 땅에서 마지막 밤을 지내고 있음을 말해 주고 있었습니다. 아침에 길을 따라 걷고 있을 때에는 전날 밤 희생된 주검들을 우리는 볼 수 있었습니다. 그 길 위에서 마지막 죽음의 고통으로 몸을 뒤틀고 있는 사람들도 볼 수 있었습니다. 그러나 그러한 그들에게 아무도 동정을 보내지 않았고, 돌아보지도 않았습니다. 그러한 광경은 이미 오래 전부터 일상사가 되어 있었던 것입니다. 길옆에는 수백이나 되는 시체가 쌓여 있었습니다. 가정은 깨어져서 아내는 팔리고, 아이들은 팔리거나 버려졌습니다. 남자들은 음식을 찾아 여기저기 헛되이 어슬렁거렸습니다. 우리가 통과한 삼사백 마일의 거리들은 모두 동일한 상황이었습니다. 이러한 상황들은 계속해서 악화되어서 홀로 거리에 나설 수가 없게 되었습니다. 왜냐하면 살해되어 끌려가서 잡아 먹히기 때문이었습니다." [11]

---

11. Vine, *An Expository Dictionary*, 56.

1878년 초, 런던 타임즈는 시 목사님의 말을 인용하여 다음과 같은 기사를 실었습니다.

의심할 수 없는 권위 있는 사람의 말에 의하면, 현재 북 중국에서는 기근으로 7백만의 사람들이 굶주리고 있다고 합니다. 정말 상상조차 할 수 없는 재난입니다. 영연방과 미합중국의 사람을 합해도 7백만의 인구가 되지는 못할 것입니다. 그런데 이 수많은 인구가 프랑스보다 약간 적은 면적에 몰려 살면서 지금 구조의 소망도 없이 굶주림에 땅을 파먹고 있다고 생각해 보십시오. 마음이 얼어붙을 정도로 끔찍한 일이 아닐 수 없습니다.[12]

하나님이 말씀하시는 것이 바로 이러한 굶주림입니다. 먹을 음식이 없으면 당장 죽을 수밖에 없는 그러한 굶주림입니다. 몇몇 사람이 도움을 받을 수 있을지, 없을지를 결정하는 그러한 굶주림이 아닙니다.

시 목사님은 의에 주리고 목마름이 무엇인가를 우리에게 보여준 산 증인입니다. 허드슨 테일러의 지도 아래 중국 내지 선교회는 북 중국에 선교사들을 파송했습니다. 그런데 선교사들 중에 한 사람이 유교학자와 접하고자 한 가지 꾀를 생각해 냈습니다. 즉 성경의 다양한 주제에 관해 여섯 가지 논문을 제출하게 한 것입니다. 그리고 부상으로 상당량의 은을 제공한 것입니다. 각 경쟁자에게 기독교 책자와 소논문이 제공되었고 그들은 그것을 열심히 탐독해야만 했습니다. 우승자는 그 은을 상으로 타기 위해 개인적으로 모습을 드러내야 했습니다. 그런데 바로 시 목사님이 그 모든 상을 휩쓸었던 것입니다. 그 선교사는 그를 초청했

---

12. Mrs. Howard Taylor, *Pastor Hsi* (London: OMF Books, 1949), 25.

고, 시 목사님은 그의 번역자가 되었습니다. 그 결과 그는 계속해서 하나님의 말씀을 접하게 되었습니다. 시 목사님은 선교사의 사택에 거하게 되었는데, 그것은 그를 천국으로 끌어들이는 하나님의 수단이 되었습니다.

저는 제가 그 책으로부터 직접 인용한 것을 여러분이 마음으로 읽기를 바랍니다. 여러분은 제가 처음에 말한 네 가지 축복을 기억하십니까?

"심령이 가난한 자는 복이 있나니…"
"애통하는 자는 복이 있나니…"
"온유한 자는 복이 있나니…"
"의에 주리고 목마른 자는 복이 있나니…"

팔복에는 분명한 순서가 있음을 알 수 있습니다. 그것은 우리가 하나님께 나아갈 때 하나님께서 우리 마음에 역사하시는 과정을 보여줍니다. 다음의 시 목사님의 생애를 읽으면서 팔복이 드러난 곳을 표시해 보십시오.

성경을 읽으면서 점차로 시 목사님은 예수님의 생애가 좀더 현실성 있어 보였고 흥미와 신비를 더해 갔습니다. 그는 이 권능의 구세주가 그가 생각했던 대로 단순히 사람이 아니라 육신을 입으신 하나님이신 것을 깨닫기 시작했습니다. 의심과 문제가 사라졌습니다. 보다 나은 것, 즉 죄와 자신과 죽음의 공포로부터의 구원, 불확실한 미래에 대한 빛을 얻고자 하는 불타는 욕망이 이 늙은이에게 옛날처럼 다시 찾아왔습니다. 그래서 양심의 고통, 죄의 짐, 몹시 싫어하지만 정복할 수 없는 아편의 굴레는 그에게 점점 더 참을 수 없는 것이 되어 갔습니다.

자신의 무가치함을 뼈저리게 느낀 나머지 마침내 그는 더 이상 참을 수가 없어서 성경책을 내려 놓고, 무릎을 꿇고, 눈물을 흘려가며 계속해서 읽어 내려갔습니다. 그의 영혼 속에 빛이 비추기 시작했습니다. 십자가에서 모든 고통과 고난을 받은 분이시요 신이요 인간이시며 놀라운 그분이 그와 개인적으로 관계를 맺었고, 그의 죄와 그의 눈물과 그의 필요에 관여하기 시작하셨습니다.

한때 교만하고 자부심이 강했던 이 유교학자는 무릎을 꿇고, 신인이신 주님이 홀로 최고의 고통의 시간을 보내신 겟세마네 동산의 이야기까지 읽어 내려갔습니다. 그러자 오랫 동안 닫혀 있던 그의 심령이 깨어졌습니다. 하나님의 임재가 그를 덮었습니다. 침묵 가운데 그는 구세주 울부짖음을 듣는 듯했습니다. "내 영혼이 극도의 슬픔으로 죽게 되었나이다." 그리고 그의 마음속에 놀라운 깨달음이 생겨났습니다. "그가 나를 사랑함으로 나를 위해 자신의 몸을 주셨다"는 것입니다. 갑자기, 그의 기록대로 성령이 그의 영혼에 역사하셨고 눈물이 쉬지 않고 흘러 내렸습니다. 그는 솔직하게 구세주에게 자신을 굴복시키고 그분을 자신의 구세주와 하나님으로 영접했습니다.

그는 자신의 구세주로서만이 아니라 자신의 절대적인 소유주요, 그의 주인으로 모셔들였습니다.

회심 즉시 이 학자의 마음에 아편 습관이 즉시로 떨어져 나갔다는 확신이 섰습니다. 그 문제에 대해 의논하지는 않았지만 그는 선교사의 집에 들어서면서부터 그의 양심은 그 문제에 대해 고민케 했습니다.

그러나 당시 그는 그 타락한 죄로부터 자신을 깨끗케 할 수 있는 힘이 무엇인지 알지 못했습니다. 그런데 이제 모든 것이 변했습니다. 그는 그리스도께 속하게 되었고 그의 새 주인의 뜻이 무엇인지는 의심할 수 없었습니다…. 물론 그는 아편을 끊는다는 것이 무엇을 내포하는지 잘 알고 있었습니다. 그러나 그는 뒷걸음치지 않았고 더 이상 흉내도 내지 않았습니다. 그는 단번에, 완전히, 그리고 영원히 그것이 사라진 것을 알았습니다. 그러나 엄청난 고통이 몰려왔습니다….

시간이 지남에 따라 마약에 대한 생각이 더욱 간절하여 굶주림과 목마름보다 더해 갔습니다. 예리한 고통이 육신을 산산조각내는 것 같았고 아찔하고 기진맥진하며 그 어떤 것도 그를 평안케 할 수 없었습니다. 눈물과 콧물이 줄줄 흘러 내렸습니다. 극도의 침울이 그를 엄습해 왔습니다. 현기증이 나고 몸은 떨리고 고통이 몰려오고 타는 듯이 목이 말랐습니다. 일곱 밤 일곱 낮 동안 그는 거의 모든 음식과 물을 마실 수 없었고, 잠을 잘 수도 없었습니다. 앉았다 섰다 하면서 안정을 찾지 못했습니다. 그 고통은 거의 참을 수가 없었습니다. 그러면서 그는 몇 모금의 아편이 그를 즉시 달콤한 꿈으로 안내했다는 사실을 알게 되었습니다….

마침내 우울증이 최고에 달했을 때, 그가 겪는 고통은 단순히 육신적인 데에만 기인한 것이 아니라 그 뒤에 아주 강력한 영적인 힘이 숨어 있다는 것을 알게 되었습니다. 사실 그는 마귀에게 사로잡혀 있었던 것입니다. 마귀는 그를 파멸시키기 위해 마약에 대한 욕망을 무기로 사용했던 것입니다.

그 가엾은 사람은 하나님께 자신을 의탁했습니다. 유일한 피난처에서 한 발자국도 나서기를 거절하고, 그는 새 구주의 임재 하에 그 전쟁을 수행해 나갔습니다….

"마귀야! 이제 네가 나에게 무엇을 할 수 있느냐? 내 생애는 이제 하나님의 손 안에 붙잡혀 있다. 나는 이제 아편을 끊고 죽기를 바란다.

그러나 계속해서 죄에 빠져 살고 싶지는 않다!'

최고로 고통스러운 순간에 그는 종종 소리쳤습니다. "내가 죽더라도 다시는 그것을 만질 수 없다."

마침내 수많은 고통의 날들을 보낸 후에 그에게 '위로자'에 관한 몇몇 성경 구절이 눈에 들어왔습니다. 그 구절을 통해 그는 성령이 사람들을 힘있게 하기 위해 보내심을 받은 하나님이심을 깨닫게 되었습니다. 그때 그는 자신이 완전히 무력한 존재임을 인정하고 하나님께 자신을 던졌습니다…. 그는 많은 것을 이해하지는 못했지만 성령께서 그를 도우실 수 있으며, 불가능을 가능으로 이끌며 원수들의 힘을 극복하게 하신다는 놀라운 진리를 붙잡았습니다. 조용히 묵상 기도하는 가운데 놀라운 응답이 왔습니다. 갑자기 생명과 능력의 파도가 그의 영혼을 휩쓸고 지나가는 것 같았습니다. 성령이 임하셨고 그의 마음속에 평화를 넘치게 부어 주셨습니다.[13]

이것이 의에 주리고 목마른 것입니다. 그것은 어떠한 희생을 치루더라도 하나님 앞에 바로 서야 함을 의미합니다. 그것은 생명이 유지되기 위해서 충족 되어야져야 하는 욕망인 것입니다.

---

13. Ibid., 26.

제 3 일

우리가 산상수훈의 네 번째 축복인 "의에 주리고 목마른 자는 복이 있나니"에 다다름으로써 우리는 하나님과 우리와의 관계에 있어서 산봉우리에 도달한 듯 보입니다. 처음의 네 가지 축복, 즉 심령의 가난, 애통함, 온유함, 의에 주리고 목마름은 분명히 하나님을 향한 것입니다. 의에 주리고 목마름은 그 다음에 나오는 축복들, 즉 긍휼히 여김, 마음의 청결, 화평케 하는 자, 핍박 당하는 자가 받는 축복의 전주곡입니다. 이것을 아래의 도표로 나타내 보았습니다.

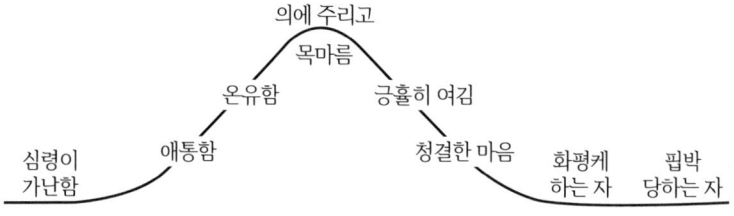

마틴 로이드 존스는 그의 책 「산상수훈 강해」에서 의에 주리고 목마른 것에 대해 다음과 같이 말합니다.

이 축복은 논리적으로 앞선 것들의 뒤에 따라나옴이 당연합니다. 다른 모든 축복들이 여기에 이르게 됩니다. 그것들이 여기에 이르는 것은 논리적 귀결이요, 그로 인해 우리는 하나님께 깊이 감사해야 합니다. 그리스도인의 고백 중에 이 구절만큼 자신을 적용하기에 더 좋은 시금석이 있음을 저는 알지 못합니다. 만일 이 구절이 여러분에게 있어서 성경 말씀 중 가장 복된 말씀이라면 여러분은 참된 그리스도인임을 확신해도 좋습니다. 만일 그렇지 않다면 여러분의 근본을 다시 점검해 볼 필요가 있습니다.[14]

의에는 두 종류가 있음을 알 필요가 있습니다. 그래야만 우리는 혼동하지 않고 천국을 소원하게 됩니다. 의에는 자기 의와 하나님으로부터 오는 의가 있습니다.

자기 의는 여러분이 인간에게 요구된다고 생각하는 것들을 여러분이 행하는 것입니다. 산상수훈에서 예수님은 이러한 의를 날카롭게 지적하고 계십니다. 주님은 마태복음 5장에서 계속 이렇게 말씀하십니다. "너희는 …라고 들었으나 내가 다시 말하노니… ." 그들은 바리새인과 서기관들로부터 천국에 들어가려면 그들이 지켜야만 하는 어떤 의의 규칙들이 있음을 들어왔습니다. 그러므로 예수님은 이러한 그들의 사고방식을 교정해야만 했습니다.

외식하는 서기관과 바리새인들의 의는 자기 의였습니다. 하나님의 의는 자기 의를 초월합니다. 마태복음 23장에서 그는 계속해서 이렇게 말합니다. "화있을진저 서기관과 바리새인들이여." 그들은 자신들의 욕심으로 율법의 한계를 지었습니다. 그들의 의는 외적인 의요 내적인 의는 아니었습니다. 이는 예수께서 다음과 같이 말씀하신 것으로 분명히 드러납니다.

---

14. Ibid., 46-47, 50-52.

"화 있을진저 외식하는 서기관과 바리새인들이여 너희가 박하와 회향과 근채의 십일조를 드리되 율법의 더 중한바 의와 인과 신은 버렸도다 그러나 이것도 행하고 저것도 버리지 말아야 할지니라"(마 23:23).

대부분의 이스라엘 백성들은 서기관과 바리새인들의 발자취를 좇았습니다. 바로 이러한 이유로 인해서 바울은 로마서 10:1-3에 이렇게 적고 있습니다.

"형제들아 내 마음에 원하는 바와 하나님께 구하는 바는 이스라엘을 위함이니 곧 저희로 구원을 얻게 함이라 내가 증거하노니 저희가 하나님께 열심이 있으나 지식을 좇은 것이 아니라 하나님의 의를 모르고 자기 의를 세우려고 힘써 하나님의 의를 복종치 아니하였느니라."

사랑하는 여러분, 이 두 가지 의의 대조를 보십시오. 그들은 하나님의 의 대신에 자신들의 의에 매달렸던 것입니다.

여러분은 어떠합니까? 여러분은 어떠한 종류의 의를 소유하고 계십니까? 그것은 여러분의 의입니까, 아니면 하나님의 의입니까? 여러분은 '하라', '하지 마라' 등등의 여러분의 의의 규칙에 매어 삽니까? 여러분이 어떠한 일을 하고, 못하는 것이 여러분으로 하여금 자신을 의롭다 생각하게 합니까? 그리고 여러분의 규칙을 가지고 다른 사람의 의를 판단합니까?

예컨대, 미국에서는 스커트의 길이로 여성을 판단하며 머리카락의 길이로 남성을 판단하는 경우가 있습니다.(일부 극장에서 공연하는 연극의 내용이 음란하고 사용하는 언어가 경건하지 아니하기에 신앙에 해롭다고 생각하는 경향이 있음, 역자 주) 어떤 사람들은 수영장에 남자, 여자가 같이 수영하는 것은 죄라고 생각합니다. 어떤 사람들은 일주일동안 교회에 나간 횟수로 자신들의 의를 판단합니다. 수많은 교회에서는 주일마다 헌금과 머릿수를 셉니다. 사람들이 이상의 것들을 좋게 보느냐, 나쁘게 보느냐 하는 문제는 중요치 않습니다.

문제는 이것입니다. 즉, 이것들이 의의 외적인 규칙을 포함한다는 것입니다. 그런데 그러한 다양한 규칙들을 세운 사람들의 마음은 어떠합니까? 그들은 다른 사람들을 판단하고 비판합니까? 그들은 그들의 혀로 다른 사람들을 깎아 내리고 말로 사람을 죽입니까? 그들의 머리와 마음 속에는 어떠한 생각이 들어 있습니까? 만일 마음이 그들의 외적인 행동과 일치하지 않는다면 그것은 자기 의인 것입니다. 그것은 믿음에 근거한 의라기보다 율법의 자구에 의해 얻어지는 의입니다.

자기 의는 항상 하나님 말씀의 분명한 가르침에 인간의 해석이나 무엇인가를 덧붙이는 것입니다. 외적인 수많은 규칙들을 보탠 다음 참으로 의로와지려면 이 모든 규칙들을 지켜야 한다고 말하는 것이 문제입니다. 그것은 하나님의 기준이 아니라 사람의 기준으로 판단하는 것입니다. 얼마나 거짓됩니까! 그것은 외적인 것으로서 마음을 변화시키는 믿음에 근거한 의에 눈멀게 합니다.

다시 한 번 말씀드리겠습니다. 여러분은 자기 의를 하나님에 의해 요구되어지는 것들을 여러분이 행함으로 얻어지는 의라 생각합니다. 그 다음에는 자신의 이러한 기준을 가지고 다른 사람을 판단하게 됩니다. 여러분이 내는 드럼 소리에 보조를 맞추는지 아닌지를 가지고 그들의 의를 판단하는 것입니다.

반면 하나님의 의는 어떠합니까? 그것은 전혀 다릅니다! 하나님의 의는 불만족과 갈망으로 시작합니다. 죄인이 죄를 깨달을 때 그는 의로워지고자 하는 내적 열망을 갖게 됩니다. 이사야처럼 하나님의 거룩하심을 잠깐 엿볼 때, 사람은 자신의 모습을 알게 됩니다. 자신이 참으로 어디에 서 있는지를 보게 됩니다. 하나님의 완전한 기준에 못 미치고 있는 것입니다. 해야 될 일들은 안해 놓고, 해서는 안될 일들을 해 놓았습니다. 우리의 의는 하나님 보시기에 더러운 넝마와 같습니다. 우리는 불결합니다!

마침내 깨달음이 옵니다: "하나님, 당신만이 의롭습니다." 비로소 의에 대한 굶주림과 목마름이 밀려옵니다. 그러나 어디서 이 굶주림과 목마름이 채워집니까? 우리 자신이 그것을 얻지 못함을 알고 있습니다. 그래서 우리는 생수의 근원으로 달려가서 내주하시는 성령의 은사를 받습니다. 성령은 홀로 우리를 진리로 인도하심으로 우리를 의의 생활로 인도하십니다.

예수님께서 장막절 마지막날에 생수에 관한 말씀을 하신 것은 아무 의도 없이 행하신 것이 아닙니다. 이 큰 명절 동안 사람들은 매일 실로암 못에 가서 그들의 항아리를 물로 채웠습니다. 그리고 시편 103편을 부르면서 성전으로 나아갔습니다. 성전에 다다르면 그들은 제단에 물을 부었습니다. 이는 늦은 비와 이른 비, 성령의 부으심을 상징하는 것이었습니다.

"명절 끝 날 곧 큰 날에 예수께서 서서 외쳐 가라사대 누구든지 목마르거든 내게로 와서 마서라 나를 믿는 자는 성경에 이름과 같이 그 배에서 생수의 강이 흘러나리라 하시니 이는 그를 믿는 자의 받을 성령을 가리켜 말씀하신 것이라 (예수께서 아직 영광을 받지 못하신 고로 성령이 아직 저희에게 계시지 아니하시더라)"(요 7:37-39).

예수님께서 "내게로 와서 마시라"고 말씀하실 때의 동사 '와서 마시라'는 현재 시제입니다. 이는 문자적으로 "계속해서 나에게 나아오고 계속해서 마시라"라는 뜻입니다. 예수님은 하나님의 의의 근원이 되십니다.

사랑하는 여러분, 아시겠습니까? 여러분이 원하면 여러분은 의로워질 수 있습니다. 그것은 단순히 전적으로 하나님께 의존하는 일이며 그를 점점 더 열망하는 일입니다.

우리가 해야 할 일은 굶주림과 목마름을 더욱 증가시키는 것입니다. 우리가 점점 더 얻을수록 우리는 점점 더 원하게 됩니다. 또한 점점 더 원할수록 점점 더 얻게 됩니다. 이것이 마태복음 13장에서 주님이 씨뿌리는 비유를 교훈하시는 중에 청중들에게 주신 말씀입니다. "무릇 있는 자는 받아 넉넉하게 되되 무릇 없는 자는 그 있는 것도 빼앗기리라"(마 13:12).

주님의 말씀이 의미하는 바는 무엇입니까? 주님은 방금 그 비유를 말씀하셨습니다. 오직 한 가지 땅만이 수확을 거두었습니다. 마태복음 13:23은 말합니다. "좋은 땅에 뿌리웠다는 것은 말씀을 듣고 깨닫는 자니 결실하여 혹 백 배 혹 육십 배 혹 삼십 배가 되느니라." 무엇이 그러한 차이를 가져왔습니까? 그것은 씨가 아닙니다. 왜냐하면 예수님께서 마태복음 13:19에 씨는 천국의 말씀, 의로운 삶의 진리라고 말씀하셨기 때문입니다. 차이를 만든 것은 땅의 능력입니다. 마가복음 4:20은 좀더 분명히 말합니다. "좋은 땅에 뿌리웠다는 것은 곧 말씀을 듣고 받아 삼십 배와 육십 배와 백 배의 결실을 하는 자니라."

'받아' 라는 말을 눈여겨보셨습니까? 그 말씀 아래에 밑줄을 그으십시오. 많이 받아들일수록 더 많은 수확을 얻게 될 것입니다. 이것이 예수님께서 마가복음 4:24-25에 말씀을 계속하신 이유입니다. "또 가라사대 너희가 무엇을 듣는가 스스로 삼가라 너희의 헤아리는 그 헤아림으로 너희가 헤아림을 받을 것이요 또 더 받으리니 있는 자는 받을 것이요 없는 자는 그 있는 것까지 빼앗기리라."

여러분은 의롭게 되기를 원하십니까? 그렇다면 하나님께서 여러분을 향하여 예비하신 것을 받으십시오. 하나님의 뜻에 복종하십시오. 단지 외적인 복종이 아니라 마음으로부터의 복종입니다. 그러면 하나님은 여러분에게 점점 더 많은 것을 주실 것입니다. 그러나 그것을 무시하고 그 중 얼마를 거부하면 여러분은 빈곤한 수확을 얻게 될 것입니다.

오늘 공부를 마치면서 저는 여러분이 시편 63:1-5까지를 읽고 그것을 네 번째 축복의 빛 안에서 묵상하기를 바랍니다. 그리고 지금까지 배운 모든 것도 묵상하십시오. 그 다음에 그 다섯절을 가지고 하나님께 기도하십시오. 그리고 그것이 여러분의 마음에서 우러나오는 절규가 되게 하십시오.

▶ 시편 63:1-5

¹하나님이여 주는 나의 하나님이시라 내가 간절히 주를 찾되 물이 없어 마르고 곤핍한 땅에서 내 영혼이 주를 갈망하며 내 육체가 주를 앙모하나이다 ²내가 주의 권능과 영광을 보려 하여 이와 같이 성소에서 주를 바라보았나이다 ³주의 인자가 생명보다 나으므로 내 입술이 주를 찬양할 것이라 ⁴이러므로 내 평생에 주를 송축하며 주의 이름으로 인하여 내 손을 들리이

다 ⁵골수와 기름진 것을 먹음과 같이 내 영혼이 만족할 것이라 내 입이 기쁜 입술로 주를 찬송하되

제 4 일

여러분은 진정으로 하나님의 의에 대해 주리고 목말라 하고 있습니까? 그렇다면 여러분은 하나님과 그의 말씀을 열망하게 될 것입니다. 시편 42:1-2은 바로 이점을 잘 보여주고 있습니다. 이 두 구절을 아래에 적으십시오.

1. 시편 27:4을 읽으십시오. 다윗이 가장 원했던 한 가지 일은 무엇입니까?

> ▶ 시편 27:4
>
> ⁴내가 여호와께 청하였던 한 가지 일 곧 그것을 구하리니 곧 나로 내 생전에 여호와의 집에 거하여 여호와의 아름다움을 앙망하며 그 전에서 사모하게 하실 것이라

2. 시편 119:1-8, 40, 123을 읽으십시오. 본문에 나오는 법도, 율례, 계명, 판단, 도, 증거 등의 모두가 하나님의 말씀을 가리키고 있습니다. 이 구절을 통해 시편 기자에 대해서, 또 그와 하나님, 하나님의 말씀과의 관계에 대해 무엇을 알 수 있습니까?

▶ 시편 119:1-8, 40, 123

¹행위 완전하여 여호와의 법에 행하는 자가 복이 있음이여 ²여호와의 증거를 지키고 전심으로 여호와를 구하는 자가 복이 있도다 ³실로 저희는 불의를 행치 아니하고 주의 도를 행하는도다 ⁴주께서 주의 법도로 명하사 우리로 근실히 지키게 하셨나이다 ⁵내 길을 굳이 정하사 주의 율례를 지키게 하소서 ⁶내가 주의 모든 계명에 주의할 때에는 부끄럽지 아니하리이다 ⁷내가 주의 의로운 판단을 배울 때에는 정직한 마음으로 주께 감사하리이다 ⁸내가 주의 율례를 지키오리니 나를 아주 버리지 마옵소서

⁴⁰내가 주의 법도를 사모하였사오니 주의 의에 나를 소성케 하소서

¹²³내 눈이 주의 구원과 주의 의로운 말씀을 사모하기에 피곤하니이다

여러분이 의에 대해 참된 굶주림과 목마름을 소유하고 있다면 여러분은 또한 하나님과 그의 말씀을 열망하게 될 것입니다. 또한 의를 좋아하고 죄를 싫어하게 될 것입니다. 여러분은 의와 죄 둘 다를 사랑할 수 없습니다. 그들은 병존할 수 없습니다. 그러므로 여러분은 악을 혐오할 것입니다. 왜냐하면 그것이 의로부터 여러분을 멀어지게 하기 때문입니다.

시편 45:6-7에서 말씀하시기를, "하나님이여 주의 보좌가 영영하며 주의 나라의 홀은 공평한 홀이니이다 왕이 정의를 사랑하고 악을 미워하시니…" 의란 하나님이 사랑하시는 것을 사랑하며 하나님이 싫어하시는 것을 싫어합니다.

시편 101편은 우리에게 의의 표준을 그림처럼 자세하게 보여줍니다. 시편 101편을 읽고 시편 기자가 하나님 앞에 흠 없이 걷기 위해 하고자 결심했던 여섯 가지 일을 기록하십시오.

▶ 시편 101편

¹내가 인자와 공의를 찬송하겠나이다 여호와여 내가 주께 찬양하리이다 ² 내가 완전한 길에 주의하오리니 주께서 언제나 내게 임하시겠나이까 내가 완전한 마음으로 내 집 안에서 행하리이다 ³나는 비루한 것을 내 눈앞에 두지 아니할 것이요 배도자들의 행위를 미워하니 이것이 내게 붙접지 아니하리이다 ⁴사특한 마음이 내게서 떠날 것이니 악한 일을 내가 알지 아니하리로다 ⁵그 이웃을 그으기 허는 자를 내가 멸할 것이요 눈이 높고 마음이 교만한 자를 내가 용납지 아니하리로다 ⁶내 눈이 이 땅의 충성된 자를 살펴 나와 함께 거하게 하리니 완전한 길에 행하는 자가 나를 수종하리로다 ⁷거짓 행하는 자가 내 집 안에 거하지 못하며 거짓말하는 자가 내 목전에 서지 못하리로다 ⁸아침마다 내가 이 땅의 모든 악인을 멸하리니 죄악 행하는 자는 여호와의 성에서 다 끊어지리로다

1.

2.

3.

4.

5.

6.

　의의 실재에 대한 세 번째이자 마지막 증거는 하나님의 뜻을 행하고자 하는 열망입니다. 만일 여러분이 참으로 의에 대해 굶주리고 목마르다면 여러분은 하나님의 뜻을 알고 거기에 복종해야 합니다. 의에 주리고 목마름에 대한 최고의 본은 예수님이십니다. 그분은 이렇게 말씀하십니다. "나의 양식은 나를 보내신 이의 뜻을 행하며 그의 일을 온전히 이루는 이것이니라"(요 4:34).

　여러분은 어떠합니까? 여러분의 음식은 무엇입니까? 예수님을 주라고 부르는 것이 참된 의의 보증서는 아닙니다. 참된 의는 그분을 주로 모시고 그의 뜻을 열망하는 것입니다. 바로 이러한 이유 때문에 주님은 이렇게 말씀하십니다. "나더러 주여 주여 하는 자마다 천국에 다 들어갈 것이 아니요 다만 하늘에 계신 내 아버지의 뜻대로 행하는 자라야 들어가리라"(마 7:21).

　성령이 참으로 여러분 안에 거한다면 여러분은 의에 주리고 목마를 것입니다. 여러분은 그가 거기 거함을 알게 될 것입니다. 왜냐하면 여러분이 하나님과 그의 말씀에 관한 열망을 갖고 있기 때문입니다. 여러분은 의를 사랑하고 죄를 미워하게 될 것입니다. 그의 뜻을 행하고자 열망할 것입니다.

여러분은 어디에 서 있습니까? 천국이 여러분의 소유입니까? 그렇다면 여러분은 전적인 심령의 가난을 경험했을 것입니다. 죄에 대해 슬퍼했을 것입니다. 여러분은 온유함으로 주님의 주되심에 복종했을 것입니다. 그리고 여러분은 의에 대해 주리고 목말라할 것입니다. 만일 그렇지 않다면 여러분은 심령의 가난을 경험할 필요가 있습니다. 여러분의 의가 천국으로부터 여러분을 떼어놓고 있음을 깨달을 필요가 있습니다. 여러분 자신의 더러운 넝마 조각을 보아야 합니다. 그리고 하나님의 발 앞에 엎드려 다음과 같이 고백해야 합니다.

"하나님, 저는 제 자신의 의를 가지고 있지 않습니다. 제가 당신을 기쁘게 해 드릴 요소가 저에게는 없습니다. 하나님, 저는 마음대로 행했습니다. 그리고 제 자신의 삶을 살았습니다. 저는 제 자신과 저의 행위를 혐오합니다. 당신께 돌아가기를 원합니다. 저는 죄인입니다. 저를 구원하시고 성도로 삼아 주시옵소서. 저를 당신의 것으로 구분하시고 당신의 의로 채워 주소서."

사랑하는 여러분, 이것이 여러분 마음의 외침이라면 하나님은 여러분에게서 돌아서지 않으실 것입니다. 그의 열린 팔 안으로 걸어 들어가십시오. 그리고 이것을 여러분의 구원받은 날로 기록하십시오. 여러분의 헌신의 기도를 적으십시오.

제 5 일

이번 주에 우리가 마지막으로 살펴보고자 하는 것은 의에 대한 굶주림과 목마름을 증가시키는 일곱 가지 일들입니다. 시편 기자와 함께 기도함으로 시작하겠습니다.

"하나님이여 나를 살피사 내 마음을 아시며 나를 시험하사 내 뜻을 아옵소서 내게 무슨 악한 행위가 있나 보시고 나를 영원한 길로 인도하소서"(시 139:23-24).

1. 우상 제거하기

만일 여러분이 의에 대한 굶주림과 목마름을 증가시키고자 한다면 무엇보다 먼저 여러분의 마음속 우상을 제거해야 합니다. 우상이란 여러분과 하나님 사이에 서 있는 것을 말합니다. 그것은 여러분으로 하여금 하나님을 완전히 따르지 못하게 하는 것입니다. 그것은 하나님의 자리를 대신 차지해서 하나님이 여러분의 삶 속에 최고의 위치를 점하지 못하게 합니다. 우상은 반드시 여섯 개의 머리와 스물 네 개의 팔을 가진 괴물의 모양만을 일컫지 않습니다. 우상은 아프리카 원주민들이 숭배하는 돌과 나무들만이 아닙니다. 그것은 텔레비전이나 집, 골프 클럽, 직업, 남자, 여자, 아이, 소망, 꿈, 야망 등이 될 수도 있습니다.

에스겔 14:3의 말씀을 보십시오. "인자야 이 사람들이 자기 우상을 마음에 들이며 죄악의 거치는 것을 자기 앞에 두었으니 그들이 내게 묻기를 내가 조금인들 용납하랴."

우상이란 애정의 문제입니다. 여러분이 하나님보다 더 사랑하는 대상 혹은 여러분이 하나님보다 더 헌신하는 대상입니다.

"그러므로 너희가 그리스도와 함께 다시 살리심을 받았으면 위엣 것을 찾으라 거기는 그리스도께서 하나님 우편에 앉아 계시느니라 위엣 것을 생각하고 땅엣 것을 생각지 말라"(골 3:1-2).

의에 대한 주리고 목마름에서 여러분을 멀어지게 하는 우상이 여러분 마음에 있습니까? 만일 그렇다면 그것을 아래에 기록하시고, 기도하는 가운데 그것을 하나님의 발 앞에 내려놓으십시오.

2. 세상으로 향했던 눈을 주님께로 향하기
의에 대한 굶주림과 목마름을 증가시키기 원한다면 두 번째로 여러분은 여러분 눈 앞에 무엇을 놓아 두는가를 조심해야만 합니다.

"이는 세상에 있는 모든 것이 육신의 정욕과 안목의 정욕과 이생의 자랑이니 다 아버지께로 좇아 온 것이 아니요 세상으로 좇아 온 것이라"(요일 2:16).

그러므로 "이 세상이나 세상에 있는 것들을 사랑치 말라 누구든지 세상을 사랑하면 아버지의 사랑이 그 속에 있지 아니하니"(요일 2:15).

앞으로 마태복음 6장에서 살펴보겠지만 눈은 몸의 등불입니다. 주일학교에서 아이들이 부르는 노래를 같이 불러 보겠습니다.

무엇을 보는가 조심하세요
무엇을 보는가 조심하세요
아버지께서 우리를 사랑으로 내려다보셔요
그러니 무엇을 보는가 조심하세요

그리고 저와 함께 시편 119:37-38의 기도를 드리겠습니다.

"내 눈을 돌이켜 허탄한 것을 보지 말게 하시고 주의 도에 나를 소성케 하소서 주를 경외케 하는 주의 말씀을 주의 종에게 세우소서."

3. 예수 그리스도 아는 지식을 가장 고상한 것으로 여기기

예수 그리스도를 아는 지식을 가장 고상한 것으로 여기고 나머지 것들은 배설물로 여기십시오. 잠깐 시간을 내어 빌립보서 3:7-10을 읽으십시오. 그렇게 할 때 여러분은 의에 주리고 목마름이 단순히 어떤 일들을 버리는 것이 아니라 다른 것을 품는 것임을 알게 될 것입니다. 그것은 무엇보다도 하나님을 아는 지식을 말합니다.

▶ 빌립보서 3:7-10

[7]그러나 무엇이든지 내게 유익하던 것을 내가 그리스도를 위하여 다 해로 여길 뿐더러 [8]또한 모든 것을 해로 여김은 내 주 그리스도 예수를 아는 지식이 가장 고상함을 인함이라 내가 그를 위하여 모든 것을 잃어버리고 배설물로 여김은 그리스도를 얻고 [9]그 안에서 발견되려 함이니 내가 가진 의

는 율법에서 난 것이 아니요 오직 그리스도를 믿음으로 말미암은 것이니 곧 믿음으로 하나님께로서 난 의라 ¹⁰내가 그리스도와 그 부활의 권능과 그 고난에 참예함을 알려 하여 그의 죽으심을 본받아

4. 한 가지 목적 추구하기

이제 여러분은 한 가지 목적을 추구해야만 합니다. 시간을 내어 누가복음 10:38-42을 읽고 다음의 질문에 답하십시오. 여러분은 그것을 지금 읽어야만 합니다. 그렇지 않으면 제가 말하는 것을 이해할 수 없을 것입니다.

▶ 누가복음 10:38-42

³⁸저희가 길 갈 때에 예수께서 한 촌에 들어가시매 마르다라 이름하는 한 여자가 자기 집으로 영접하더라 ³⁹그에게 마리아라 하는 동생이 있어 주의 발 아래 앉아 그의 말씀을 듣더니 ⁴⁰마르다는 준비하는 일이 많아 마음이 분주한지라 예수께 나아가 가로되 주여 내 동생이 나 혼자 일하게 두는 것을 생각지 아니하시나이까 저를 명하사 나를 도와주라 하소서 ⁴¹주께서 대답하여 가라사대 마르다야 마르다야 네가 많은 일로 염려하고 근심하나 ⁴²그러나 몇 가지만 하든지 혹 한 가지만이라도 족하니라 마리아는 이 좋은 편을 택하였으니 빼앗기지 아니하리라 하시니라

a. 마르다의 문제는 무엇이었습니까?

b. 마리아는 무엇을 하고 있었습니까?

예수님을 위해 하고 있었던 바로 그 일이 마르다로 하여금 주님으로부터 멀어지게 했습니다. 그것이 바로 '분주하다' 는 의미입니다. 그리고 그것은 여러분에게도 일어날 수 있는 일입니다. 여러분은 너무 바빠서, 또는 주의 일에 너무 파묻혀서 의에 대한 굶주림과 목마름을 잃어버릴 수 있습니다. 그리스도인의 삶에 있어서 일이란 이차적인 문제임을 기억하십시오.

일차적인 문제는 인격입니다. 여러분의 인격만큼 여러분의 일이 가치가 있는 것입니다!

마르다에게 하신 주님의 말씀은 무엇이었습니까?

"마르다야 마르다야 네가 많은 일로 염려하고 근심하나 그러나 몇 가지만 하든지 혹 한가지만이라도 족하니라" (눅 10:41-42).

바로 그것입니다. "한가지만이라도 족하니라." 그것은 선택의 문제입니다.

"마리아는 이 좋은 편을 택하였으니 빼앗기지 아니하리라" (눅 10:42)

만일 여러분이 의에 대한 굶주림과 목마름을 증가시키고자 한다면 여러분은 한 가지 일만을 추구해야 합니다. 곧 "내가 그리스도와 그 부활의 권능과 그 고난에 참예함을 알려하여 그의 죽으심을 본받아"(빌 3:10).

> 내가 새벽 전에 부르짖으며
> 주의 말씀을 바랐사오며
> 주의 말씀을 묵상하려고
> 내 눈이 야경이 깊기 전에 깨었나이다 (시 119:147-148).

5. 사귀는 친구를 조심하기

사귀는 친구들을 조심해야 합니다. 고린도전서 15:33은 말합니다. "속지 말라 악한 동무들은 선한 행실을 더럽히나니." 의는 윤리적으로 하나님의 표준에 따라 삽니다. 여러분이 사귀는 친구 중에 누가 거룩함을 추구하는 여러분을 혼란케 합니까?

> "너희는 저희 중에 나와서 따로 있고 부정한 것을 만지지 말라 내가 너희를 영접하여 너희에게 아버지가 되고 너희는 내게 자녀가 되리라"(고후 6:17-18).

6. 계속해서 하나님께 나아가기

예수님께서는 모든 의의 근원이시므로 계속해서 하나님께 나아가야 합니다. 우리는 앞서 요한복음 7:37에서 이 내용을 살펴보았습니다. 저는 여러분이 이사야 55:1-3에서 다시 이것을 살펴보기 원합니다.

> "너희 목마른 자들아 물로 나아오라 돈없는 자도 오라 너희는 와서 사 먹되 돈없이, 값없이 와서 포도주와 젖을 사라 너희가 어찌하여 양식 아닌 것

을 위하여 은을 달아 주며 배부르게 못할 것을 위하여 수고하느냐 나를 청종하라 그리하면 너희가 좋은 것을 먹을 것이며 너희 마음이 기름진 것으로 즐거움을 얻으리라 너는 귀를 기울이고 내게 나아와 들으라 그리하면 너희 영혼이 살리라 내가 너희에게 영원한 언약을 세우리니 곧 다윗에게 허락한 확실한 은혜니라."

저는 이 구절을 사랑합니다. "너희가 어찌하여 양식 아닌 것을 위하여 은을 달아주며 배부르게 못할 것을 위하여 수고하느냐." 여러분은 산책 도중 사람들의 모습을 바라보신 적이 있습니까? 저는 때때로 그곳에 서서 생각합니다. '주님, 이 많은 사람들 중 하나님을 참으로 아는 사람이 얼마나 될까요? 헤드폰을 벗고 텔레비전과 라디오의 소음을 끈다면, 만일 우리가 산책길을 벗어나고 운동장을 떠나서 홀로 조용히 있게만 된다면….' 하고 생각해 봅니다.

만일 우리가 하나님께 나아간다면 우리는 그렇게 갈망하던 만족을 얻게 될 것입니다.

"나는 너를 애굽 땅에서 인도하여 낸 여호와 네 하나님이니 네 입을 넓게 열라 내가 채우리라"(시 81:10).

7. 하나님께서 주신 것을 감사함으로 받기

마지막으로 사랑하는 여러분, 만일 여러분이 의에 대한 굶주림과 목마름을 증가시키고자 한다면 그가 여러분에게 주시는 것을 받으시기 바랍니다. 저는 이것을 이미 마태복음 13:12에서 여러분에게 보여 드렸지만 다시 한 번 반복합니다. "무릇 있는 자는 받아 넉넉하게 되되…."

하나님께서는 여러분에게 무엇을 하라고 하셨습니까? 하나님이 보여주신 말씀 중에서 여러분에게 하라고 명하셨으나 여러분이 거절한 경우는 없습니까? 계속적인 거절은 여러분의 식욕을 감퇴시키고 의에 대한 여러분의 굶주림을 감소시킨다는 사실을 기억하시기 바랍니다.

여러분은 의에 주리고 목마르십니까? 저는 여러분에게 하나님의 보좌로부터 나온 약속의 말씀을 전하고자 합니다.

"저희가 배부를 것임이요."

CHAPTER 제7장 SEVEN

자비롭고
순결한 사람이 되는 길

제 1 일

그는 담요를 더욱 꽉 끌어 당겼습니다. 그리고 그의 벌거벗은 무릎을 팔로 껴안았습니다. 그러나 계속 떨리기는 마찬가지였습니다. 그는 더욱 살을 밀착시켰습니다. 축축하며 차가운 감방 구석에 그는 공처럼 쭈그리고 앉아 있었습니다.

그는 지독한 감기로 인해 발자국 소리가 가까워 오는 것도 몰랐습니다. 그리고 갑자기 감방 맞은 편에 매맞고 피흘리고 있는 사람이 던져졌습니다. 새로 들어온 그 감방 동료는 허리 위부터 아무것도 걸친 것이 없었습니다. 그 친구는 구석에서 머리를 떨구고 울고 있었습니다. 새 동료를 눈여겨보니까 도저히 이 날 밤을 넘기지 못하고 내일 아침이면 죽을 것같아 보였습니다. 그때 조용하고 세미하면서도 친근한 음성이 들려 왔습니다.

"그에게 담요를 주어라."

"그러나 주님, 만일 담요를 주면 제가 이 날 밤을 못 넘길 것입니다."

"잘 안다. 그러나 너는 나와 함께 있게 될 것이다. 담요를 주어라."

그 사람은 서서히 몸을 폈습니다. 담요가 그의 굽은 어깨에서 흘러 내렸습니다. 그는 감방을 가로질러 새 동료에게 담요를 주었습니다.

"여보시오, 주 예수 그리스도께서 당신에게 담요를 주라고 하셨소." 그는 처음으로 그 친구의 얼굴을 볼 수 있었습니다. 그 얼굴은 소망으로 가득 찼습니다.

하나의 밀이 땅에 떨어졌습니다! 결국 담요를 준 사람은 죽었습니다. 그리고 그 담요를 받은 사람은 살아 남았습니다. 그는 살아 생전에 다른 사람의 사랑으로 자기가 어떻게 생명을 되찾게 되었는지, 그리고 하나님과 그의 아들 예수 그리스도를 어떻게 알게 되었는지를 간증하고 또 간증하면서 살았습니다.

"긍휼히 여기는 자는 복이 있나니 저희가 긍휼히 여김을 받을 것임이요" (마 5:7).

이 다섯 번째 축복을 살펴보면 나머지 모든 축복들이 사람에게 향한 것임을 발견하게 될 것입니다. 심령이 가난한 사람들은 다른 사람들에게 어떻게 반응할까요? 정답은 자비입니다. 왜냐하면 하나님이 그들에게 자비하시기 때문입니다. 예수님께서 제자들에게 이 축복을 말씀하실 때 이것은 자비를 얻기 위한 전혀 새로운 교훈이나 새로운 조건이 아니었습니다. 선지자는 이미 오래 전에 이렇게 말했습니다. "자비한 자에게는 주의 자비하심을 나타내시며…" (삼하 22:26).

구약에서 몇 가지 히브리 단어가 '자비' 또는 '자비로운'으로 번역되고 있습니다. 그 중 한 가지는 도움을 필요로 하는 사람에게 무언가 줄 것을 소유하고 있는 사람의 진심어린 반응을 묘사합니다. 앞에서 든 예화는 바로 이러한 모습을 나타냅니다. 다른 말은 KJV(King James Version)에서 종종 '자비'로 번역되는데, 다른 번역본에서는 '친절', '인자', '사랑', '지속적인 사랑' 또는 '성실'로 번역됩니다. 어떻게 번역해야 하는지 학자들간에 서로 논쟁이 있지만, 사랑, 자비, 친절은 상호 보완적이어서 서로 나눌 수가 없음은 분명한 사실입니다.

신약에서 자비라는 단어가 내포하는 의미는 "단순히 동정을 품는 것이 아니라 적극적으로 동정을 베푸는 것을 말합니다."[15] 그러므로 자비는 "동정의 외적인 표현입니다. 그것은 그것을 받는 사람의 필요와 그 동정을 베푸는 사람의 필요에 맞출 수 있는 적절한 자원을 조건으로 합니다."[16]

우리는 어느 정도 스스로 자비의 행동을 합니다. 그러나 예수 그리스도를 알기 전까지는 항상 우리의 인간성에 제한을 받습니다.

참된 자비의 근원은 하나님께 있습니다. 우리가 하나님의 속성을 공부할 때 우리는 그의 속성 중 하나가 그의 자비임을 알았습니다. 이러한 빛 아래에서 저는 중요하지만 겉으로 보기에는 별로 그렇지 못한 점을 나누고자 합니다. 만일 여러분이 이것을 이해한다면, 자비가 어떻게 행동하는지 아주 잘 이해하게 될 것입니다.

---

15. Vine, *An Expository Dictionary*, 62.
16. Ibid., 60.

여러분은 모세가 하나님의 지도 아래 만든 성막을 기억하십니까? 휘장 안의 지성소에 언약궤가 있습니다. 그 궤는 아카시아 나무로 만들어졌고 금으로 둘러 쌓였습니다.(아래의 성막 그림을 참조하십시오.)

- 성막과 이스라엘 지파

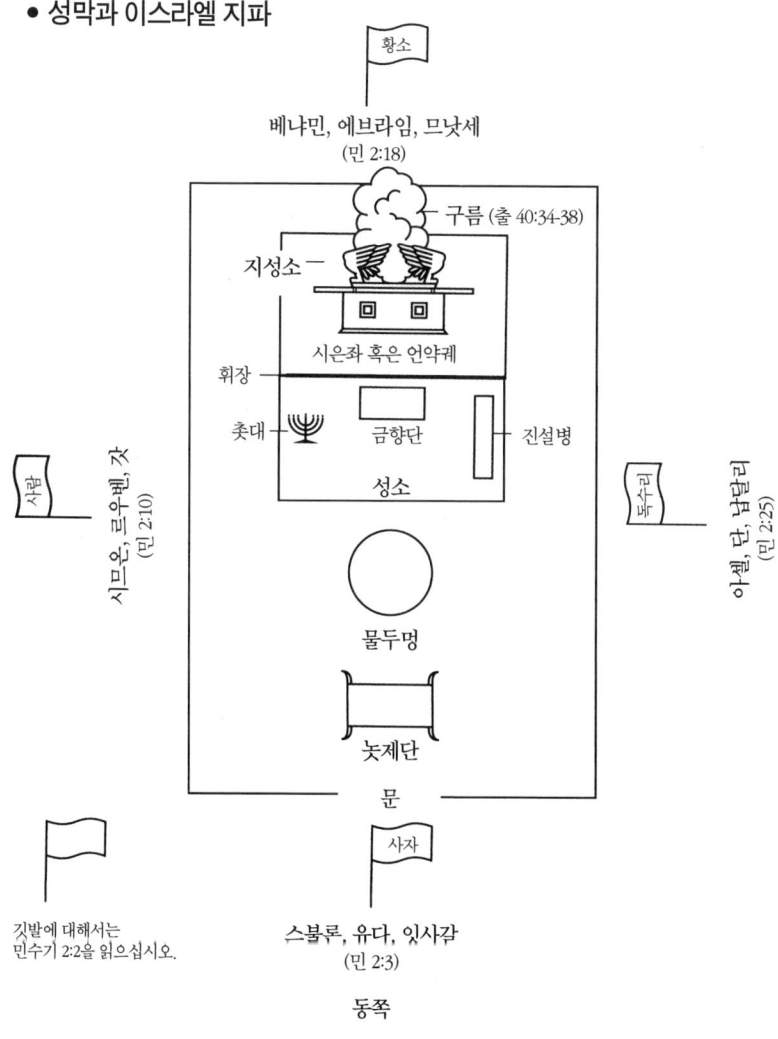

제7장 자비롭고 순결한 사람이 되는 길 181

그 궤의 뚜껑은 '시은좌'로 불렸습니다. 그 안에 십계명을 적은 돌판이 있었고 아론의 싹난 지팡이와 만나를 담은 항아리가 있었습니다. 사람이 계명을 범하게 되면 그 계명은 하나님의 심판을 요구했습니다. 사람이 율법을 범한고로 정죄를 받았습니다. 그러나 하나님은 그의 자비로 인해 언약궤를 덮는 시은좌를 마련하셨습니다.

매년 속죄일에 대제사장은 자신의 죄를 위해서 한 번, 그리고 백성의 죄를 위해서 또 한 번 지성소에 들어갔습니다. 그는 그들의 죄를 속하기 위해 시은좌 위에 소와 염소의 피를 뿌렸습니다. 이것은 장차 올 일을 보여주는 그림이었습니다. 그것은 갈보리 예수님의 희생에 대한 그림자였습니다.

히브리서 10:1-4을 읽으십시오.

▶ 히브리서 10:1-4

^{1}율법은 장차 오는 좋은 일의 그림자요 참 형상이 아니므로 해마다 늘 드리는 바 같은 제사로는 나아오는 자들을 언제든지 온전케 할 수 없느니라 ^{2}그렇지 아니하면 섬기는 자들이 단번에 정결케 되어 다시 죄를 깨닫는 일이 없으리니 어찌 드리는 일을 그치지 아니하였으리요 ^{3}그러나 이 제사들은 해마다 죄를 생각하게 하는 것이 있나니 ^{4}이는 황소와 염소의 피가 능히 죄를 없이 하지 못함이라

이것이 제가 여러분에게 설명 드린 그 희생입니다. 소와 염소의 피는 우리의 죄를 짊어지고 가신 예수님의 피에 대한 모형입니다(히 10:12).

히브리서 8:1-5을 읽으십시오.

▶ 히브리서 8:1-5

¹이제 하는 말의 중요한 것은 이러한 대제사장이 우리에게 있는 것이라 그가 하늘에서 위엄의 보좌 우편에 앉으셨으니 ²성소와 참 장막에 부리는 자라 이 장막은 주께서 베푸신 것이요 사람이 한 것이 아니니라 ³대제사장마다 예물과 제사드림을 위하여 세운 자니 이러므로 저도 무슨 드릴 것이 있어야 할지니라 ⁴예수께서 만일 땅에 계셨더면 제사장이 되지 아니하셨을 것이니 이는 율법을 좇아 예물을 드리는 제사장이 있음이라 ⁵저희가 섬기는 것은 하늘에 있는 것의 모형과 그림자라 모세가 장막을 지으려 할 때에 지시하심을 얻음과 같으니 가라사대 삼가 모든 것을 산에서 네게 보이던 본을 좇아 지으라 하셨느니라

본문에서 성막(장막)은 몇 개나 됩니까? 그리고 각각의 성막은 어디에 있습니까? 아래에 기록하십시오.

자비의 근원은 하나님께 있음을 알아야 합니다. 모세가 그린 땅의 성막은 하늘에 위치한 참된 성막의 모형이었습니다. 시은좌가 있는 언약궤는 하나님의 보좌의 그림이었습니다.

하나님은 그의 존재의 본질이 자비임을 보여주고 계시는 것입니다. 사랑과 자비의 하나님이 그 보좌 위에 앉아 계십니다. 사람이 하나님의

거룩한 율법을 어겼기 때문에 그는 하나님 앞에서 정죄를 받고 서 있는 것입니다. 그러나 "하나님이 세상을 이처럼 사랑하사 독생자를 주셨으니 이는 저를 믿는 자마다 멸망치 않고 영생을 얻게 하려 하심이라"(요 3:16). 하나님은 사랑의 하나님이시요 자비의 하나님이시기 때문에 사람에게 동정을 베푸십니다. 그는 인간의 필요를 아시고 그의 아들을 보내셔서 갈보리에서 피 흘리게 하시고, 거룩하심을 만족케 했습니다.

만족의 교리를 들어 보셨습니까? 간단히 말해서 그것은 갈보리에서 흘리신 예수님의 피가 하나님의 시은좌에 뿌려졌고 그래서 의, 즉 하나님의 거룩한 요구를 만족시켰다는 것을 의미합니다. 그러므로 누가복음 18:13에서 세리가 "하나님이여 불쌍히 여기옵소서 나는 죄인이로소이다"라고 울부짖을 때 그것은 문자적으로 "하나님, 죄인인 저에게 호의를 베푸소서"의 의미를 가집니다.

자비는 궁핍한 자를 위해 행동하는 사랑의 동정과 결합되어 있습니다. 그러므로 사랑과 자비로 하나님은 그의 아들 예수님을 보내사 십자가에서 죽게 하셨습니다. 죽음 후에 예수님은 그의 피를 가지고 속죄일의 대제사장으로서 아버지 앞에 나아가 시은좌에 그의 피를 드렸습니다. 하나님은 그 피를 보셨고 모든 하늘의 주재들이 노래했습니다 "만족했습니다! 만족했습니다! 하나님이 만족하셨습니다!" 시은좌는 하나님의 보좌요 그것은 심판을 이깁니다. 사랑하는 여러분, 하나님은 여러분을 자비하라고 부르셨습니다. 단순히 사랑하는 사람에게나 혹은 여러분에게 친절한 사람에게만이 아니라 여러분에게 죄를 지은 사람에게도 자비하라고 부르셨습니다.

내일, 이 내용을 살펴보겠습니다. 오늘 저는 하나님이 여러분을 구원하신 것은 자비 때문이었음을 알길 원합니다. 하나님께 나아가 기도하

실 때 여러분의 이해의 문을 열어주시기를 기도하셔서 여러분이 자비
롭게 행할 수 있게 하시며 그럼으로 자비를 얻도록 하십시오.

제 2 일

예수님의 생애는 하나님의 자비의 계속적인 현현이었습니다. 바리
새인들은 간음 현장에서 붙잡힌 여인에게 돌을 던지고자 했지만 예수
님은 자비롭게 그녀를 용서하셨습니다.

그가 군중을 보았을 때 "큰 무리를 보시고 그 목자 없는 양 같음을 인
하여 불쌍히" 여기셨습니다(막 6:34). 동정심 때문에 그들을 치유하셨
고 그들을 먹이셨고 그들을 가르치셨습니다. 왜냐하면 그는 인간이 빵
만으로 살 수 없고 하나님의 입에서 나오는 모든 말씀으로 산다는 사실
을 아셨기 때문입니다. 동정심 때문에 그는 제자들을 불러 추수의 주님
을 간절히 찾게 하셨습니다. 주님은 그들을 추수하는 일꾼으로 보내셨
습니다. 그의 생애는 끊임없는 하나님의 현현이었습니다.

만일 여러분이 그분을 보았다면 여러분은 아버지를 본 것입니다. 하
나님은 자비로우시기 때문에 자비롭게 행하십니다. 그러므로 예수님께
서 십자가에 달리셨을 때 사람들의 조롱을 들어가면서도 그는 자비롭
게 말하셨습니다, "아버지여 저희를 사하여 주옵소서"(눅 23:34).

자비는 반드시 용서를 동반합니다.

여러분은 이점을 잊어서는 안 됩니다. 왜냐하면 여러분이 자비롭지
않으면 여러분도 자비를 얻지 못하기 때문입니다. 자비와 용서는 심상
은 하나이나 머리는 둘인 쌍둥이와도 같습니다. 그것은 분리될 수 없습

니다!

마태복음 18:21-35은 이점을 매우 분명하게 보여줍니다. 잠시 시간을 내어 이 구절을 읽고 용서, 불쌍히 여김, 탕감 등등의 단어에 밑줄을 치십시오. 그리고 다음 질문에 답하시오.

▶ 마태복음 18:21-35

²¹그때에 베드로가 나아와 가로되 주여 형제가 내게 죄를 범하면 몇 번이나 용서하여 주리이까 일곱 번까지 하오리이까 ²²예수께서 가라사대 네게 이르노니 일곱 번뿐 아니라 일흔 번씩 일곱 번이라도 할지니라 ²³이러므로 천국은 그 종들과 회계하려 하던 어떤 임금과 같으니 ²⁴회계할 때에 일만 달란트 빚진 자 하나를 데려오매 ²⁵갚을 것이 없는지라 주인이 명하여 그 몸과 처와 자식들과 모든 소유를 다 팔아 갚게 하라 한 대 ²⁶그 종이 엎드리어 절하며 가로되 내게 참으소서 다 갚으리이다 하거늘 ²⁷그 종의 주인이 불쌍히 여겨 놓아 보내며 그 빚을 탕감하여 주었더니 ²⁸그 종이 나가서 제게 백 데나리온 빚진 동관 하나를 만나 붙들어 목을 잡고 가로되 빚을 갚으라 하매 ²⁹그 동관이 엎드리어 간구하여 가로되 나를 참아 주소서 갚으리이다 하되 ³⁰허락하지 아니하고 이에 가서 저가 빚을 갚도록 옥에 가두거늘 ³¹그 동관들이 그것을 보고 심히 민망하여 주인에게 가서 그 일을 다 고하니 ³²이에 주인이 저를 불러다가 말하되 악한 종아 네가 빌기에 내가 네 빚을 전부 탕감하여 주었거늘 ³³내가 너를 불쌍히 여김과 같이 너도 네 동관을 불쌍히 여김이 마땅치 아니하냐 하고 ³⁴주인이 노하여 그 빚을 다 갚도록 저를 옥졸들에게 붙이니라 ³⁵너희가 각각 중심으로 형제를 용서하지 아니하면 내 천부께서도 너희에게 이와 같이 하시리라

1. 예수님께서 이 비유를 말씀하시게 된 상황은 무엇입니까?

2. 임금의 종은 어떠한 처지에 빠졌습니까?

3. 동관은 그 종에게 얼마의 빚을 졌습니까?

4. 임금은 많은 빚을 진 종에게 어떠한 처분을 내렸습니까?

5. 그 종은 적은 빚을 진 동관에게 어떤 짓을 했습니까?

6. 임금은 자신이 빚을 탕감해 준 종에게 왜 진노했습니까? 그리고 그 결과는 어떠했습니까?

7. 예수님께서 이 비유를 통해 말씀하시고자 하는 요점은 무엇입니까?

이 본문은 어려운 구절입니다. 특히 여러분에게 참으로 용서해 주지 못하는 사람이 있다면 더욱 그러합니다. 하나님께서 만일 우리가 형제를 용서하지 않는다면 하나님께서도 우리를 용서하지 않는다고 말씀하시기 때문입니다. 우리는 동일한 내용을 마태복음 6:15에서도 볼 수 있습니다. "너희가 사람의 과실을 용서하지 아니하면 너희 아버지께서도 너희 과실을 용서하지 아니하시리라."

저는 이점에 대해 논쟁하는 사람들을 보았습니다. 그들은 이것이 하나님의 자비를 조건적으로 만든다고 말합니다. 그러나 본문을 보십시오. 무엇이라고 말합니까? 마태복음 5:7과 함께 읽어보십시오: "긍휼히 여기는 자는 복이 있나니 저희가 긍휼히 여김을 받을 것임이요."
이것은 무엇을 의미합니까? 그것은 만일 여러분이 다른 사람을 향하여 자비롭지 않으면 여러분은 자비를 얻지 못한다는 것을 의미합니다. 그것은 진리여야 합니다. 만일 그렇지 않다면 그것은 복이 될 수 없습니다. 자비롭지 않으면서도 자비를 얻을 수 있다면 구태여 자비로와야 할 필요가 어디 있겠습니까? 자비는 가치를 위한 것이 아닙니다. 그것은 필요 때문입니다. 용서는 가치에 근거하고 있지 않습니다.

아마도 여러분은 이렇게 말할지도 모르겠습니다. "그들이 나에게 얼마나 상처를 주었는지 당신은 모를 겁니다. 내가 얼마나 부당한 대우를 받았는지 당신은 아마도 모를 겁니다!"

저는 압니다. 저는 그것이 어려운 일인 줄 압니다. 그러나 그 어려운 문제를 가지고 하나님의 보좌에 다시 나아가길 원합니다. 그 위에 무엇이 있습니까? 자비의 보좌입니다. 거기서 여러분의 죄가 용서받았습니다.

예수님께서 마태복음 18장에서 그 비유를 말씀하실 때 그는 요점을 분명히 하기를 원하셨습니다. 종은 임금에게 천만 달러를 빚지고 있었고, 임금은 그것을 탕감해 주었습니다. 여러분은 절대로 용서해 줄 수 없다고요? 용서해 주기에는 너무나 고통스럽다고요?

사랑하는 여러분, 여러분은 여러분의 죄가 온전히 거룩하신 분의 심장에 어떠한 일을 하신 줄 아십니까? 그리고 그의 보좌로부터 무엇이 흘러나온 줄 아십니까? 그것은 사랑과 자비가 아닙니까? 여러분이 자비를 얻었기 때문에 여러분은 자비로와야 하지 않습니까? 이 문제를 정리하기 전에는 더 이상 앞으로 나아가지 마십시오.

이제 여러분이 자비를 보일 수 있는 네 가지 방법에 대해 생각해 보고자 합니다. 이 중 어느 것 하나도 무시하면 자비에 실패하게 됩니다.

1. 궁핍한 사람을 보게 되면 그들의 필요를 채워주십시오(약 2:15-16).

2. 행동이나 태도로 여러분에게 빚을 진 사람을 완전히 용서해 주십시오(골 3:12-15).

3. 여러분이 자비로와지려면 판단보다는 이해가 필요합니다. 여러분 자신에게 물어보십시오. "그들이 살고 있는 곳에 나아갔습니까?" (겔 3:15을 보십시오)

제7장 자비롭고 순결한 사람이 되는 길 189

4. 다른 사람의 성격에 대해서도 자비로와야 합니다. 우리 모두는 다른 개성과 다른 기질을 갖고 있습니다. 그러므로 여러분은 자비로와야 하며 다른 사람의 성격을 염두에 두고 그사람에게 반응해야 합니다.

어떤 사람이 확신을 필요로 하면 그들에게 확신을 주십시오.
어떤 사람이 불안해 하면 그들을 굳세게 하십시오.
어떤 사람들이 연약하면 그들을 붙들어 주십시오(살전 5:14-15).

"여러분에게 은혜와 긍휼과 평강이 있기를 기원합니다"라고 말할 때의 은혜는 우리가 노력하지 않고 얻는 호의로서 우리를 구원하는 것입니다. 긍휼은 우리가 받을 가치가 없음에도 받는 호의로서 우리를 용서하는 것입니다. 평강은 우리가 찾지 않았으나 우리에게 주어진 호의로서 우리를 화목케 하는 것입니다.

사랑하는 여러분, 세상에는 자비를 필요로 하는 사람들이 있습니다. 어떤 사람들은 거칠고, 어떤 사람들은 무례하고, 혹은 밉살스럽고, 혹은 이기적입니다. 그들은 잃어버린 영혼들입니다. 그들은 빈곤하며 절망적입니다. 그들은 자비를 받을 가치가 없으나 자비를 필요로 하며 용서를 필요로 합니다. 하나님이 자비하시므로 우리도 자비로와야 하지 않겠습니까? 자비는 받을 가치가 있는 사람을 위해서가 아니라 그것을 필요로 하는 사람을 위해 존재하는 것임을 기억하십시오.

제 3 일

여러분은 하나님을 있는 그대로 보기를 원하십니까? 그를 친밀하게 알고 싶지 않습니까? 여러분은 장차 그의 얼굴을 대면하여 보고 싶지 않습니까? 그렇다면 마음이 청결해야 합니다.

"마음이 청결한 자는 복이 있나니 저희가 하나님을 볼 것임이요"(마 5:8).

'마음의 청결'은 보는 것에 선행합니다. 본문에 '보다'라는 헬라어 동사는 직설법으로 "확실", "실제"를 나타냅니다. 여러분은 하나님을 볼 것이요, 하나님은 여러분을 보실 것입니다. 하나님은 이것을 약속하셨습니다.

만일 청결한 마음만이 하나님을 볼 수 있는 선행조건이 된다면 우리는 그 청결함이 무엇을 뜻하는지 알아야 합니다. 그리고 하나님께서 마음에 대해 말씀하실 때 뜻하는 바가 무엇인지를 알아야 합니다.

청결이란 단어는 선천적인 순결함을 말하는 것이 아닙니다. 그것은 '깨끗해진 순결'을 말합니다. 다른 말로 하면, 우리가 하나님을 보기 원한다면 전혀 더러워지거나 흠 있는 상태가 전혀 없었던 그러한 마음을 가져야 한다는 것이 아닙니다. 그것은 깨끗해진 순결을 말합니다. 얼마나 감사합니까! 저에게는 그렇습니다! 만일 그렇지 않았더라면 저는 결코 하나님을 뵐 수 없었을 것입니다! 저는 너무나 더럽기 때문입니다!

마음이란 몇 가지로 정의할 수 있습니다. 그러나 여기서 말하는 것은 기쁨과 슬픔, 욕구나 정열, 생각이나 사고, 이해나 논리, 상상이나 의식, 의도나 목적, 의지나 믿음 등등이 놓여진 자리를 가리킵니다.[1] 신약 성경에서는 이와 같이 다양한 의미로 쓰이고 있습니다. 그러므로 우리가 마음의 청결을 말할 때 그것은 행위의 순결, 사고의 순결, 욕구와 동기의 순결, 이성의 순결을 말합니다. 만일 제가 순결한 마음을 지니고자 한다면 저는 순결하게 생각하고 순결하게 사고해야 합니다. 성경도 이렇게 말합니다: "대저 그 마음의 생각이 어떠하면 그 위인도 그러한즉"(잠 23:7). 그래서 이렇게 명합니다 "무릇 지킬만한 것보다 더욱 네 마음을 지키라 생명의 근원이 이에서 남이니라"(잠 4:23).

만일 저와 여러분이 하나님을 지속적으로 보고자 한다면 우리는 우리의 마음을 깨끗이 청소해야만 합니다. 그렇다면 이것은 어떻게 이루어집니까?

무엇보다 먼저 우리는 구원받을 때 마음의 청결을 입습니다. 새로운 은혜의 언약에 따라 하나님의 법이 우리 마음에 새겨졌고, 우리는 새로운 마음을 받습니다.

다음의 성경 구절에서 '마음' 이라는 단어에 ♡ 표시를 하십시오.

"나 여호와가 말하노라 그러나 그날 후에 내가 이스라엘 집에 세울 언약은 이러하니 곧 내가 나의 법을 그들의 속에 두며 그 마음에 기록하여 나는 그들의 하나님이 되고 그들은 내 백성이 될 것이라"(렘 31:33).

"또 새 영을 너희 속에 두고 새 마음을 너희에게 주되 너희 육신에서 굳은 마음을 제하고 부드러운 마음을 줄 것이며 또 내 신을 너희 속에 두어 너희

---

17 Ibid., 207.

로 내 율례를 행하게 하리니 너희가 내 규례를 지켜 행할지라"(겔 36:26-27).

"너희가 우리의 편지라 우리 마음에 썼고 뭇 사람이 알고 읽는 바라 너희는 우리로 말미암아 나타난 그리스도의 편지니 이는 먹으로 쓴 것이 아니요 오직 살아 계신 하나님의 영으로 한 것이며 또 돌비에 쓴 것이 아니요 오직 육의 심비에 한 것이라"(고후 3:2-3).

고린도후서 5:17은 이렇게 말합니다. "그런즉 누구든지 그리스도 안에 있으면 새로운 피조물이라 이전 것은 지나갔으니 보라 새것이 되었도다."

여러분은 새로운 마음을 받았고 새로운 피조물이 되었습니다. 그러나 여러분은 어떻게 살고 있습니까? 여러분의 죄가 용서받고 하나님은 더 이상 그것을 기억지 아니하신다는 진리의 빛에 따라 살고 있습니까? 여러분의 옛사람이 죽고, 그럼으로 죄의 권세로부터 해방되었음을 상기합니까?(롬 6:6-7) 그리스도 안에서 여러분이 누구인가를 발견하십시오. 그가 여러분을 위해 일하신 모든 것은 여러분의 발걸음을 순식간에 바꿔놓을 수 있습니다.

히브리서 10:19-22을 읽고 '마음'이라는 단어에 ♡ 표시를 하십시오.

"그러므로 형제들아 우리가 예수의 피를 힘입어 성소에 들어갈 담력을 얻었나니 그 길은 우리를 위하여 휘장 가운데로 열어 놓으신 새롭고 산 길이요 휘장은 곧 저의 육체라 또 하나님의 집 다스리는 큰 제사장이 계시매 우리가 마음에 뿌림을 받아 양심의 악을 깨닫고 몸을 맑은 물로 씻었으나 참 마음과 온전한 믿음으로 하나님께 나아가자"(히 10:19-22).

이 구절들은 휘장을 지나 성소와 지성소에 들어감을 말하고 있습니다. 여기서 우리는 예수님의 보혈로 말미암아 지성소에 들어가게 됨을 알 수 있습니다. 만일 대제사장이 피 없이 들어가면 하나님은 그를 죽이십니다. 땅 위의 성막은 하늘에 있는 성막의 그림자요 모형임을 기억하십니까? 히브리서의 휘장은 예수 그리스도의 육신에 대한 상징입니다. 그것은 사람과 하나님 사이에 있습니다.

하나님은 우리에게 요한복음 14:6의 진리를 보여주셨습니다: 예수께서 말씀하십니다. "내가 곧 길이요 진리요 생명이니 나로 말미암지 않고는 아버지께로 올 자가 없느니라." 그는 또한 디모데전서 2:5의 진리도 보여주셨습니다. 즉 하나님과 사람사이의 중보자가 한 분, 곧 예수 그리스도라는 것입니다. 우리가 하나님의 임재하심에 들어갈 수 있는 유일한 길은 오직 예수님을 통해서입니다. 그로 말미암지 않고는 아무도 아버지께로 올 자가 없습니다. 예수님은 하나님께 가는 길이요, 그러므로 우리의 대제사장 되십니다.

히브리서 기자는 우리가 확신과 담대함을 가지고 하나님의 임재하심에 들어갈 수 있으며 은혜의 보좌 앞에 설 수 있음을 말합니다. 왜냐하면 예수 그리스도의 피가 시은좌에 뿌려졌기 때문입니다. 그러므로 우리가 그러한 확신을 가졌기 때문에 우리는 담대한 마음으로 하나님께 가까이 나아갈 수 있습니다.

혹자는 이렇게 말할 것입니다. "그렇지만 케이 여사, 저는 그렇게 할 수 없습니다. 저는 너무나 더럽습니다. 저의 마음은 너무나 사악합니다." 그러면 저는 이렇게 말할 것입니다. "사랑하는 형제여, 만일 당신이 그리스도인이라면 그것은 그렇지 않습니다. 히브리서 10:22에 의하면 당신의 마음은 악한 양심에서 깨끗함을 받았고, 육신은 깨끗한 물로 씻음 받았습니다. 당신은 청결하게 되었고, 거룩하게 되었습니다."

히브리서 10:14은 말합니다: "저가 한 제물로 거룩하게 된 자들을 영원히 온전케 하셨느니라." 어디서 그러한 청결한 마음이 시작되어서 하나님과 계속 교제하며 그를 볼 수 있습니까? 그것은 구원으로부터 시작합니다. 그것은 어린양의 피의 희생에서 시작합니다. 그 양은 흠이나 점이 없는 순결한 양입니다(벧전 1:19).

아름답지 않습니까?

하나님이 여러분의 마음을 깨끗이 청소하여 여러분으로 하나님을 보게 하신다는 사실이 얼마나 놀랍습니까! 시간을 내어 오늘 주님의 찢긴 육신으로 인해 감사하고 찬양 드리십시오. 주님의 찢긴 육신으로 인해 여러분은 악한 양심에서 깨끗하게 씻음 받고 하나님께 나아갈 수 있게 되었습니다.

사랑하는 여러분, 제가 종종 하는 일이 무엇인지 아십니까? 저는 마음으로 성막에 걸어 들어가 하나님을 경배합니다. 그 일을 어떻게 하는지 알려 드리겠습니다.

먼저 저는 놋 제단으로부터 시작합니다. 그것은 예수 그리스도의 십자가의 상징입니다. 거기서 저는 십자가에 대해 감사합니다. 또한 그것이 의미하는 모든 것으로 인해 감사합니다. 즉 하나님이 자신의 독생자를 주신 사랑과 또한 예수님이 기꺼이 죽으심에 대해 감사합니다. 그 다음에 저는 제단 뒤의 물두멍으로 가서 매일 그분의 순결한 말씀으로 씻음 받게 하심을 감사합니다. 저는 그가 말씀을 순결하게 보존하심을 감사합니다. 그것은 거울이 되어 저의 점과 흠을 비추어 줍니다. 그래서 저는 말씀으로 씻어 깨끗하게 됩니다.

그 다음에 저는 성소로 들어가 오른쪽에 있는 진설병 앞에 섭니다. 저는 생명의 떡이신 예수님으로 인해 하나님을 찬양하며 매일 그 떡을 먹기 원한다고 말합니다. 그리고 저를 위해 자신의 몸을 찢으신 주님께 감사합니다. 그 다음에는 반대편에 있는 일곱 촛대로 갑니다. 그리고 주님이 세상의 빛 되시며 그로 인해 제가 그분을 좇기만 하면 어두움에 다니지 않을 수 있음을 감사합니다. 그분이 저를 어두움에서 건져내어 그의 기이한 빛에 들어감을 감사합니다. 저는 그분께 그의 영으로 채워져서 그를 위해 밝게 태워지기를 원한다고 말합니다. 그 다음에 저는 향단으로 갑니다. 저는 지금도 살아계셔서 저를 위해 중보 기도하시는 대제사장으로 인해 하나님께 감사합니다. 저는 그가 대제사장이 되셔서 저의 연약함을 동정하시고 저와 동일하게 모든 시험을 당하시되 죄는 없으신 그분을 찬양합니다.

그 다음에는 휘장을 쳐다보면서 저는 둘로 쪼개지신 그분의 몸, 새 언약의 희생물인 그의 몸을 생각합니다. 저는 그 새롭고 살아있는 길로 인해 그분께 감사합니다. 그 길로 인해 저는 하나님의 임재하심에 들어갈 수 있게 되었습니다. 언약궤 앞에 서서 저는 하나님의 보좌와 그 보좌 위에 앉으신 그분의 속성으로 인해 하나님을 찬양합니다. 저는 그룹과 스랍들과 이십 사 장로와 함께 경배합니다. "… 그들이 밤낮 쉬지 않고 이르기를 거룩하다 거룩하다 거룩하다 주 하나님 곧 전능하신 이여 전에도 계셨고 이제도 계시고 장차 오실 자라 … 우리 주 하나님이여 영광과 존귀와 능력을 받으시는 것이 합당하오니 주께서 만물을 지으신지라 만물이 주의 뜻대로 있었고 또 지으심을 받았나이다"(계 4:8, 11).

장막으로 걸어 들어가 하나님을 찬양하십시오!

제 4 일

우리는 예수 그리스도의 피로 말미암아 악한 양심에서 깨끗함을 받았습니다. 그러면 이제 여러분은 어떻게 마음의 순결을 유지할 수 있습니까? 먼저 저는 하나님의 말씀으로 여러분의 마음이 깨끗하게 유지될 수 있다고 말씀드리고 싶습니다. 말씀은 악한 생각, 악한 교리, 악한 행위로부터 우리를 깨끗하게 씻어 줍니다.

에베소서 5:25-26을 읽고 아래에 그 구절을 적으십시오.

요한복음 17:17을 읽고 아래에 그 구절을 적으십시오.

'거룩하다' 라는 말은 '구별된다' 와 같은 뜻입니다.

1. 이상의 두 구절에 따르면 여러분은 어떻게 거룩하게 되었습니까? 어떻게 여러분의 깨끗함이 유지됩니까?

2. 여러분은 얼마나 자주 이러한 씻음이 필요하다고 생각합니까? 그것이 얼마나 여러분을 깨끗하게 만든다고 생각합니까?

저는 종종 사람들이 다음과 같이 말하는 것을 듣습니다. "하루에 삼 분만 하나님께 시간을 드리십시오." 저는 이 말이 의미하는 바를 이해합니다. 3분 동안만이라도 하나님과 함께 하는 것은 아예 하지 않는 것보다 낫습니다.

신명기 8:3은 이렇게 말합니다 "… 사람이 떡으로만 사는 것이 아니요 여호와의 입에서 나오는 모든 말씀으로 사는 줄을 너로 알게 하려 하심이니라." 이 말씀은 진리입니까? 바울은 어리석은 사람이라서 자신의 생명을 내어놓고 다른 사람에게 하나님의 말씀을 선포했습니까?

디모데후서 3:16-17은 이렇게 말합니다. "모든 성경은 하나님의 감동으로 된 것으로 교훈과 책망과 바르게 함과 의로 교육하기에 유익하니 이는 하나님의 사람으로 온전케 하며 모든 선한 일을 행하기에 온전케 하려 함이니라." 하나님의 말씀은 참으로 이러합니까? 3분간 자신을 하나님께 드려 과연 진리의 말씀을 옳게 분변하며 부끄러울 것이 없는 일꾼으로 인정된 자가 될 수 있습니까?(딤후 2:15)

사랑하는 여러분, 왜 그렇게도 많은 사람들이 혼란에 빠집니까? 저는 그것이 하나님의 말씀을 음식보다도 귀하게 여기지 않기 때문이라고 믿습니다. 우리는 하나님의 말씀을 알지 못하기 때문에 그것이 발의 빛이요, 길의 등이 되지 못합니다. 그렇기 때문에 우리는 어두움 가운데 행하며 걸려 넘어집니다.

수많은 사람들이 저에게 이렇게 말합니다. "그러나 케이 여사, 저는 이것들을 알 수 없어요. 저는 하나님의 말씀이 그런 것인지 몰랐습니다. 제가 하나님의 뜻을 거역하고 있었다는 사실을 깨닫지 못했어요." 저는 이 사실이 너무나도 놀랍고 슬픕니다.

사람의 마음을 새롭게 하는 대신 수많은 방법들이 세상에 적용되었습니다. 가정과 삶과 관계들이 혼란에 빠지는 이유가 바로 여기에 있습니다. 제가 여러분과 같은 분들께 감사하며 여러분을 소중하게 여기고 우리가 프리셉트 사역을 통해 하나님의 말씀 안에서 여러분을 세우고자 애를 쓰는 이유가 어디에 있겠습니까? 만일 여러분이 청결한 마음을 갖고자 한다면 그것은 필수적입니다. 이 문제를 하나님과 정리하십시오. 그 문제에 관하여 하나님께 고하십시오. 그러나 그전에 먼저 제가 여러분에게 한 가지를 말씀드리고자 합니다.

마음은 고백을 통해 깨끗하게 유지된다는 것입니다. 요한일서 1:9에서 하나님은 이렇게 말씀하십니다. "만일 우리가 우리 죄를 자백하면 저는 미쁘시고 의로우사 우리 죄를 사하시며 모든 불의에서 우리를 깨끗게 하실 것이요." 자백이란 같은 일을 말하거나 같은 말을 하는 것입니다. 그러므로 자백이란 우리가 행한 것이 죄라는 것을 하나님께 동의하는 것입니다. 우리 스스로 죄라고 말하는 것입니다. 우리는 이렇게 말합니다. "하나님, …이 저를 지배했고 그것은 죄입니다. 저는 지금 그것을 죄라고 고백하며 그 죄로부터 돌아서기를 원합니다."

이를 행할 때 우리는 놀라운 약속을 갖게 됩니다. 하나님은 신실하고 의로우시기 때문에 우리 죄를 용서하십니다. 그는 시은좌 위에 뿌려진 예수님의 피를 보십니다. 그 피는 우리를 죄에서 깨끗하게 합니다.

그는 또한 모든 불의에서 우리를 깨끗하게 하십니다. 만일 여러분이 기억하지 못하기 때문에 고백하지 못한 죄가 있다면 어떻게 하나님 앞에 설 수 있을까 하고 의심해보신 적이 있습니까? 요한일서 1:9은 여러분이 알고 있는 모든 죄를 고백하면 하나님은 모든 불의에서 여러분을 깨끗하게 하신다고 약속하십니다.

청결하게 된다는 것이 놀랍지 않습니까? 수많은 사람들이 하나님을 보지 못하고 그와 깊은 교제를 갖지 못하는 원인은 그들의 마음이 오염되었기 때문입니다. 그들의 마음은 이 세상의 오물로 가득 차 있습니다. 그들은 영적인 감각이 없습니다. 여러분이 매일 시간을 내어 깨끗하게 씻어야만 하는 이유가 바로 여기에 있습니다.

거룩하신 하나님의 말씀의 단비로 여러분의 머리끝부터 발끝까지 씻어 내리십시오.

이 세상의 악취를 제거하십시오.

저는 그것이 여러분을 변화시킬 것이며 여러분의 삶은 하나님의 코에 향기가 될 것임을 약속합니다.

사랑하는 여러분, 하나님께 여러분의 죄를 말씀드리십시오. 그와 교제하십시오. 만일 여러분이 그의 말씀을 무시했다면 여러분은 그것을 고백하고 하나님의 말씀을 꾸준히 섭취하는 습관을 기르십시오. 이 책과 같은 지침서를 공부하거나 프리셉트 성경공부 과정 등이 도움이 될 것입니다. 그러나 여러분은 하나님의 말씀을 지속적으로 읽어나가야만 합니다.

여러분을 사랑합니다. 내일 다시 공부하겠습니다.

제 5 일

고백은 여러분의 마음을 순결하게 유지시켜 줍니다. 그러나 여러분의 마음이 완전히 깨끗해져서 여러분과 하나님 사이에, 또한 여러분과 다른 형제들 사이에 아무런 장애물도 있지 않게 하려면, '상환' 이라는 것이 필요합니다.

여러분의 마음이 종종 여러분 자신을 책망합니까? 과거에 여러분이 형제에게 잘못 행한 그것이 여러분의 양심을 무겁게 누르고 있습니까? 만일 그렇다면 여러분은 아마도 상환이 필요할 것입니다. 만일 그것이 참으로 여러분에게 고통이 된다면, 그대로 놔 두어서는 안 됩니다. 저는 상환이 그 어떤 것보다 여러분을 더 자유롭게 한다는 사실을 약속합니다.

에스겔 33:14-16을 읽어 보십시오.

▶ 에스겔 33:14-16

¹⁴가령 내가 악인에게 말하기를 너는 죽으리라 하였나 하사 그가 돌이켜 자기의 죄에서 떠나서 법과 의대로 행하여 ¹⁵전당물을 도로 주며 억탈물을

돌려 보내고 생명의 율례를 준행하여 다시는 죄악을 짓지 아니하면 그가 정녕 살고 죽지 않을지라 ¹⁶그의 본래 범한 모든 죄가 기억되지 아니하리니 그가 정녕 살리라 이는 법과 의를 행하였음이니라 하라

성경 본문을 읽을때 여러분은 계속해서 5W와 1H를 염두에 두고 질문하십시오. 그것은 '누가? 무엇을? 언제? 어디서? 왜? 어떻게?'를 말합니다. 여러분에게 몇 가지 질문을 하면서 이를 실습해 보도록 하겠습니다. 에스겔 33:14-16에서 답을 찾아 적으십시오.

1. 하나님은 **누구에게** 말씀하고 계십니까?

2. 이 사람에게 **무슨** 일이 일어나려고 합니까?

3. **어떻게** 그 일이 중지될 수 있습니까?

답하기 전에 본문을 다시 살펴보십시오. 악한 사람이 살고자 하고 죽지 않으려면 행해야 하는 일의 목록이 있습니다. 그가 살 뿐만 아니라 그의 어떠한 죄도 기억되지 않기 위해 행해야 할 일은 '법과 의'를 행하는 것입니다.

'관찰'은 성경 연구에 있어 가장 가치 있는 일이요 필수적인 일입니

다. 그러나 그것은 가장 쉽게 무시되는 일이기도 합니다. 왜냐하면 사람들은 어떻게 관찰하는지 모르기 때문입니다. 성경을 관찰하는 일 중의 하나는 본문에서 '목록'을 찾는 일입니다. 에스겔서 본문에서 한 가지 실례를 보여 드리겠습니다.

하나님은 악인이 살고자 할 때 행해야 하는 일의 목록을 제시합니다. 첫째는 그의 죄로부터 돌아서는 일입니다. 그 구절 위에 '1번' 표시를 하고 동그라미를 그려 넣습니다. 두 번째는 의를 행하는 것입니다. "의를 행하다" 위에 '2번' 동그라미를 그려 넣습니다. 세 번째로 법을 행하는 것입니다. 그 구절 위에 '3번' 동그라미를 그려 넣습니다. 네 번째는 전당물을 도로 주는 것입니다. 그 구절 위에 '4번' 동그라미를 그려 넣으십시오. 다섯 번째는 억탈물을 돌려보내는 것입니다. 그 구절 위에 '5번' 동그라미를 그려 넣으십시오. 여섯 번째는 생명의 율례를 준행하는 것입니다. 다른 말로 하면 하나님의 말씀에 순종하여 행하고 죄를 짓지 않는다는 것입니다. 그 구절 위에 '6번' 동그라미를 그려 넣으십시오.

이제 그 질문으로 되돌아가겠습니다. 악인은 어떻게 해서 죽음에서 구출될 수 있습니까? 그것은 여러분이 표시한 일들을 행함으로써입니다.

이 여섯 가지 일 중 두 가지가 상환에 관한 것입니다. 한 가지는 전당물을 돌려주는 것입니다. 제가 여러분으로부터 땅을 얼마 사고자 한다고 가정해 봅시다. 그런데 저에게는 돈이 없습니다. 그래서 이렇게 말합니다. "보세요, 저는 돈이 없어요. 그러나 그것을 사고 싶습니다. 제가 백 달러를 담보로 드릴 테니 그 땅을 저에게 주십시오." 3주 후에 제가 다시 가서 "그 땅을 살 새간이 없습니다. 그 돈을 구힐 수 없습니다. 저는 대단히 궁핍합니다."

여러분은 어떻게 하시겠습니까? 이렇게 말하겠습니까? "당신은 내 땅을 팔지 못하게 했으니 백 달러는 제 것입니다!" 그럴 수 없습니다. 그러나 세상은 그와 같이 할 것입니다. 세상은 이러한 상황을 이용하여 이득을 취할 것입니다. 그러나 우리는 세상과 같아서는 안 됩니다. 우리는 전당물을 돌려주어야만 합니다.

본문에 언급된 두 번째 상환은 도적질한 것을 돌려주는 것입니다. 이 교훈을 공부한 수많은 사람들이 저에게 말하기를, 그들이 주님에 의해 책망받았다는 것입니다. 왜냐하면 그들은 다른 사람들과의 거래에서 정직하지 못했기 때문입니다. 어떤 사람은 실제로 도적질했습니다. 어떤 사람들은 학교에서 거짓을 행했습니다. 때로는 훔친 물건인줄 알면서도 구입하는 경우도 있습니다. 그들이 하나님께 순결한 마음을 달라고 간구했기 때문에 하나님께서는 그들에게 이러한 불의한 일들을 생각나게 하셨습니다. 여러분은 어떠합니까? 혹시 여러분도 상환이 필요하지는 않은지요?(만일 여러분이 상환에 관해 보다 더 자세히 알고자 하신다면 레위기 6:1-5을 읽으십시오.)

한 가지 질문을 더 하겠습니다. "만일 제가 하나님께 용서를 구했다면 그것으로 충분하지 않습니까?" 만일 여러분이 하나님께만 범죄했다면 그렇게 하십시오. 그러나 만일 여러분이 어떤 것을 훔쳤다거나 돈을 강탈했다거나 빌린 것을 되돌려 주지 않았다거나 세금을 떼어먹었다면 그것으로 충분치 않습니다. 고백만으로는 충분치 않습니다. 여러분이 죄를 범한 상대방은 여러분이 하나님께 용서를 구했음을 알지 못합니다. 만일 그들이 알았다 해도 다음과 같이 말할 것입니다. "그것이 나와 무슨 상관이요? 당신이 내게서 뺏은 것을 아직도 나는 돌려 받지 못했소."

사랑하는 여러분, 만일 여러분이 순결한 마음을 갖고자 한다면, 여러분은 상환을 해야만 합니다. 그렇게 할 때에 하나님은 여러분의 죄를 더 이상 언급하지 않으실 것입니다. 왜냐하면 여러분은 의롭고 옳은 일을 했기 때문입니다. 그럼에도 불구하고 여러분에게 그것들이 다시 언급된다면 그것은 하나님이 아니라 마귀가 생각나게 하는 것입니다. 왜냐하면 여러분은 하나님의 눈에 의로운 일을 행했기 때문입니다.

다음의 주제로 넘어가겠습니다. 만일 여러분이 순결한 마음을 유지하고 싶다면 여러분은 여러분의 생각을 주의 깊게 살펴보아야 합니다. 여러분의 모든 생각은 빌립보서 4:8의 말씀으로 점검해 보아야 합니다.

빌립보서 4:8을 읽고 아래에 과거나 현재 여러분의 생각이 어떠했는지를 기록하십시오.

▶ 빌립보서 4:8

⁸종말로 형제들아 무엇에든지 참되며 무엇에든지 경건하며 무엇에든지 옳으며 무엇에든지 정결하며 무엇에든지 사랑할 만하며 무엇에든지 칭찬할 만하며 무슨 덕이 있든지 무슨 기림이 있든지 이것들을 생각하라

여러분이 상상하는 것들이 여러분을 고통으로 몰아넣을 수 있습니다. 여러분이 잘못된 생각을 즐길 때 그것들은 결국 여러분을 강하게 사로잡을 것입니다. 고린도후서 10:5을 읽고 하나님의 교훈을 여러분 자

신의 말로 표현해 보십시오.

▶ 고린도후서 10:5

⁵모든 이론을 파하며 하나님 아는 것을 대적하여 높아진 것을 다 파하고 모든 생각을 사로잡아 그리스도에게 복종케 하니

    여러분은 여러분이 생각하는 바를 살펴볼 뿐만 아니라 여러분의 친구도 살펴보아야 합니다. 앞서 우리는 고린도전서 15:33을 살펴보았습니다. "속지 말라 악한 동무들은 선한 행실을 더럽히나니." 하나님은 우리가 악인의 꾀를 좇지 말고 죄인의 길에 서지 말며 오만한 자의 자리에 앉지 말라고 분명하게 경고하고 있습니다(시 1). 우리가 그들과 함께 한다면 우리는 그들과 같이 되며 우리의 마음은 오염될 것입니다. 좋은 사과 한 상자가 한 개의 상한 사과를 변화시키지 않습니다. 도리어 나쁜 사과 한 개가 결국에는 전체 사과를 망치게 합니다.

    마지막으로, 여러분이 순결한 마음을 소유하고 하나님을 보고자 한다면 여러분은 야고보서 4:8에 따라 여러분의 마음을 깨끗케 해야 하며 두 마음을 품지 말아야 합니다.(나중에 산상수훈에서 이를 다시 살펴볼 것입니다.)

여러분은 어떻게 여러분의 마음을 순결하게 하겠습니까? 골로새서 3:2은 말합니다. "위엣 것을 생각하고 땅엣 것을 생각지 말라."

신약에는 매우 진지한 구절이 하나 있습니다. 저는 여러분이 이 구절을 묵상하도록 남겨 두겠습니다. 히브리서 12:14을 찾아 아래에 적고, 여러분의 묵상 글을 자신의 말로 표현해 보십시오.

여러분은 거룩을 좇아 살아야 합니다. 그것은 거룩함이 없으면 하나님을 볼 수 없기 때문입니다. 이 말씀이 얼마나 두렵습니까? 여러분은 무엇을 좇고 있습니까? 여러분은 하나님을 보길 원하십니까?

CHAPTER 제8장 EIGHT

화평케 하는 자,
그러나 핍박당하는 자

제 1 일

여러분은 이 말을 여러 번 들어보았을 것입니다. 어려운 상황에 처하여 절망에 빠진 사람, 혹은 거리의 어떤 사람들, 혹은 학교에서 놀던 아이들도 이 말을 합니다. 제일 원하는 것이 무엇이냐고 물었을 때 그들은 모두 이구동성으로 '평화'라고 말합니다. 그들은 부나 명성을 원하는 것이 아닙니다. 그들의 소원은 단 한 가지, '평화' 입니다.

우리는 싸움을 위해 태어나지 않았습니다. "내가 원하는 모든 것은 평화입니다!" 사람들은 "내가 원하는 모든 것은 평화다"라고 외치고 울부짖으며 심지어 악을 쓰면서 소리칩니다. 아마도 여러분들도 그 말을 했을 것입니다. 저도 그 말을 여러 번 했던 기억이 있습니다. 저는 불행한 결혼생활 중에 그 말을 했습니다. 그러나 그때는 예수님을 알지 못했습니다. 엄마 노릇을 하면서 저는 아들들에게 그 말을 했습니다. 지난 18년 간의 사역 도중에도 저는 그 말을 했습니다. 분명히 여러분도 그 말을 했을 것입니다.

어떻게 평화를 얻을 뿐만 아니라 행복해질 수 있습니까? 그것은 일곱 번째 복에 감추어져 있습니다.

"화평케 하는 자는 복이 있나니 저희가 하나님의 아들이라 일컬음을 받을 것임이요"(마 5:9).

그 다음에 따라오는 복은 무엇입니까?

"의를 위하여 핍박을 받은 자는 복이 있나니…"

어떻게 보면 위의 두 구절은 앞뒤가 맞지 않습니다. 그렇지 않습니까? 화평케 하는데 핍박을 받다니요? 그러나 본문은 바로 그것을 말하고 있습니다.

그리고 우리는 이번 주간 동안 그것을 기도하는 마음으로 살펴보고자 합니다. 화평케 하는 자는 어떻게 살까요? 그들은 누구입니까? 그들은 왜 '하나님의 아들' 이라고 불려집니까?

그 다음에 우리는 핍박받는 일을 살펴볼 것이며, 이 두 가지가 어떻게 병행하는지 살펴볼 것입니다.

화평이란 말은 대단히 중요한 단어입니다. 그것은 요한일서를 제외한 신약 성경 전체에 걸쳐 나타납니다. 존 매카서는 성경에 화평에 관한 언급이 400회나 된다고 말합니다. 여러분은 성경에서 이 말이 얼마나 중요한지 아십니까?

'화평' 이란 헬라어는 "조화스러운 관계" 를 의미합니다. 이것은 매우 중요합니다. 왜냐하면 화평은 단지 싸움이 없는 것이 아니라 화합을 뜻하기 때문입니다. 그것은 냉전이 아닙니다. 그것은 두 편이 팔짱을 끼고 돌아 앉아 싸움이나 고함소리가 없기 때문에 평화가 있다라고 생각하는 그러한 평화가 절대 아닙니다. 평화는 견해 차이가 있음에도 불구하고 기꺼이 돌아앉아 서로를 껴안는 것입니다. 이것이 화합입니다. 얼마나 많은 사람들에게 이러한 화합이 필요한지요! 우리는 싸움을 위해 태어나지 않았습니다. 그것은 우리의 마음과 신체에 엄청난 손해를 끼칩니다.

오늘날 사람들은 평화에 관해 많이 이야기 합니다. 그러나 문제는 우리의 동기에 있습니다. 우리는 평화를 추구합니다. 그러나 우리 자신을 위해서, 우리의 방식대로 그것을 원합니다. 우리는 수평적인 평화, 즉 사람끼리의 평화를 원합니다. 그러나 우리에게 수직적인 평화가 없기 때문에 우리는 평화를 얻을 수 없습니다. 하나님과의 참된 평화가 있기 전에는 사람사이에 참된 평화가 있을 수 없습니다. 그것은 불가능합니다! 왜 그렇습니까? 몇몇 성구들을 찾아가면서 답을 얻도록 하겠습니다.

1. 창세기 8:21을 읽고 아래에 그 구절을 적으십시오. 그 말씀이 해답을 줄 것입니다.

2. 예레미야 17:9을 읽고 아래에 그 구절을 적으십시오.

3. 여러분이 그와 같은 마음을 갖고서는 평화를 얻기가 어렵습니다. 다시 한 번 팔복을 보십시오. '화평케 하는 자' 앞에는 어떤 복들이 언급되고 있습니까? 적어 보십시오.

참된 평화는 어디에 근원을 두고 있습니까? 그 답이 예수님인 것을 여러분은 아실 것입니다. "그러나 저는 그분이 이 땅에 평화를 가져올 줄로 생각했습니다. 천사가 '이땅에 평화를…'이라고 말한 것이 바로 그분을 언급한 것이 아닙니까? 그런데 무슨 일이 일어났습니까? 어디에 평화가 있습니까?" 좋은 질문입니다. 조금 더 찾아보겠습니다.

4. 이사야 9:6은 예수 그리스도에 관한 예언입니다. 그것을 읽고 예수님의 이름 중 어느 것이 우리의 주제와 연관이 있는지 찾아 적으십시오.

5. "홀연히 허다한 천군이 그 천사와 함께 있어 하나님을 찬양하여 가로되 지극히 높은 곳에서는 하나님께 영광이요 땅에서는 기뻐하심을 입은 사람들 중에 평화로다"(눅 2:13-14). 이 구절은 예수께서 이 땅

에 평화를 가져오신다고 말합니까, 아니면 그가 기뻐하심을 입은 자들 중에 평화를 가져올 것이라고 말합니까? 여러분이 옳다고 생각하는 말에 밑줄을 치십시오.

6. 누가복음 12:51-53을 읽고 예수님께서 평화에 관해 무엇을 말씀하고 계신지 여러분의 말로 표현해 보십시오.

> ▶ 누가복음 12:51-53
>
> 51내가 세상에 화평을 주려고 온 줄로 아느냐 내가 너희에게 이르노니 아니라 도리어 분쟁케 하려 함이로라 52이후부터 한 집에 다섯 사람이 있어 분쟁하되 셋이 둘과, 둘이 셋과 하리니 53아비가 아들과, 아들이 아비와, 어미가 딸과, 딸이 어미와, 시어미가 며느리와, 며느리가 시어미와 분쟁하리라 하시니라

7. 마지막으로, 요한복음 14:27을 찾아보십시오. 이 구절에서 평화에 관해 무엇을 알 수 있는지 여러분의 말로 표현해 보십시오.

> ▶ 요한복음 14:27
>
> 27평안을 너희에게 끼치노니 곧 나의 평안을 너희에게 주노라 내가 너희에게 주는 것은 세상이 주는 것 같지 아니하니라 너희는 마음에 근심도 말고

두려워하지도 말라

예수님은 평화를 주시기 위해 이 땅에 오셨습니다. 그러나 그것은 세상이 생각하는 그런 종류의 평화가 아닙니다. 1945년 국제연합이 탄생되었을 때 그 좌우명은 이러했습니다. "전쟁의 참화로부터 후손들을 구출해내기 위하여." 그러나 1945년 이래로 평화로운 날은 하루도 없었습니다. 이 땅에 평화라구요? 그것은 예수께서 이 땅에 왕 중의 왕으로 재림하기 전까지는 불가능할 것입니다. 그리고 그때에도 강요된 평화일 것입니다. 왜냐하면 예수께서 철장으로 통치하실 것이기 때문입니다. 왜냐구요? 그때에도 모든 사람들의 마음이 하나님과 바른 관계에 있다고는 할 수 없기 때문입니다. 천년 통치가 끝날 무렵 사단은 무저갱에서 놓여 예수님의 주권에 아직도 저항하는 사람들을 모을 것입니다. 그리고 곡과 마곡의 전쟁이 있을 것입니다. 그때 하나님은 이 땅을 불로 멸망시키실 것이며, 그 다음에 새 하늘과 새 땅이 전개될 것입니다. 오직 그때가 되어야만이 참된 평화가 있을 것입니다.

"그러면 그때까지 기다려야 합니까?"

그렇지 않습니다. 예수님은 여러분이 지금 평화를 누릴 수 있게 하시기 위해 오셨습니다. 여러분의 환경이 어떠하든지 말입니다. 오늘 배운 것을 생각하십시오. 그것들을 기도하면서 하나님께 아뢰십시오. 그분께 질문하십시오. 여러분께 답을 주실 것입니다.

제 2 일

"화평케 하는 자는 복이 있나니 저희가 하나님의 아들이라 일컬음을 받을 것임이요"(마 5:9).

어떻게 해야 화평케 하는 자가 될 수 있습니까?

첫째로, 화평케 하는 자가 되려면 먼저 하나님과 화평해야 합니다. 죄인들은 하나님께 적대감을 갖고 있습니다. 적대감은 부조화의 상태로서 원수들이 상대방을 향해 품고 있는 감정입니다. 그것은 증오요, 적의와 악의입니다. 그러므로 화해가 필요합니다. 화해라는 것은 '적대감으로 인해 서로 떨어져 있는 쌍방을 하나되게 하거나 화합시키는 것' 입니다.

사람은 하나님으로부터 떨어져 있습니다. 사람을 하나님과 화해시키고자 한 것은 하나님 자신이셨습니다. 사람이 죄로 인해 하나님으로부터 멀어지자 하나님은 자신의 사랑 때문에 사람을 찾았고 그들을 하나님께 돌려 놓으셨습니다. 하나님은 어떻게 그 일을 하셨습니까?

골로새서 1:19-22을 읽고 다음 질문에 답하십시오.

▶ 골로새서 1:19-22

[19]아버지께서는 모든 충만으로 예수 안에 거하게 하시고 [20]그의 십자가의 피로 화평을 이루사 만물 곧 땅에 있는 것들이나 하늘에 있는 것들을 그로 말미암아 자기와 화목케 되기를 기뻐하심이라 [21]전에 악한 행실로 멀리 떠나 마음으로 원수가 되었던 너희를 [22]이제는 그의 육체의 죽음으로 말미암아 화목케 하사 너희를 거룩하고 흠 없고 책망할 것이 없는 자로 그 앞에

세우고자 하셨으니

본문에서 '화평'과 '화목'이라는 단어와 관련하여 다음 질문에 답하십시오.

1. 누가 화평을 이루었습니까?

2. 예수님께서 화평을 이루셨을 때 인간들의 상태는 어떠했습니까?

3. 화평과 화목은 어떻게 이루어질 수 있었습니까?

지금 바로 로마서 5:10-11을 읽고, '화목'이라는 단어에 표시를 해 보십시오. 그런 다음 다음의 질문에 답하십시오.

▶ 로마서 5:10-11

¹⁰곧 우리가 원수 되었을 때에 그 아들의 죽으심으로 말미암아 하나님으로 더불어 화목되었은즉 화목된 자로서는 더욱 그의 살으심을 인하여 구원을 얻을 것이니라 ¹¹이 뿐 아니라 이제 우리로 화목을 얻게 하신 우리 주 예수 그리스도로 말미암아 하나님 안에서 또한 즐거워하느니라

1. 우리가 하나님께 대하여 어떤 존재였을 때 하나님이 우리로 화목케 하셨습니까?

2. 우리는 어떻게 하나님과 화목케 되었습니까?

3. 누구를 통하여 우리는 화목을 얻게 되었습니까?

　자, 이제 여러분은 무엇을 발견했습니까? 만약 여러분이 화평케 하는 자가 되길 원하신다면, 먼저 하나님 안에서 평안을 누려야 합니다. 예수 그리스도는 하나님을 대적한 우리를 위하여 십자가에 피흘려 죽으심으로 하나님과 화평케 하신 평화의 왕이십니다.

　당신은 돈 리차드슨(Don Richardson)이 지은 「평강의 아들」(peace child)이라는 책을 읽어보신 적이 있습니까? 정말 놀라운 이야기를 담고 있습니다. 리차드슨과 그의 아내는 네덜란드령 뉴기니아 섬에 사는 사위(Sawi)족속 가운데 거하며 선교사역을 담당하고 있었습니다. 사위족은 식인종이었으며 그들은 매일 밤 제물이 된 사람의 두개골을 베개로 삼았습니다. 그들에게 있어 반역 행위는 삶의 한 부분이었으며, 그들은 그것을 즐겼습니다. 이 때문에 그들에게는 항상 갈등과 분쟁이 끊이질 않았습니다. 사위족 마을은 항상 서로간에 싸움을 벌였습니다. 그들에게 평화는 불가능한 것처럼 보였습니다.

결국 이러한 갈등과 유혈이 낭자하는 처참한 상황을 견디다 못한 리차드슨(그들에게는 '튜안'으로 불림)은 그들에게 다가가 이렇게 말했습니다. "만약 당신들이 계속해서 싸운다면 나는 당신들을 떠날 것입니다." 이 말에 그들은 매우 충격을 받았고 이렇게 말했습니다. "튜안이 우리를 떠나게 할 수는 없어." 그들은 절망에 빠져 리차드슨에게 다가가 "튜안, 우리는 이제 다시는 싸우지 않겠습니다. 평화롭게 지내겠습니다. 제발 떠나지 마십시오"라고 말했습니다.

주위의 모든 사람들로부터 배반을 당한 사람이 어떻게 그들과 평화를 유지할 수 있겠습니까? 그 선교사는 다음날의 의식이 그 민족의 영적인 어두움과 결박을 풀어줄 수 있는 열쇠가 될 것이라고는 거의 생각지 못했습니다. 그 부족의 법에 따르면 '평화의 아들'을 적에게 받기 전까지는 그들간에 평화는 불가능한 것이었습니다.

반드시 이 책을 읽어보길 여러분에게 권합니다.

한 어머니가 "안돼, 안돼. 그 아이는 내 하나밖에 없는 아들이란 말이야"라고 울부짖을 때, 그녀의 남편이 평화의 아들로 바쳐질 자신의 아이를 안고 적진으로 쓸쓸히 걸어가는 모습은 우리를 슬픔에 젖게 할 것입니다. 평화는 어떠한 대가를 치르더라도 반드시 이루어져야 합니다.

케이요가 해난의 끝에 이르렀을 때 그의 가슴은 벅차 올랐습니다. 그 부족의 지도자가 지금 그 앞에 모습을 드러내고 기대에 찬 눈망울로 케이요를 바라보며 앉았습니다. 케이요는 그의 뒤에 서 있는 적들의 얼굴을 보았습니다. 그리고 나서 그가 택한 남자를 보며 그의 이름을 불렀습니다.

"마요르! 당신은 당신의 백성 가운데서 카무르의 말을 변호하겠습니까?"

마요르는 대답했습니다. "예, 내 백성 가운데서 카무르의 말을 변호하겠습니다. 그리고 나서 나의 아들을 당신에게 주고 나의 이름을 지어주겠습니다."

"그래, 그 정도면 충분하군요! 우리 사이의 평화를 위해 변호하겠습니다."

그때 갑자기 마헨이 군중 앞에 다시 모습을 드러냈습니다. 마헨이 케이요를 바라보며 다른 아들을 높이 들고 외치기를

"케이요! 너는 너의 백성 가운데서 헤난의 말을 변호하겠느냐?" 케이요는 마헨을 향해 손을 들며 "예!"라고 외쳤습니다.

"그러면 나는 너에게 나의 아들을 주고 그에게 내 이름을 지어주겠다."

그들은 그렇게 아들을 교환하고 이름도 교환했습니다.[18] 그러나 리차드슨은 이해하지 못했습니다.

그는 "이러한 의식이 왜 필요하지?"라고 질문했습니다. "튜안, 당신은 우리가 평화롭게 지내라고 요구하지만 '평화의 아들' 없이는 평화가 불가능하다는 것을 모릅니까?"[19]

오, 사랑하는 여러분들이여! 평화의 아들 없이는 화평이 불가능하다는 사실을 아직도 모르시겠습니까? 하나님은 하늘을 버려 두고 적의 소

---

18. Don Richadson, *Peace Child* (Ventura: Gospel Light, 1976), 199-200.
19. Ibid., 201.

굴에 내려오셨습니다. 그는 여러분에게 그의 아들을 보내시며 "하나님의 기뻐하심을 입은 자들 가운데 평화로다"라고 말씀하셨습니다. 하나님께서는 자신이 죄인임을 고백하고 하나님의 평화의 아들을 받아들이며 그분께 나아오는 자를 기뻐하십니다.

여러분은 하나님의 평화의 아들을 소유하고 있습니까? 그분 없이는 결코 하나님의 아들이나 딸이 될 수 없습니다. 그분 없이는 여러분은 결코 화평케 하는 자가 될 수 없습니다. 그분이 없으면 여러분의 마음은 항상 시기와 질투로 가득 차며 나약하게 됩니다. 오직 예수님만이 당신에게 새 마음을 심어주실 수 있습니다.

제 3 일

무엇이 여러분을 화평케 하는 자로 만들어 줄 수 있습니까?

첫째, 하나님이 주신 평화를 간직하는 것입니다. 둘째, 예수 그리스도의 육신과 함께 하는 평화를 간직하는 것입니다. 에베소서 4:1-3은 우리에게 분명하게 말합니다. 만약 우리가 "부르심을 입은 부름에 합당하게 행하기를 원한다면 우리는 반드시 평안의 매는 줄로 성령의 하나가 되게 하신 것을 힘써 지켜야" 합니다.

다음의 말씀을 읽어보십시오. '평화' 또는 '화목'이라는 단어에 밑줄을 치십시오.

▶ 데살로니가전서 5:12-13

12형제들아 우리가 너희에게 구하노니 너희 가운데서 수고하고 주 안에서 너희를 다스리며 권하는 자들을 너희가 알고 13저의 역사로 말미암아 사랑 안에서 가장 귀히 여기며 너희끼리 화목하라

이 말씀은 평화에 대해 무엇이라고 말하고 있습니까? 그 질문에 답하기 전에, '화목하라' 라는 동사에 대해 말씀드리겠습니다. 위의 말씀의 마지막 문장에 '화목하라' 는 현재형이며, 진행이나 습관을 나타내는 단어입니다. 명령형은 강제적이며, 행위를 강조하는 어조는 그 주체가 동사의 행위를 수행함을 뜻합니다. 그렇다면 하나님은 그의 백성들에게 평화에 대해 무엇이라고 말씀하셨을까요?

마태복음 5:22-24를 읽고 다음 질문에 답하십시오.

▶ 마태복음 5:22-24

22나는 너희에게 이르노니 형제에게 노하는 자마다 심판을 받게 되고 형제를 대하여 라가라 하는 자는 공회에 잡히게 되고 미련한 놈이라 하는 자는 지옥 불에 들어가게 되리라 23그러므로 예물을 제단에 드리다가 거기서 네 형제에게 원망 들을 만한 일이 있는 줄 생각나거든 24예물을 제단 앞에 두고 먼저 가서 형제와 화목하고 그 후에 와서 예물을 드리라

1. "너의 형제와 화목하라"는 말씀에서 '형제'라는 단어가 말 그대로의 친형제를 뜻한다고 생각하십니까? 여러분의 생각을 적어보십시오.

2. 누가 누구에게 가야 합니까? 그 이유는 무엇입니까?

3. 이것이 데살로니가전서 5:13의 말씀과 동일한 것을 말씀하고 있다고 생각하십니까?

   이 말씀을 통해서 하나님이 우리에게 말씀하고자 하는 것은 무엇입니까? 우리가 하나님께 순종하기를 원한다면 우리는 서로 화목하게 살아야 할 책임이 있다고 말씀하시지는 않습니까? 그리스도 안에서 형제나 자매가 우리와 화목하지 못하다면 화평케하는 자로서 우리는 화목하게 해야 할 책임이 있습니다. 화평케하는 자는 축복받은 자이며, 영적으로 부요한 자입니다. 여러분은 마음속에 평화를 이룩하고 그것을 간직하여 하나님의 축복을 받은 사람입니까?

당신을 화평케 하는 자로 만드는 한 가지는 스스로 화목케 하는 사역을 담당하는 것입니다. 화평케 하는 사역의 핵심 요소는 다른 사람에게 평화의 복음을 전하여 그들로 하여금 하나님 안에서 평화를 누리도록 하는 것입니다. 여러분과 나는 우리 사이에서 평화를 이룩해야 할 뿐만 아니라 그리스도를 벗어나 있는 사람들 사이에서도 화목해야 합니다. 그렇게 하기 위해서는 단 한 가지 방법이 있습니다. 바로 그들에게 평화의 왕을 소개하는 일입니다.

다음의 말씀을 읽고 '화목'을 뜻하는 말에 표시하십시오. 그리고 다음의 질문에 답하십시오.

▶ 고린도후서 5:14-21

[14]그리스도의 사랑이 우리를 강권하시는도다 우리가 생각건대 한 사람이 모든 사람을 대신하여 죽었은즉 모든 사람이 죽은 것이라 [15]저가 모든 사람을 대신하여 죽으심은 산 자들로 하여금 다시는 저희 자신을 위하여 살지 않고 오직 저희를 대신하여 죽었다가 다시 사신 자를 위하여 살게 하려 함이니라 [16]그러므로 우리가 이제부터는 아무 사람도 육체대로 알지 아니하노라 비록 우리가 그리스도도 육체대로 알았으나 이제부터는 이같이 알지 아니하노라 [17]그런즉 누구든지 그리스도 안에 있으면 새로운 피조물이라 이전 것은 지나갔으니 보라 새 것이 되었도다 [18]모든 것이 하나님께로 났나니 저가 그리스도로 말미암아 우리를 자기와 화목하게 하시고 또 우리에게 화목하게 하는 직책을 주셨으니 [19]이는 하나님께서 그리스도 안에 계시사 세상을 자기와 화목하게 하시며 저희의 죄를 저희에게 돌리지 아니하시고 화목하게 하는 말씀을 우리에게 부탁하셨느니라 [20]이러므로 우리가 그리스도를 대신하여 사신이 되어 하나님이 우리로 너희를 권면하시

는 것같이 그리스도를 대신하여 간구하노니 너희는 하나님과 화목하라 [21] 하나님이 죄를 알지도 못하신 자로 우리를 대신하여 죄를 삼으신 것은 우리로 하여금 저의 안에서 하나님의 의가 되게 하려 하심이니라

1. 14-15절의 말씀에 따르면 예수님은 누구를 위하여 죽으셨습니까?

2. 그분은 우리를 위해 죽으셨습니다. 그렇다면 이제 우리는 누구를 위해 살아야 합니까?

3. 하나님은 누구에게 사명을 주셨습니까? 어떤 종류의 사명입니까?

그리스도를 위한 대리자! 이것이 바로 당신과 내가 가져야 할 직분입니다. 그러나 우리는 어떻습니까? 그렇지 못하다면 우리는 진정 스스로를 화평케 하는 자라고 부를 수 있습니까?

하나님은 그의 모든 자녀들에게 화평케하는 사명을 주셨습니다. 그는 당신에게 화평이라는 단어를 주셨습니다. 그것은 곧 예수 그리스도의 복음입니다. 이사야 52:7은 "좋은 소식을 가져오며 평화를 공포하며

복된 좋은 소식을 가져오며 구원을 공포하며 시온을 향하여 이르기를 네 하나님이 통치하신다 하는 자의 산을 넘는 발이 어찌 그리 아름다운고"라고 말씀합니다. 기쁜 소식은 죄를 용서함 받게 하신 예수 그리스도의 복음입니다.

당신의 발을 보십시오. 그것이 하나님의 눈에 아름답게 보일까요? 예수님의 발이 십자가에 못 박히셨으므로 당신의 발은 언젠가는 황금길을 걷게 될 것입니다. 당신은 그 길을 홀로 걸어가겠습니까, 아니면 좋은 소식을 함께 나눈 자들과 함께 걸으며 그들 또한 하나님과 화목하는 방법을 알게 되기를 원하십니까?

"그러나 그것은 쉬운 일이 아닙니다. 나는 어떻게 말해야 할지 모릅니다. 나는 매우 당혹스럽습니다." 저는 그것이 매우 힘든 일이며, 무엇을 말해야 할지를 안다는 것이 어렵다는 것을 압니다. 그러나 그러한 것들이 적절한 변명은 될 수 없습니다. 예수님은 말씀하십니다. "너희는 가서 모든 족속으로 제자를 삼아 아버자와 아들의 이름으로 세례를 주고 내가 너희에게 분부한 모든 것을 지키게 하라 볼지어다 내가 세상 끝날까지 너희와 항상 함께 있으리라" (마 28:19-20).

그분에게 당신의 입을 맡기십시오. 그리하면 그분은 당신에게 할 말을 주실 것입니다. 그리스도를 위하여 고난 받기를 두려워하지 않는다면 그분은 당신에게 온 세상을 구하기 위한 대리자로 세우실 것입니다.

저는 모든 종류의 두려움과 당혹스러운 상황을 만날때마다 단 한 가지 사실을 기억하며 그러한 상황을 이겨낼 수 있었습니다. '사람들이 어떻게 전혀 들어보지 못한 사람을 믿겠는가? 그리고 전파하는 자 없이 어찌 들을수 있겠는가? (로마서 10:14 참조) 우리는 복음을 부끄러워해서는 안 됩니다. 그것은 하나님을 믿는 모든 자들에 대한 구원의 능력이기 때문입니다(로마서 1:16 참조).

수년 전에 나는 존 웨인(John Wayne)이라는 배우와 같은 호텔에 머물렀던 적이 있습니다. 그가 맡은 듀크(Duke)라는 인물은 제가 가장 좋아하던 역할 중의 하나였습니다. 그래서 그와 같은 엘리베이터에 탔을 때 저는 완전히 할말을 잃었습니다. 그가 호텔 로비에서 다른 유명한 배우들과 함께 걸어갈 때 사람들은 놀라서 그를 쳐다보았습니다. 그러나 하나님은 제 마음속에 계속해서 말씀하셨습니다. 그러므로 저는 하나님과 복음을 공유하였다는 사실을 깨달음과 동시에 저의 마음은 말 그대로 심하게 뛰며 대리석으로 된 복도를 굴러다닌다고 생각했습니다. 그러나 저는 복음을 전하기에는 새끼 고양이처럼 나약함을 느꼈으며, 만약 그 부분에 대해 하나님과 논쟁하기 위해 지체했다면 그 기회를 영원히 놓치고 말았을 것입니다.

저는 간신히 호텔 문을 통과하여 그를 쫓아갔습니다. 그는 조금 떨어진 곳에 서서 택시를 기다리고 있었습니다. 저는 매우 흥분되었습니다. 그러나 저는 두려움을 이기고 그에게 걸어갔습니다.

"웨인씨, 실례합니다. 모든 사람이 당신의 사진이나 소장품을 갖기를 원합니다. 하지만 오직 제가 원하는 것은 당신과 함께 어떤 분을 함께 공유하는 것입니다. 그분은 제 삶을 완전히 바꾸어 놓았습니다."

그리고나서 저는 그에게 작은 말씀 테이프를 건네주었고, 그는 정중히 그것을 받았습니다. 저의 행동은 품위 있는 행동이 아니었고, 그 사람 앞에서 바보가 된 듯한 느낌이었지만 하나님께 순종하였습니다.

웨인이 죽었다는 소식을 들었을 때 저는 그때 하나님께 순종했던 것에 대해 감사했습니다. 저는 웨인의 피가 절대로 제 손위에 떨어지지 않을 것을 알았습니다. 바울은 이렇게 기록하고 있습니다.

"그러므로 오늘 너희에게 증거하노니 모든 사람의 피에 대하여 내가 깨끗하니 이는 내가 꺼리지 않고 하나님의 뜻을 다 너희에게 전하였음이라"(행 20:26-27).

당신은 화평케 하는 자입니까? 당신은 하나님과 화목합니까? 당신은 영적인 화평의 끈을 놓치지 않으려고 노력합니까? 당신은 다른 사람들과 화평의 말씀을 나누고 있습니까? 그렇다면 당신은 하나님의 아들이라고 불릴 것입니다. 그 아버지에 그 아들! 정말 멋지지 않습니까?

제 4 일

화평케하는 자 … 그러나 핍박당하는 자 !

영적인 것을 이해하지 못하는 사람들에게 이 둘은 어울리지 않는 것처럼 보입니다. 그러나 예수님이 이 땅에 머무셨던 동안의 삶을 잘 알고 있는 사람들은 그것이 평화의 왕의 삶을 나타낸다는 사실을 알 수 있습니다. "자기 땅에 오매 자기 백성이 영접지 아니하였으나"(요 1:11). 그들은 주님을 영접하는 대신에 음모를 꾸며 그를 죽였습니다. 그들은 주님이 자신들을 다스리도록 놔두지 않았습니다. 그분은 어둠속의 빛이셨지만 사람들은 그들의 행실이 악하므로 빛보다 어둠을 더욱 좋아했습니다. 그래서 그들은 그 빛을 꺼뜨렸습니다. 그는 진리였으나 그들은 그들의 우두머리인 마귀를 좇았습니다. 그리고 그들은 마귀의 욕망과 거짓을 따랐으며 그리하여 그들은 진리를 십자가에 못박았습니다.

예수님은 그의 제자들에게 경고하셨습니다.

> "내가 너희더러 종이 주인보다 더 크지 못하다 한 말을 기억하라 사람들이 나를 핍박하였은즉 너희도 핍박할 터이요 내 말을 지켰은즉 너희 말도 지킬 터이라 그러나 사람들이 내 이름을 인하여 이 모든 일을 너희에게 하리니 이는 나 보내신 이를 알지 못함이니라"(요 15:20-21).

예수님의 행동 때문에 그들은 그를 핍박했습니다. 예수님이 당신에게 한 일 때문에 그들은 또한 당신을 핍박할 것입니다. 의를 위하여 핍박받는 자가 바로 축복받는 자입니다. 우리는 처음 일곱 가지의 말씀들의 특징으로부터 도출되는 갈등을 확실히 볼 수 있습니다. 산상수훈의 요점을 기억하십시오.

- 마태복음 5:3-9: 하나님의 나라에 속한 사람들의 특징
- 마태복음 5:10-12: 하나님의 나라에 속한 사람들의 갈등
- 마태복음 5:13-7:27: 하나님의 나라에 속한 사람들의 품행

우리가 본 것처럼, 산상수훈은 하나님의 나라에 속한 사람들의 의로운 삶의 스타일을 보여줍니다. 그러한 삶의 방식은 우리가 이 세상의 다른 모든 사람들과 멸망으로 이끄는 넓은 길을 걷는 사람들의 삶과는 동떨어지게 만듦으로 핍박을 가져옵니다(마 7:13).

저는 멀지 않은 미래에 이 땅에 사는 그리스도인들이 강한 핍박의 때를 맞이하리라는 것을 믿습니다. 여러분을 위한 저의 마음의 짐과 질문

은 이것입니다: 당신은 그것을 맞이할 준비가 되어 있습니까? 이러한 짧은 질문에 대해 연구하고 위해 기도하는 방법이 당신으로 하여금 이러한 주제에 대한 하나님의 말씀에 관심을 갖도록 할 것입니다. 하나님의 말씀은 다가올 미래에 사단이 가져올 어떠한 공격에도 맞설 수 있도록 준비시킬 것입니다.

핍박과 고난에 대한 좀더 심오한 질문들을 생각해 보기 전에 함께 마태복음 5:10-12을 읽어봅시다. 거기에는 두 명의 '축복받은 자'가 등장합니다. 그 두 사람은 핍박당하는 자에 대한 축복에 대해 말합니다.

"의를 위하여 핍박받는자는 복이 있나니"(마 5:10).

'핍박받는 것' 에 대해 헬라어 학자들은 완벽한 시제와 수동적인 표현이 사용되었다고 말했습니다. 완벽한 시제는 과거를 의미하며 계속되거나 또는 진행중인 결과와 더불어 수행된 행위를 의미합니다. 수동적인 표현은 그 주제가 동사의 행동을 받고 있다는 것을 나타냅니다. 즉 이 사람들은 이미 핍박을 당하고 있는 상태라는 것입니다.

예수님은 누구에게 말씀하고 있습니까? 그들은 11절에서 말한 "나를 인하여 너희를 욕하고 핍박하고 거짓으로 너희를 거스려 모든 악한 말을 할 때에는 너희에게 복이 있나니" 에서의 너희와 다른 사람입니까?

저는 예수님께서 마음속에 두 가지 다른 대상을 가지고 말씀하셨다고 믿습니다. 예수님이 '핍박받는 자' 에 대해 말씀하셨을 때, 그는 기름부음 받은 자인 요한과 같은 사람들에게 말씀하셨을 것입니다. 즉 의로운 의지와 생활방식 때문에 이미 핍박을 받고 있는 사람들을 말합니다. 11절에서 예수님은 그곳의 사람들에게 말씀하고 있습니다. 하지만 그 말씀은 또한 우리들에게 그대로 적용됩니다. 이 두절에서 그분은 핍박을 당하고 있는 자와 핍박을 당할 자들을 연결시키고 계십니다.

산상수훈은 예수님의 사역이 시작되는 부분에 나타납니다. 핍박이 완성을 의미하지는 않습니다. 예수님은 의를 위하여 핍박당할 때마다 기뻐하라고 말씀하고 계십니다. "기뻐하고 즐거워하라"는 말의 의미는 아주 행복하다는 말입니다. 왜 그렇습니까? 첫째, 하늘에서 받을 상이 크기 때문입니다. 둘째, 주님은 그분을 위하여 핍박받는 자와 함께 하시기 때문입니다. 주님은 하나님을 위해 그들의 삶을 드리는 하나님의 아들과 딸을 위해 상급을 예비하고 계십니다.

이 말씀을 다시 한 번 살펴보고 마음속에 깊이 새겨 보십시오. 그리고 '핍박'을 뜻하는 모든 단어에 표시하십시오. 그리고 질문에 답하십시오.

> ▶ 마태복음 5:10-12
>
> ¹⁰의를 위하여 핍박을 받은 자는 복이 있나니 천국이 저희 것임이라 ¹¹나를 인하여 너희를 욕하고 핍박하고 거짓으로 너희를 거스려 모든 악한 말을 할 때에는 너희에게 복이 있나니 ¹²기뻐하고 즐거워하라 하늘에서 너희의 상이 큼이라 너희 전에 있던 선지자들을 이같이 핍박하였느니라

1. 그들은 왜 핍박을 당합니까?

2. 이 말씀에 따르면, 핍박의 형태는 어떤 것입니까?

3. 그들은 핍박을 당할 때 혼자입니까?

자, 그럼 이제 핍박과 고난에 대해 여러분이 알아야 할 것이 무엇인지 살펴봅시다.

고난은 모든 믿는 자에게 필수적인 것입니다. 고난은 여러분의 구원을 확증하는 증거이기 때문입니다. 빌립보서 1:27-30을 읽어보고 '고난'을 뜻하는 단어에 표시하십시오. 그리고 질문에 답하십시오.

▶ 빌립보서 1:27-30

27오직 너희는 그리스도 복음에 합당하게 생활하라 이는 내가 너희를 가보나 떠나 있으나 너희가 일심으로 서서 한 뜻으로 복음의 신앙을 위하여 협력하는 것과 28아무 일에든지 대적하는 자를 인하여 두려워하지 아니하는 이 일을 듣고자 함이라 이것이 저희에게는 멸망의 빙거요 너희에게는 구원의 빙거니 이는 하나님께로부터 난 것이니라 29그리스도를 위하여 너희에게 은혜를 주신 것은 다만 그를 믿을 뿐 아니라 또한 그를 위하여 고난도 받게 하심이라 30너희에게도 같은 싸움이 있으니 너희가 내 안에서 본 바요 이제도 내 안에서 듣는 바니라

1. 29절에 의하면, 그리스도를 위하여 당연히 여겨야 할 두 가지가 있습니다. 그것은 무엇입니까?

2. 이 말씀에 따르면, 우리는 어떻게 행해야 합니까?

3. 우리는 공격을 당할 때 어떻게 해야 합니까? 우리를 대적하는 자를 어떻게 대해야 합니까?

4. 맞서는 이러한 태도는 우리의 대적에게 무엇을 보여줍니까?

5. 이런 종류의 대응은 우리에게 무엇을 보여줍니까?

하나님은 사도 바울을 통하여 그리스도를 믿는 우리에게 믿음의 선물과 고난의 선물이 함께 온다고 말씀하십니다. 여러분의 대적 앞에 서 있을 때 무려워하시 마십시오. 그것은 여러분을 위한 구원의 증거가 됩니다. 여러분은 천국에 여러분의 집이 있음을 깨닫게 됩니다. 그러므로 하나님이 여러분의 생명을 취하실 때라도 그분은 이렇게 말씀하십니다. "아들아, 이제는 집으로 돌아올 때니라."

이러한 태도는 여러분의 적을 놀라게 할 것입니다. 그들이 흔들림없이 서 있는 당신을 볼 때, 그것은 그들의 패배의 증거가 됩니다. 왜 그렇습니까? 그들이 만약 당신의 발안에 있다면 그들은 녹아 없어지고 만다는 사실을 알기 때문입니다. 그리고 그것은 당신의 믿음이 실제로 존재함을 나타내는 증거가 됩니다.

이러한 사실들은 당신이 다른 사람들에게 복음을 증거하게 하고 새 신자를 교육할 수 있게 합니까? 데살로니가전서는 그 문제에 대한 답을 보여줍니다.

데살로니가전서의 처음 세 장은 우리에게 바울과 실라, 그리고 디모데가 복음을 전하기 위해 데살로니가에 갔을 때 어떤 일이 있었는지를 보여줍니다. 데살로니가전서 3:3-4에서 우리는 바울이 새 신자에게 가르친 것을 발견하게 됩니다. 다른 모든 것들 중에서도 그는 고난을 다루고 있으며, 그들에게 그들이 직면하고 있는 고통으로 인해 좌절하지 말라고 말합니다.

'고난' 이나 '고통' 그리고 그것들을 가리키는 유사어에 표시하십시오.

▶ 데살로니가전서 3:3-4

³누구든지 이 여러 환난 중에 요동치 않게 하려 함이라 우리로 이것을 당하게 세우신 줄을 너희가 친히 알리라 ⁴우리가 너희와 함께 있을 때에 장차 받을 환난을 너희에게 미리 말하였더니 과연 그렇게 된 것을 너희가 아느니라

바울은 고난과 핍박은 구원과 함께 온다는 사실을 지혜롭게 가르쳤습니다. 우리도 역시 이것을 가르칠 수 있습니까? 이것이 우리의 복음 증거와 훈련의 중요한 부분을 차지합니까?

이것은 산상수훈에서 볼 수 있는 것이 아닙니까? 핍박받는 자의 축복은 무엇입니까? 그것은 영적으로 가난한 자의 축복과 같은 것입니다: "하나님의 나라는 저들의 것이니라." 그것은 현재의 소유입니다. 그 기쁨은 시작하여 약속으로 끝을 맺습니다. "하나님의 나라는 저들의 것이니라." 그러므로 그들 사이의 모든 것은 포함되어 있습니다. 그것은 함께 묶여 있는 것입니다. 이러한 축복은 하나님의 자녀의 성품과 특징이 됩니다. 그들에게는 고난이 따릅니다. 그러나 그 고난은 우리의 구원을 확실하게 합니다.

저는 이점에 있어서 말씀으로 당신을 주눅들게 하고 싶지는 않습니다. 그리고 거기에는 어떤 다른 영향력도 존재하지 않습니다. 그러나 여러분은 다음 말씀을 묵상함으로 더욱 많은 것을 깨달을 수 있을 것입니다: 베드로전서 4:1-2, 12-16; 요한복음 15:18; 16:33; 디모데후서 3:12.

당신이 기도로써 하나님께 다가갈 때, 거기에는 핍박이 존재함을 기억하십시오. 먼저 베드로전서 4:13은 이 점을 지적합니다: "오직 너희가 그리스도의 고난에 참예하는 것으로 즐거워하라 이는 그의 영광을 나타내실 때에 너희로 즐거워하고 기뻐하게 하려 함이라."

여기서 하나님은 무엇을 말씀하고 계십니까? 저는 그분이 이러한 것들을 말씀하고 있다고 생각합니다.

· 순종할수록 의는 더욱 커진다.
· 의로울수록 고난은 더욱 커진다.

· 고난이 더할수록 기쁨은 더욱 커진다.

사랑하는 여러분! 예수 그리스도의 복음을 위하여 고난받고 있습니까? 다른 사람들이 여러분과 주님과의 관계 때문에 당신을 욕하며 저주하고 당신의 이름을 더럽힙니까? 그렇지 않다면 당신이 온전히 그분을 위해 헌신되지 못했다는 점을 나타내 주는 것이 아닐까요? 그것은 당신이 의로움의 표준을 타협하고 있다는 것을 보여주는 것은 아닐까요? 당신이 이 세상을 너무 좋아해서 당신의 생활은 그들의 죄를 드러내지 못하며 그렇기 때문에 그들이 당신에 대해 매우 편안해 하는 건 아닐까요? 또는 당신은 매우 고립되어 있으며 그리고 당신의 좁은 그리스도인의 분위기에 집착한 나머지 화평케하는 자로서 세상에 나가지 못하는 건 아닐까요? 당신은 예수 그리스도의 대리자라는 사실을 잊은 것은 아닙니까? 당신은 고난과 마음의 고통을 피하기 위해 예수님이 가라고 명하신 곳에 가기를 거부하고 있지는 않습니까?

인생은 너무나 빨리 지나갑니다. 당신은 지금 당신 자신을 살펴볼 필요가 있습니다. 당신의 삶이 지치고 당신을 위해 죽으신 그분을 위해 살 날이 더 이상 남아 있지 않게 되기 전에….

제 5 일

어제 우리는 고난은 하나님의 자녀에게 당연한 결과라는 것을 배웠습니다. 그것은 우리가 구원을 얻었다는 증거입니다. 마태복음 5:9-12을 공부하는 마지막 날인 오늘, 우리는 핍박과 고난에 대해 알아야 할 몇 가지 다른 것들을 살펴볼 것입니다.

우리는 고난이 영광을 위해 준비되었다는 사실을 알아야 합니다. 그것은 도움이 됩니다. 그렇지 않습니까? 당신과 제가 만약 우리의 고난이 영원한 목적을 가지고 있거나 전혀 어떠한 목적도 가지고 있지 않다는 사실을 알 수 있다면 고난을 대하기가 아주 쉬울 것입니다. 어느 누구도 그들의 슬픔이나 괴로움, 그리고 문제들이 항상 쓸데 없는 것이라고 생각하지는 않을 것입니다. 바울은 로마서를 통해 이 세상을 우리에게 보여줍니다.

> "성령이 친히 우리 영으로 더불어 우리가 하나님의 자녀인 것을 증거하시나니 자녀이면 또한 후사 곧 하나님의 후사요 그리스도와 함께한 후사니 우리가 그와 함께 영광을 받기 위하여 고난도 함께 받아야 될 것이니라"(롬 8:16-17).

진정으로 우리가 주님과 함께 고난받는다면, 그 고난은 아버지되신 하나님과 주님과 함께 가족이 된 우리의 관계를 나타내는 것입니다. 그러나 우리는 여기서 또 하나의 진리를 발견할 수 있습니다. 고난은 우리가 그분과 함께 영광을 얻기 위해 필요한 것이라는 사실입니다.

어떻게 고난이 영광을 위해 우리를 준비시킬 수 있습니까? 고난은 우리의 삶에서 불순물을 제거해 줍니다. 그것은 성화를 위한 하나님의 시련입니다. 이 사실을 마음에 간직하고, 베드로전서 1:6-7을 읽고, '시험'을 뜻하는 단어에 표시하십시오.

▶ 베드로전서 1:6-7

⁶그러므로 너희가 이제 여러 가지 시험을 인하여 잠깐 근심하게 되지 않을 수 없었으나 오히려 크게 기뻐하도다 ⁷너희 믿음의 시련이 불로 연단하여도 없어질 금보다 더 귀하여 예수 그리스도의 나타나실 때에 칭찬과 영광과 존귀를 얻게 하려 함이라

당신은 제가 '성화를 위한 하나님의 시련'을 말할 때 그 의미를 알고 있습니까? 그것은 과거에 금과 은을 정화시키는 작업에서 나온 단어입니다. 은은 처음에 땅에서 채취됩니다. 그것은 여러 가지 이물질로 오염된 상태입니다. 정화 작업은 용광로라고 불리는 도가니 안에서 이루어집니다. 쇠를 달구어서 녹이는 공정과 이물질을 제거하는 작업이 일곱 번 정도 반복됩니다. 그리고 그때마다 열의 강도는 높아집니다. 이러한 방법으로 그 금속은 결국 모든 이물질이 제거되며 순수한 은만 남게 되는 것입니다.

정화 공정 동안 세공업자는 용액 상태인 은의 윗 부분에 떠다니는 불순물을 제거합니다. 용액 상태의 부드러운 금속을 볼 때, 공예가는 표면에 반사된 자신의 모습을 보게 됩니다. 그 첫 이미지는 매우 희미하며 그는 불순물이 남아 있음을 알게 됩니다. 그래서 그는 불의 강도를 좀더 높입니다. 그는 결코 도가니 곁을 떠나지 않으며 주의 깊게 살핍니다. 그는 마지막으로 선명하고 완전한 자신의 모습을 비춰볼 수 있을 때까지 계속해서 그 과정을 반복합니다. 그 은이 거울처럼 맑아졌을 때 그는 그것이 완전해졌음을 알게 됩니다.

이것이 바로 고난과 핍박이 영광의 날을 위해 우리를 준비시키는 방

법입니다. 그것은 우리 삶의 불순물을 제거하여 결국 우리의 완전한 모습을 볼 수 있을 때까지 하나님이 사용하시는 불인 것입니다.

오래 전에 공산주의 세력이 그리스도인들을 핍박할 때 Haralan Popov가 그 과정을 기록하였습니다.

> 핍박의 불이 거세게 타오를 때, 그들은 찌꺼기와 불순물을 태워버렸습니다. 그 고난은 교회를 성결하게 하였으며, 초대 교회에 존재하던 돈독한 형제애로 가득한 굳건한 믿음으로 성도들을 하나로 묶었습니다. 사소한 의견 다툼은 사라졌습니다. 서로 사랑하며 돌보고 다른 이의 짐을 들어주었습니다. 거기에는 형식적이거나 가식적인 신자는 존재하지 않았습니다. 믿음의 가치가 매우 컸기 때문에 미지근한 믿음을 가진 자도 없었습니다. 우리가 자유롭기 전에는 결코 본 적이 없는 깊고 풍성한 믿음이 있었습니다. 모든 남자와 여자, 그리고 젊은이들은 그리스도를 위해 봉사하는 것이 고난받을 가치가 있는지를 결정해야 했습니다. 그리고 그것은 그들이 교회를 위해 했던 가장 가치있는 일이었습니다. 그러나 진정한 그리스도인은 그리스도가 그들에게 의미하는 것이 무엇인지를 알게 되었고 그전보다 더욱 헌신하게 되었습니다. [20]

구약의 사도들조차도 고난은 영광을 위해 그들을 준비시킨다는 사실을 알고 있었습니다. 히브리서 1:35에서는 "어떤 이들은 더 좋은 부활을 얻고자 하여 악형을 받되 구차히 면하지 아니하였으며"라고 나와 있습

---

20. Haralan Popov, *Tortured for His Faith* (Grands Rapids: Zondervan, 1970), 126.

니다. 여러분! 고난으로부터 도피하지 마십시오. 당신은 고난이 좀 더 좋은 구원을 위해 당신에게 꼭 필요한 것이라는 사실을 알고 있습니다.

우리에게 있어 고난은 당연한 것이므로 고난에 대처하는 방법을 아는 것은 매우 중요합니다. 우리는 이미 마태복음 5:12과 베드로전서 1:6에서 보았던 것처럼 기뻐해야 합니다. 그러나 우리에게 고난을 가져오는 사람들을 어떻게 대해야 합니까? 이것에 대한 해답은 베드로전서에 고난과 영광에 대해 무수히 언급되어 있습니다.

베드로전서 2:18-25을 읽어보십시오. 그리고 '고난'을 나타내는 단어에 표시하십시오. 그리고 나서 다음의 질문에 답하십시오.

▶ 베드로전서 2:18-25

[18]사환들아 범사에 두려워함으로 주인들에게 순복하되 선하고 관용하는 자들에게만 아니라 또한 까다로운 자들에게도 그리하라 [19]애매히 고난을 받아도 하나님을 생각함으로 슬픔을 참으면 이는 아름다우나 [20]죄가 있어 매를 맞고 참으면 무슨 칭찬이 있으리요 오직 선을 행함으로 고난을 받고 참으면 이는 하나님 앞에 아름다우니라 [21]이를 위하여 너희가 부르심을 입었으니 그리스도도 너희를 위하여 고난을 받으사 너희에게 본을 끼쳐 그 자취를 따라오게 하려 하셨느니라 [22]저는 죄를 범치 아니하시고 그 입에 궤사도 없으시며 [23]욕을 받으시되 대신 욕하지 아니하시고 고난을 받으시되 위협하지 아니하시고 오직 공의로 심판하시는 자에게 부탁하시며 [24]친히 나무에 달려 그 몸으로 우리 죄를 담당하셨으니 이는 우리로 죄에 대하여 죽고 의에 대하여 살게 하심이라 저가 채찍에 맞음으로 너희는 나음을 얻었나니 [25]너희가 전에는 양과 같이 길을 잃었더니 이제는 너희 영혼의 목자와 감독 되신 이에게 돌아왔느니라

1. 하나님은 어떠한 종류의 고난을 기뻐하십니까? 다시 말하면, 어떤 고난이 고난 그 자체를 의미합니까?

2. 고난에 있어 우리의 본(本)은 누구입니까?

3. 예수님이 고난당하셨을 때 했던 일들을 아래에 기록하십시오. 간단하게, 그러나 명확하게 적으십시오.

예수님은 우리의 본이 되십니다. 우리는 그 분의 발자취를 따라가야 합니다. '본'은 헬라어로 hypogtammos이며, 그 의미는 "요점", "밑그림" 또는 "아이들이 사용하는 글자 책"입니다. 그것은 오직 신약에서만 사용되었습니다.

베드로전서 2:21-25에서 베드로는 우리에게 우리가 고난당할 때 따라야 할 규범을 보여줍니다.

첫째, 예수님이 고난당할 때 그분은 죄를 범하지 않으셨습니다. 고난은 자주 우리로 하여금 육체적인 방법을 따르도록 유혹하며 하나님을 떠나 독립적으로 행하도록 합니다. 우리가 받는 고난의 한 가운데에서 우리는 하나님께 부르짖어야 합니다. 그리고 그에게 우리를 온전히 맡겨야 합니다. 그는 우리를 도우시며 우리의 육체적인 나약함을 돌보실 것입니다.

둘째, 우리는 예수님이 입을 굳게 다물고 계셨음을 알아야 합니다. 그는 어떠한 협박도 하지 않으셨습니다. 그분의 입에서는 어떤 속임수도 발견되지 않았습니다. 그들이 주님을 욕할 때 그분은 욕하지 않았습니다. 주님은 "너는 나중에 네 것을 돌려받게 될거야"라고 말씀하지 않았습니다. 핍박의 한 가운데에서 그것은 우리의 입을 통해 앙갚음하려는 유혹입니다. 그렇지 않습니까?

셋째, 예수님은 기도하셨습니다. 그는 항상 하나님과 대화를 나누었습니다. 그는 항상 올바르게 판단하시는 하나님을 의지하였습니다(벧전 2:23).

넷째, 그는 기도만 하신 것이 아니라, 그를 괴롭히는 자들을 올바르게 판단하시는 그의 아버지를 믿었습니다. 핍박이 주는 유익 중의 하나는 아버지와 그의 아들과의 긴밀한 관계를 유지시켜준다는 것입니다. 아버지와 아들은 서로를 아시며, 서로를 이해하십니다. 당신의 아버지는 위로의 하나님이십니다. 그러나 그는 하나님과 항상 대화를 유지하는 자들만 위로하십니다. 그의 팔은 항상 넓게 열려 있습니다. 그러나 당신은 달려가 안겨야만 합니다.

마지막으로, 예수님은 핍박을 담당하십니다. 그는 그분의 몸속에 우리의 죄를 간직하고 계십니다. 마태복음 5:10에 나오는 동사는 수동형입니다. 그것들은 핍박을 '당하는' 것을 표현하고 있습니다. 그들은 그것들로부터 도망하지 않습니다. 그들은 그것을 기꺼이 견디어 냅니다.

당신은 어떠한 핍박과 고난이 당신의 삶에 닥칠지라도 두려워할 필요가 없습니다. 하나님이 통치하시며, 지금도 일하고 계시기 때문입니다.

하나님은 당신을 붙드십니다(요 10:28-30). 그리고 하나님은 사랑이십니다. 그러므로 당신은 어떠한 것이 당신의 삶을 방해할지라도 사랑의 손에 의해 먼저 걸러진다는 사실을 확실히 알 수 있습니다. 그렇지 않으면 그분은 당신에게 그것을 허락하지도 않으십니다. 그리고 그것을 소유하고 있을 때 당신은 그리스도 예수 안에 있는 믿음의 실제를 증거할 것입니다. 당신도 그리스도처럼 당신의 고난을 통하여 다른 사람을 그분의 영원한 왕국으로 인도할 수도 있습니다.

결국 당신은 고난당하는 사람들에 대한 당신의 책임을 알아야 합니다. 히브리서 13:3은 "자기도 함께 갇힌 것같이 갇힌 자를 생각하고 자기도 몸을 가졌은즉 학대받는 자를 생각하라"고 말씀하고 있습니다. 우리는 고난당하는 자와 함께 고난을 당하여야 합니다. 우리는 구석에 서서 다른 사람이 홀로 고난당하도록 내버려 두어서는 안 됩니다. 우리는 주님을 전하는 일을 부끄러워해서는 안 됩니다. 우리는 하나님의 능력을 따라 복음을 위해 고난당하는 일을 즐거워해야 합니다(딤후 1:8).

화평케 하는 자… 그러나 핍박당하는 자
그 둘은 진정으로 함께 합니다.

당신의 소망이 "내가 그리스도와 그 부활의 권능과 그 고난에 참예함을 알려 하여 그의 죽으심을 본받아"(빌 3:10)와 같이 되기를 기도합니다. 또한 주님의 경고의 말씀, "모든 사람이 너희를 칭찬하면 화가 있도다 저희 조상들이 거짓 선지자들에게 이와 같이 하였느니라"(눅 6:26)를 잊지 말기를 기도합니다.

CHAPTER 제9장 NINE

소금과 빛, 그리고 우리

제 1 일

12월의 크리스마스가 가까운 어느 날이었습니다. 공항은 북적대었고, 비행기는 연착되었으며, 앉을 자리도 없었습니다. 저는 창가에 서서 밝은 빛이 밤의 어두움을 밝히는 모습을 지켜보았습니다. 파란 빛, 붉은 빛, 노란 빛이 어우러져 있었고 저의 마음은 빛으로 가득했습니다. 저는 연설차 아우구스타로 가는 길이었고 그것은 주님의 일이었습니다. 저의 눈은 활주로의 불빛으로부터 하늘로 향했습니다. 그리고 하나님 아버지와 마음으로 교통하고 있었습니다. 저는 그분의 사랑에 압도되었습니다. 저는 예수님을 생각했습니다. 그분은 죽기 위해 태어나셨습니다. 그것은 죽음에 처한 저에게 생명을 주기 위함이었습니다. 그 생명은 제가 원한 것이었지만 결코 있는지조차 알 수 없었던 그러한 생명이었습니다. 주님은 저를 변화시키셨습니다.

그런데 갑자기 제 뒤에서 소리가 들렸습니다 "제기랄(Oh, Christ!) 재수 되게 없네." 그 소리를 듣는 순간 저의 생각은 중단되게 되었습니다.

화살이 제 심장에 박히는 것 같았습니다! 그 소리가 어디서 날아들어 왔는지 살피기 위해 저는 뒤돌아보았습니다. 그 말의 주인공을 금새 발견할 수 있었습니다. 왜냐하면 그 사람은 연거푸 주의 이름으로 욕설을 해댔기 때문입니다. 그는 꽤 잘생겼으며, 나이는 30대 후반으로 보였고, 아마도 공무원이거나 판매 사원인듯 보였습니다. 저는 창가로 되돌아갔습니다. 저는 그가 말하는 소리를 귀담아 듣고 싶지 않았습니다. 그것은 괴로운 일이었습니다.

그러나 저는 더 이상 아무 소리도 들을 수가 없었습니다. 마음속에는 부담감이 점점 더 강해졌습니다. 저는 하나님께서 그 사람에게 말하기를 원하신다는 사실을 알았습니다. 그러나 어떻게 말을 걸겠습니까? 무슨 말을 해야 할까요? 어떻게 그에게 접근할까요? 저는 시간을 끌면서 냉정을 찾고자 애썼습니다. 제 마음은 빠르게 박동하고 있었고, 그럴 경우에는 목소리가 높아지고 떨리게 마련이었습니다.

마침내 저는 그에게 다가가 웃으며 말을 걸었습니다.

"미안합니다만 선생님이 말씀하시는 것을 들었습니다. 외람된 말씀입니다만 질문 한 가지를 해도 되겠습니까? 선생님은 올해 크리스마스를 축하하고자 하시지요?"

"그렇소."

"선생님은 크리스마스가 무슨 뜻인지 알고 계신가요?"

이렇게 해서 저는 그리스도에 대해 나누었고, 주의 이름을 망령되이 부르는 것이 큰 죄임을 알려 주었습니다. 그의 반응은 흥미로왔습니다. 그는 사과했고 듣기를 원했습니다.

소금과 빛, 이것은 우리가 마땅히 되어야 할 그 무엇입니다. 만일 그렇지 못할 때는 어떻게 되겠습니까? 예수님께서 이렇게 말씀하십니다.

"너희는 세상의 소금이니 소금이 만일 그 맛을 잃으면 무엇으로 짜게 하리요 후에는 아무 쓸데 없어 다만 밖에 버리워 사람에게 밟힐 뿐이니라 너희는 세상의 빛이라"(마 5:13-14).

소금과 빛, 그것은 은유로서 팔복에 뒤이어 나오는 주제입니다. 그것의 목적은 아주 중요합니다. 여기에서 우리는 우리의 존재 이유를 발견하게 됩니다. 우리는 가치가 있는 존재이며, 필요한 존재입니다. 우리들의 삶은 저울에 달아 볼 수 있습니다. 소금의 양은 차이를 나타냅니다. 그러므로 우리 각자는 세상속에서 차이를 만들어 냅니다.

다른 것들로는 불충분합니다. 여러분들이 필요합니다! 빛도 마찬가지입니다. 촛불 하나가 어두움을 감소시킵니다. 여러분은 중요한 존재들입니다!

로마 제국시대에 군인들은 소금으로 급료를 지불 받았습니다. "여러분은 소금으로서의 가치를 지니고 있습니까?"라는 질문이 이번 주 하나님이 여러분에게 하시는 질문입니다. 여러분은 주님께서 원하시는 그러한 사람이 되어 있습니까?

오늘 저는 여러분들이 빛에 관하여 마태복음 5:13과 다른 참고 구절들을 함께 비교해 보기를 원합니다. 아래 구절에서 여러분이 소금에 관하여 배운 바를 기록하십시오.

▶ 마태복음 5:13

¹³너희는 세상의 소금이니 소금이 만일 그 맛을 잃으면 무엇으로 짜게 하리요 후에는 아무 쓸데없어 다만 밖에 버리워 사람에게 밟힐 뿐이니라

▶ 마가복음 9:50

⁵⁰소금은 좋은 것이로되 만일 소금이 그 맛을 잃으면 무엇으로 이를 짜게 하리요 너희 속에 소금을 두고 서로 화목하라 하시니라

▶ 누가복음 14:33-35

³³이와 같이 너희 중에 누구든지 자기의 모든 소유를 버리지 아니하면 능히 내 제자가 되지 못하리라 ³⁴소금이 좋은 것이나 소금도 만일 그 맛을 잃었으면 무엇으로 짜게 하리요 ³⁵땅에도, 거름에도 쓸데없어 내어 버리느니라 들을 귀가 있는 자는 들을지어다 하시니라

마태복음 5:13에서 주님께서 여러분에게 말씀하고 계신다고 생각되는 바를 여러분의 말로 적어 보십시오. 마가복음 9:50과 누가복음 14:33-35에서 배운 바에 비추어 여러분은 이 구절을 다른 사람에게 어떻게 설명할 수 있겠습니까?

제 2 일

하나님의 말씀은 시간을 초월한 책이요 모든 시대의 사람들에게 말씀하는 것이지만, 그것은 또한 특별한 시간과 문화와 역사 속에서 기록된 말씀인 것을 잊어서는 안 됩니다. 그러므로 그것은 항상 그때의 상황 속에서 이해되어야 합니다.

성경 속에 등장하는 소금은 현재 우리가 사용하는 소금과 같이 순수하고 정제된 소금이 아니었습니다. 도리어 그것은 갖가지 순도를 지닌 소금이었고, 그 용도는 다양했습니다.

레위기에서 하나님은 그의 백성들에게 희생 제물에 소금을 쓰라고 명하십니다.

구약에서는 소금의 언약이라는 말이 나타납니다.

롯의 아내는 소금기둥이 되었습니다.

일반적으로 소금은 음식에 맛을 내어주고 식욕을 돋구어 줍니다. 그러므로 바울은 이렇게 말합니다 "너희 말을 항상 은혜 가운데서 소금으로 고루게 함같이 하라 그리하면 각 사람에게 마땅히 대답할 것을 알리라"(골 4:6).

소금은 그때나 지금이나 방부제로 쓰입니다. 그것은 부패를 막아주고 살균의 효과를 가져옵니다. 질이 조금 떨어지는 소금은 땅을 썩게 하거나 비료로 쓰입니다. 그러나 너무 많은 양의 소금은 땅을 불모로 만들어 아무것도 자리지 못하게 합니다. 정복 국가는 점령한 도시에 소금을 뿌리는 경우가 있는데, 이는 그 도시가 돌이킬 수 없을 정도로 황폐되었음을 나타냅니다(삿 9:45). 마침내 소금이 맛을 잃고 단순한 알갱이가 되었을 때, 그것은 밖에 버려지거나 길을 내기 위해 뿌려져 사람들에게 밟히게 됩니다.

이러한 역사적 배경을 알고 나면 어제 배운 복음서의 구절들을 보다 쉽게 이해할 수 있습니다. 누가복음 14:35은 우리가 배운 바를 요약해 주고 있습니다: "땅에도, 거름에도 쓸데없어 내어 버리느니라."

예수님이 언급한 소금은 외관상 우리가 사용하는 소금과 다른 성분인 듯합니다. 그것은 맛을 아주 잃어버릴 수도 있고 완전히 쓸모없이 되어 버리는 경우도 있는 소금이었습니다.

예수님은 그리스도인들의 성품에 관해 말씀하고 계십니다. 그리스도인의 삶은 다른 맛을 가져야 합니다. 만일 그러한 성품이 없다면 소용이 없습니다. 만일 여러분과 제가 주님께서 원하시는 빛과 소금이 되지 못한다면 세상에서는 쓸모가 없는 존재들인 것입니다.

"너희는 세상의 빛이라"는 비유도 마찬가지입니다. 빛은 뚜렷한 특성이 있습니다. 그것은 사람에게 보여져야 합니다. 램프나 촛대의 목적은 빛을 제공하는 것입니다. 만일 빛을 제공하지 못한다면 그것은 아무 쓸모가 없습니다.

소금과 빛에 대해 생각할 때 저는 요한복음 15:1-6에서 언급된 포도나무와 가지에 대해 생각하지 않을 수 없습니다. 가지는 열매를 맺을 때에만 유용합니다. 만일 열매를 맺지 못한다면 밖에 버리워져 말라 버립니다. 그러면 사람들이 그것을 모아다가 불 속에 던져 태워버립니다. 왜 그렇게 합니까? 가지는 오직 한 가지 기능만이 있기 때문입니다.

소금 또한 한 가지 기능이 있습니다.
빛도 한 가지 기능만이 있습니다.

이러한 연유로 우리 사이에 소금을 두어야만 합니다(막 9:50). 맛을 잃은 소금은 구실을 제대로 하지 못합니다!

바울은 고린도전서 9:27에서 동일한 내용을 말하고 있습니다.

"내가 내 몸을 쳐 복종하게 함은 내가 남에게 전파한 후에 자기가 도리어 버림이 될까 두려워함이로라."

만일 하나님의 영이 아닌 우리의 육신이 우리를 지배한다면 하나님은 우리를 버릴 것입니다. 왜냐하면 우리 자신이 하나님의 자녀로서 마땅히 되어야할 사람이 되지 못했기 때문입니다. 이상의 예들을 통해서 볼 때 메시지는 단 한 가지입니다. 즉 그리스도인의 삶은 행함(doing)이 아니라 됨(being)의 문제라는 것입니다. 만일 여러분이 하나님이 계획하시던 대로의 사람이 되지 못한다면 여러분은 하나님의 나라에 가치가 없는 존재입니다. 쓸모가 없는 존재입니다.

이것이 어렵다고 느껴지지 않습니까? 이것은 좁은 길입니다! 대다수의 사람들은 이것을 좋아하지 않습니다. 그들은 그것을 사려고 하지 않습니다. 그들은 평안한 믿음 생활을 원하며, 그들에게 헌신을 요구하지 않는 복음을 원하며, 전적인 헌신을 요구하지 않는 복음을 원합니다. 그들은 제자도의 엄격한 의미를 축소시키기를 원합니다. 그들은 자신들 나름대로의 기독교를 원합니다.

그러나 사랑하는 형제여, 우리는 주인이 아닙니다. 하나님이 우리의 주인이십니다. 이런 이유 때문에 산상수훈에서 생명에 이르는 길은 좁고 협착하다는 말을 거듭하고 있는 것입니다. 그것을 발견하는 사람들이 거의 없다는 사실이 이상하지 않습니까?

여러분은 짠 맛을 내는 소금입니까? 여러분의 존재가 세상 사람들로

하여금 생수에 목말라하게 합니까? 여러분의 삶이 사회에서, 도시에서, 학교에서 부패를 방지하는 역할을 감당하고 있습니까? 시간을 내어 하나님께 기도하십시오. 그리고 솔직하게 어떻게 하면 소금의 맛을 낼 수 있는지 그분께 여쭈어 보십시오.

제 3 일

소금에 관한 최초의 언급은 창세기 19:26에 나타납니다. 하나님은 소돔과 고모라 성에 불과 유황을 비 오듯 내리셨습니다. 그러나 바로 그 전에 하나님은 롯과 그의 가족을 소돔에서 구출해 내셨습니다. 소돔 성을 떠날 때 롯의 아내는 뒤를 돌아다보았고 그 결과 그녀는 소금 기둥이 되었습니다. 본질적으로 롯은 소돔 성에서 소금의 맛을 잃어버렸던 것입니다.

롯은 문제가 있었습니다. 그의 초점은 잘못되었습니다. 창세기 13장에서 19장까지 그의 생애를 추적해 나가다 보면, 그는 자기 중심적인 선택을 하는 사람이었음을 발견하게 됩니다. 창세기 13장에서 아브라함은 롯과 아브라함의 종들 사이의 다툼 때문에 롯에게 하나님이 아브라함에게 주신 땅을 선택하도록 제안합니다.

> "이에 롯이 눈을 들어 요단 들을 바라본즉 소알까지 온 땅에 물이 넉넉하니 여호와께서 소돔과 고모라를 멸하시기 전이었는 고로 여호와의 동산 같고 애굽땅과 같았더라 그러므로 롯이 요단 온 들을 택하고 동으로 옮기니 그들이 서로 떠난지라"(창 13:10-11).

다음에 우리는 소돔 성을 향하여 장막을 치는 롯을 발견하게 됩니다. 그 성 사람들은 악하여 여호와 앞에 큰 죄인이었습니다(창 13:13). 창세기 14:12에서 보듯이 롯은 소돔 성에 살고 있습니다. 창세기 19:1에서도 우리는 그가 소돔 성문에 앉아 있는 모습을 보게 됩니다. 그곳은 성의 귀인들이 앉던 곳입니다.

창세기 19:1-17을 읽고 다음 질문에 답하십시오.

▶ 창세기 19:1-17

¹날이 저물 때에 그 두 천사가 소돔에 이르니 마침 롯이 소돔 성문에 앉았다가 그들을 보고 일어나 영접하고 땅에 엎드리어 절하여 ²가로되 내 주여 돌이켜 종의 집으로 들어와 발을 씻고 주무시고 일찌기 일어나 갈 길을 가소서 그들이 가로되 아니라 우리가 거리에서 경야하리라 ³롯이 간청하매 그제야 돌이켜서 그 집으로 들어오는지라 롯이 그들을 위하여 식탁을 베풀고 무교병을 구우니 그들이 먹으니라 ⁴그들의 눕기 전에 그 성 사람 곧 소돔 백성들이 무론 노소하고 사방에서 다 모여 그 집을 에워싸고 ⁵롯을 부르고 그에게 이르되 이 저녁에 네게 온 사람이 어디 있느냐 이끌어 내라 우리가 그들을 상관하리라 ⁶롯이 문 밖의 무리에게로 나가서 뒤로 문을 닫고 ⁷이르되 청하노니 내 형제들아 이런 악을 행치 말라 ⁸내게 남자를 가까이 아니한 두 딸이 있노라 청컨대 내가 그들을 너희에게로 이끌어 내리니 너희 눈에 좋은 대로 그들에게 행하고 이 사람들은 내 집에 들어왔은즉 이 사람들에게는 아무 짓도 하지 말라 ⁹그들이 가로되 너는 물러나라 또 가로되 이 놈이 들어와서 우거하면서 우리의 법관이 되려 하는도다 이제 우리가 그들보다 너를 더 해하리라 하고 롯을 밀치며 가까이 나아와서 그 문을 깨치려 하는지라 ¹⁰그 사람들이 손을 내밀어 롯을 집으로 끌어들이고 문을

닫으며 ¹¹문 밖의 무리로 무론 대소하고 그 눈을 어둡게 하니 그들이 문을 찾느라고 곤비하였더라 ¹²그 사람들이 롯에게 이르되 이 외에 네게 속한 자가 또 있느냐 네 사위나 자녀나 성중에 네게 속한 자들을 다 성 밖으로 이끌어내라 ¹³그들에 대하여 부르짖음이 여호와 앞에 크므로 여호와께서 우리로 이 곳을 멸하러 보내셨나니 우리가 멸하리라 ¹⁴ 롯이 나가서 그 딸들과 정혼한 사위들에게 고하여 이르되 여호와께서 이 성을 멸 실 터이니 너희는 일어나 이 곳에서 떠나라 하되 그 사위들이 농담으로 여겼더라 ¹⁵ 동틀 때에 천사가 롯을 재촉하여 가로되 일어나 여기 있는 네 아내와 두 딸을 이끌라 이 성의 죄악 중에 함께 멸망할까 하노라 ¹⁶그러나 롯이 지체하매 그 사람들이 롯의 손과 그 아내의 손과 두 딸의 손을 잡아 인도하여 성 밖에 두니 여호와께서 그에게 인자를 더하심이었더라 ¹⁷그 사람들이 그들을 밖으로 이끌어낸 후에 이르되 도망하여 생명을 보존하라 돌아보거나 들에 머무르거나 하지 말고 산으로 도망하여 멸망함을 면하라

1. 두 천사가 롯의 집을 방문했을 때 소돔 성 사람들은 그들에게 무슨 짓을 하고 싶어했습니까?

2. 롯이 그 사람들을 책망하자 그들의 반응은 어떠했습니까?(창 19:9) 이것은 그 성 사람들과 롯의 관계에 대해 무엇을 말해 줍니까?

3. 14절에 따르면 롯이 사위들에게 끼친 영향은 어떠했습니까?

요약하기 전에 베드로후서 2:4-9까지를 읽고 다음의 질문에 답하십시오. 그러면 여러분들은 모든 내용들을 종합하여 정리할 수 있을 것입니다.

▶ 베드로후서 2:4-9

4하나님이 범죄한 천사들을 용서치 아니하시고 지옥에 던져 어두운 구덩이에 두어 심판 때까지 지키게 하셨으며 5옛 세상을 용서치 아니하시고 오직 의를 전파하는 노아와 그 일곱 식구를 보존하시고 경건치 아니한 자들의 세상에 홍수를 내리셨으며 6소돔과 고모라 성을 멸망하기로 정하여 재가 되게 하사 후세에 경건치 아니할 자들에게 본을 삼으셨으며 7무법한 자의 음란한 행실을 인하여 고통하는 의로운 롯을 건지셨으니 8(이 의인이 저희 중에 거하여 날마다 저 불법한 행실을 보고 들음으로 그 의로운 심령을 상하니라) 9주께서 경건한 자는 시험에서 건지시고 불의한 자는 형벌 아래 두어 심판 날까지 지키시며

1. 하나님이 왜 소돔 성과 고모라 성을 징벌하셨습니까?

2. 이 구절에서 하나님은 노아에 대해 무엇이라고 말씀하십니까?

3. 롯에 대해서는 무엇이라고 말씀하십니까?

4. 롯은 소돔 성에서 편안한 생활을 하였습니까? 이 질문에 답하면서 여러분은 베드로후서 2:4-9을 인용하여 여러분의 답을 보완하십시오.

    베드로후서 2장은 롯이 하나님을 믿고 외관상 하나님께 의로운 자로 인정받았음을 보여줍니다. 왜냐하면 하나님은 롯이 소돔 성을 떠나기 전까지는 소돔 성을 멸하지 않았기 때문입니다. 그러나 그는 소금의 맛을 잃어버렸던 사람인 것 같습니다. 롯은 소돔 성 사람들의 악한 행동에 참여하지는 않았습니다. 그러나 그가 그 소돔 성에 끼친 영향은 어떠한 것이었습니까? 그는 왜 그곳에 살았습니까? 그는 어떻게 해서 그의 지위를 얻게 되었을까요? 그는 타협과 입술을 닫음으로 그 지위를 얻었던 듯합니다. 그의 삶은 그의 이웃에게 의로운 영향을 주지 못했습니다. 그가 "형제들아"라고 부른 것을 볼 때 그 악한 사람들을 용납하였던 것으로 보입니다.

    창세기 19:9에서 롯은 그때까지 그의 이웃을 반대하거나 그들의 행동에 책임을 추궁하지 않았던 것 같습니다. 롯과 사위와의 관계에서 볼 때 그의 말은 거의 영향을 주지 못했음을 단적으로 보여 줍니다: "그 사위들이 농담으로 여겼더라."

하나님은 에베소서 5:11에서 이렇게 말씀하십니다. "너희는 열매 없는 어두움의 일에 참예하지 말고 도리어 책망하라." 롯은 '소금 맛'을 잃어버렸을 뿐만 아니라 말 아래 하나님의 빛을 숨겨두었던 것입니다. 비록 그가 열매 없는 어두움의 일에 참여하지는 않았지만 어두움에 있던 그들을 책망하지도 않았습니다. 여러분이 이웃의 죄를 책망할 때 여러분은 과연 성문에 앉아 인기를 얻는 자가 될 수 있습니까?

롯은 구원받았습니다. 그러나 그는 이웃에게 증거하지 않았고 사회에 아무런 영향력을 끼치지 못했습니다. 그는 소금 맛을 잃어버렸고, 그의 삶은 다른 사람으로 하여금 하나님을 향한 목마름을 불러일으키지 못했습니다.

왜 우리 주위에 그렇게도 부패가 만연합니까? 우리가 소금의 맛을 잃어버렸기 때문은 아닙니까? 한 가지 일례를 보여 드리겠습니다.

1983년 천 오백 만 미국 그리스도인들이 투표 등록을 하지 않았음을 기억하십니까? 그것이 짠 소금의 역할이겠습니까?

저질 영화나 음란 오락물이 여러분의 도시에 들어왔을 때 여러분은 무관심 속에 소금 쉐이커에만 앉아 있겠습니까, 아니면 부패의 만연을 방지하기 위해 세상에 뛰어 들어가겠습니까? 여러분은 에베소서 5장에서 말하듯 열매 없는 어두움의 일을 책망하시겠습니까? 여러분은 원수와 적들과 사단의 공격에 굳건히 서 계시겠습니까, 아니면 그의 궤계와 수단들을 무시하겠습니까? 여러분은 현재의 법률에 찬성하면서 어떻게 하나님의 말씀에 정면 반대하는 법률에는 반대하겠습니까, 아니면 소금 쉐이커에 앉아 세상에서 소금의 역할을 하는 사람들을 비난하겠습니까? 여러분의 삶이 가치 없는 삶이 되지 않도록, 버려져 사람들의 발에 밟히며 수치를 당하지 않도록 하나님께서 매우 분명한 방법으로 여러분에게 말씀하시도록 기도해야 합니다.

죠지 트루엣(George Truett)은 이렇게 말했습니다. "여러분은 세상에 의해 부패되거나, 아니면 세상을 소금 맛 나게 할 것입니다."

중간 상태란 있을 수 없습니다.

제 4 일

"불신자도 종종 악한 행동에서 제외된다. 왜냐하면 그리스도인의 영향을 받아 도덕적인 양심이 살아 있기 때문이다"라고 위클리프 성경사전은 말하고 있습니다. 저는 이 사실을 믿고 있습니다만 현재 미국에서 그리스도인들의 영향력은 얼마나 되겠습니까?

지난 이틀 동안 우리는 "너희는 세상의 빛이라"는 예수님의 말씀을 살펴보았습니다. 이전에 언급했듯이, 빛은 한 가지 목적이 있습니다. 그것은 어두움을 쫓아내는 것입니다. 마태복음 5:16에 나타난 예수님의 교훈은 명백합니다. 우리는 사람들 앞에서 우리의 빛을 비추어야 합니다. 그래서 그들로 우리의 착한 행실을 보고 하늘에 계신 우리 아버지께 영광을 돌리도록 해야 합니다.

우리의 선행은 빛을 비추게 합니다. 그러나 선행은 우리 자신을 영광되게 하는 그러한 방법으로 행해져서는 안 됩니다. 하나님을 영광되게 해야 합니다. 만일 그것들이 하나님보다도 우리에게 초점이 맞추어진다면 우리가 빛을 발하는 방법에 무언가 잘못이 있는 것입니다. 그렇다고 사람들이 여러분을 사랑하고 인정한다는 것이 잘못되었다는 말은 아닙니다. 여러분이 만일 하나님께 쓰임 받는다면 이것은 필연적인 일입니다. 그러나 그 사랑과 칭찬은 결코 당신에게서 멈추어서는 안 됩니다. 참된 빛, 모든 빛의 근원이신 예수님께 초점이 맞추어져야 합니다. 등잔은 중요하지 않습니다. 등잔에서 나오는 불빛이 중요합니다. 등잔은 단순히 빛을 담는 그릇일 뿐입니다. 달이 태양의 빛을 반사하듯이 우리는 주님의 빛을 반사해야 합니다!

세상의 빛에 대하여 통찰력을 제공하는 몇 가지 성구를 찾아보고, 우리가 어떻게 그 빛에 연관되는지를 살펴봅시다.

1. 요한복음 1:1-9까지 주의 깊게 읽어봅시다.

> ▶ 요한복음 1:1-9
>
> ¹태초에 말씀이 계시니라 이 말씀이 하나님과 함께 계셨으니 이 말씀은 곧 하나님이시니라 ²그가 태초에 하나님과 함께 계셨고 ³만물이 그로 말미암아 지은 바 되었으니 지은 것이 하나도 그가 없이는 된 것이 없느니라 ⁴그 안에 생명이 있었으니 이 생명은 사람들의 빛이라 ⁵빛이 어두움에 비취되 어두움이 깨닫지 못하더라 ⁶하나님께로서 보내심을 받은 사람이 났으니 이름은 요한이라 ⁷저가 증거하러 왔으니 곧 빛에 대하여 증거하고 모든 사람으로 자기를 인하여 믿게 하려 함이라 ⁸그는 이 빛이 아니요 이 빛에 대하여 증거하러 온 자라 ⁹참 빛 곧 세상에 와서 각 사람에게 비취는 빛이 있었나니

    a. 요한복음 1:1은 태초부터 계신 말씀에 대해 언급합니다. 요한복음 1:14-17은 그 말씀이 누구를 가리키는가를 말해 줍니다. 그는

누구이며, 그 이름은 무엇입니까?

b. 요한복음 1:4에 의하면 이분은 빛과 어떠한 관계가 있습니까?(답하기 전에 요한복음 1:9을 찾아보십시오.)

c. 요한과 빛은 어떤 관계입니까?

d. 요한복음 1:5이 의미하는 바는 무엇입니까?

2. 요한복음 8:12을 읽으십시오. 이 구절은 예수님이 세상의 빛이라고 분명히 밝히고 있습니다. 이 구절로부터 그분을 좇는 자들에 대해 무엇을 배울 수 있습니까?

▶ 요한복음 8:12

¹²예수께서 또 일러 가라사대 나는 세상의 빛이니 나를 따르는 자는 어두움에 다니지 아니하고 생명의 빛을 얻으리라

3. 요한복음 9:5을 읽고 무슨 의미인지 적어 보십시오.

   ▶ 요한복음 9:5

   ⁵내가 세상에 있는 동안에는 세상의 빛이로라

   a. 이 구절에 따르면 예수님은 더 이상 세상에 계시지 않습니다. 오늘날 예수님이 남겨두신 빛이 세상에 있습니까?

   b. 지금까지 살펴본 바에 의하면 세상의 빛은 누구입니까?

4. 요한복음 12:46을 읽으십시오. 이 구절에 의하면 예수님을 믿는 사람들에게 무슨 일이 일어납니까?

   ▶ 요한복음 12:46

   ⁴⁶나는 빛으로 세상에 왔나니 무릇 나를 믿는 자로 어두움에 거하지 않게 하려 함이로라

지금까지 연구한 내용들을 요약해 보겠습니다. 세상에 오시기 전 예수님은 하나님의 말씀이셨습니다. 그는 하나님과 함께 계셨고, 하나님이셨습니다. 그는 항상 하나님이셨고 항상 하나님이실 것입니다. 요한복음 1:4에 의하면, 예수님은 빛의 근원이시요 사람들의 빛이 되셨습니다. 또한 요한복음 12:46에 따르면, 그는 사람들을 어두움에서 이끌어 내셨습니다.

사람들이 주님을 믿도록 요한은 빛에 대하여 증거했습니다. 저와 여러분 또한 빛의 증인이 되어야 합니다. 세상의 빛 되신 예수님은 아버지께로 돌아가셨습니다. 그러나 그는 세상을 어두움에 남겨두지 않으셨습니다. 왜냐하면 하나님의 백성들인 우리가 세상에 남아있기 때문입니다.

마태복음 5장에서 말씀하듯이 여러분과 저는 세상의 빛입니다. 그러나 주님은 우리들이 빛을 말 아래 두도록 하셨습니까? 물론 그렇지 않습니다! 빛의 목적은 눈에 보이는 것입니다. "언덕 위의 도시는 숨길 수 없습니다."

여러분이 만일 하나님의 자녀라면 여러분은 거룩한 성의 일부이며 새 예루살렘입니다. 그것은 장차 하나님으로부터 하늘로서 이 땅에 내려올 것입니다. 그 도시에는 더 이상 해나 달이 필요 없습니다. 왜냐하면 하나님의 영광이 그것을 밝힐 것이기 때문입니다. 어린 양이 그 등이 될 것이며 만국이 그 빛 가운데로 다닐 것입니다(계 21:23-24). 새 하늘과 새 땅과 새 예루살렘 성이 하늘로부터 내려올 때까지는 새 예루살렘 성의 시민인 저와 여러분은 언덕 위에 세워진 도시처럼 숨길 수 없습니다. 우리는 사람들로 어디에 빛이 있는지를 알게 해야 합니다.

요한이 그의 첫 번째 서신에서 그처럼 강한 확신을 갖고 있는 것은 바로 이러한 이유 때문입니다.

"태초부터 있는 생명의 말씀에 관하여는 우리가 들은 바요 눈으로 본 바요 주목하고 우리 손으로 만진 바라 이 생명이 나타내신 바 된지라 이 영원한 생명을 우리가 보았고 증거하여 너희에게 전하노니 이는 아버지와 함께 계시다가 우리에게 나타내신 바 된 자니라 우리가 보고 들은 바를 너희에게도 전함은 너희로 우리와 사귐이 있게 하려 함이니 우리의 사귐은 아버지와 그 아들 예수 그리스도와 함께 함이라 우리가 이것을 씀은 우리의 기쁨이 충만케 하려 함이로라 우리가 저에게서 듣고 너희에게 전하는 소식이 이것이니 곧 하나님은 빛이시라 그에게는 어두움이 조금도 없으시니라"(요일 1:1-5).

여러분은 어두움에 다닐 수 없습니다. 여러분은 예수 그리스도의 생명을 공동으로 나누고 있기 때문입니다. 교제란 공동으로 무엇인가를 나누는 것입니다. 만일 여러분이 예수님과 교제를 나누고 있다고 하면서 어두움에 다닌다면 여러분은 거짓을 말하고 있는 것입니다. 왜냐하면 예수 안에는 어두움이 없기 때문입니다. 요한은 우리에게 말합니다 "저 안에 거한다 하는 자는 그의 행하시는 대로 자기도 행할지니라"(요일 2:6). 많은 사람들이 하나님을 안다고 하면서, 그에게 속해 있다고 하면서도 아직도 어두움에 다니고 있습니다. 그들의 행위, 그들의 삶의 스타일은 하나님의 빛의 실재를 부정합니다. 빛은 어두움을 쫓아냅니다. 그것은 어두움을 돕지 않습니다! 그 둘은 전적으로 반대입니다.

요한은 계속해서 말합니다.

"빛 가운데 있다 하며 그 형제를 미워하는 자는 지금까지 어두운 가운데 있는 자요 그의 형제를 사랑하는 자는 빛 가운데 거하여 자기 속에 거리낌이 없으나 그의 형제를 미워하는 자는 어두운 가운데 있고 또 어두운 가운데 행하며 갈 곳을 알지 못하나니 이는 어두움이 그의 눈을 멀게 하였음이니라"(요일 2:9-11).

참으로 하나님의 생명을 소유하고 빛 가운데로 다니는 자들은 형제를 미워할 수 없습니다. 그들은 사랑 안에 다녀야만 합니다. 왜냐하면 하나님은 빛일 뿐만 아니라 사랑이기도 하시기 때문입니다(요일 4:8).

사랑하는 형제들이여, 시간을 내어 주님께 기도하십시오. 그리고 여러분이 빛 가운데 다니고 있는지 스스로 물어보십시오. 여러분의 행위가 그의 이름을 영광스럽게 하고 있는지를 보여달라고 요청하십시오. 그렇게 함으로써 여러분은 용기를 얻을 수 있습니다. 그리고 주님을 더욱 영광스럽게 하기 위해 어떠한 행위를 해야 하는지를 물어 보십시오. 그리고 깨달은 바를 적어 보십시오.

제 5 일

만일 여러분이 여러분의 빛을 사람들 앞에 비추어 그들이 여러분의 선행을 보고 하늘에 계신 아버지께 영광을 돌리게 하고자 한다면 여러분은 어떻게 해야 하겠습니까?

에베소서 5:1-16은 이 문제에 대해 몇 가지 아주 훌륭한 교훈을 제공합니다. 시간을 내어 이 구절을 읽어보십시오. 그리고 제가 여러분에게 드리는 몇 가지 숙제를 풀어갈 때 그것이 의미하는 바를 좀더 분명히 알게 될 것입니다.

▶ 에베소서 5:1-16

¹그러므로 사랑을 입은 자녀같이 너희는 하나님을 본받는 자가 되고 ²그리스도께서 너희를 사랑하신 것같이 너희도 사랑 가운데서 행하라 그는 우리를 위하여 자신을 버리사 향기로운 제물과 생축으로 하나님께 드리셨느니라 ³음행과 온갖 더러운 것과 탐욕은 너희 중에서 그 이름이라도 부르지 말라 이는 성도의 마땅한 바니라 ⁴누추함과 어리석은 말이나 희롱의 말이 마땅치 아니하니 돌이켜 감사하는 말을 하라 ⁵너희도 이것을 정녕히 알거니와 음행하는 자나 더러운 자나 탐하는 자 곧 우상 숭배자는 다 그리스도와 하나님 나라에서 기업을 얻지 못하리니 ⁶누구든지 헛된 말로 너희를 속이지 못하게 하라 이를 인하여 하나님의 진노가 불순종의 아들들에게 임하나니 ⁷그러므로 저희와 함께 참예하는 자 되지 말라 ⁸너희가 전에는 어두움이더니 이제는 주 안에서 빛이라 빛의 자녀들처럼 행하라 ⁹빛의 열매는 모든 착함과 의로움과 진실함에 있느니라 ¹⁰주께 기쁘시게 할 것이 무엇인가 시험하여 보라 ¹¹너희는 열매 없는 어두움의 일에 참예하지 말고 도리어 책망하라 ¹²저희의 은밀히 행하는 것들은 말하기도 부끄러움이

라 ¹³그러나 책망을 받는 모든 것이 빛으로 나타나나니 나타나지는 것마다 빛이니라 ¹⁴그러므로 이르시기를 잠자는 자여 깨어서 죽은 자들 가운데서 일어나라 그리스도께서 네게 비춰시리라 하셨느니라 ¹⁵그런즉 너희가 어떻게 행할 것을 자세히 주의하여 지혜 없는 자같이 말고 오직 지혜 있는 자같이 하여 ¹⁶세월을 아끼라 때가 악하니라

1. 이 구절의 핵심 단어 중의 하나는 "행하라"는 것입니다. 본문에서 여러분이 어떻게 행해야 할지 배운 바를 적어 보십시오.

2. 이 구절을 다시 한 번 읽어보시고 빛의 자녀로서 행해야 할 일들을 모두 다 적어 보십시오.

3. 오늘 배운 것 중에서 가장 중요한 일은 무엇입니까? 이번 주에 하나님께서 여러분에게 하신 말씀은 무엇입니까? 하나님이 하신 말씀을 여러분의 삶에 적용하기 위해 여러분이 해야 할 바를 적어보십시오.

얼마 전 우리 프리셉트 본부의 실행위원장인 짐 버드(Jim Bird)는 그의 학생 중 하나인 베어리의 방문을 받았습니다. 베어리는 최근에 예수님을 알게 된 학생이었습니다. 하나님의 말씀을 부지런히 배운 결과 그의 삶은 변화되었습니다. 그러나 문제가 있었습니다.

그리스도인이 되기 전, 베어리는 절도품인 철도회사 단화 몇 개를 구입했습니다. 그것은 한 철도회사의 제품이었고 풍경화 화방을 경영하는 한 여인에게서 절도한 물건이었습니다. 그것을 구입할 때 그는 그 물건들이 장물임을 알고 있었습니다. 그러나 그것은 좋은 장사였습니다. 적어도 당시 그는 그렇게 생각하고 있었습니다. 그러나 주님은 그것을 기억나게 하셨습니다. 산상수훈을 공부할수록 그 문제는 베어리를 더욱 괴롭혔습니다. 자기 죄를 자백하는 숙제를 하다가 그는 배상 문제를 생각하게 되었습니다. 마침내 그는 상담 차 짐을 찾아왔습니다.

짐은 베어리를 인도하여 성경에서 답을 찾도록 했습니다. 베어리는 순종했습니다. 먼저 그는 철도회사를 찾아갔습니다. 그리고 점원에게 자신의 잘못을 고백했습니다. 그러나 점원은 그곳에 없었고, 사장만이 있을 뿐이었습니다. 베어리는 그에게 말했습니다. 그들이 그 단화를 돌려 받기를 원했을까요? 그는 무엇을 할 수 있었을까요?

베어리에게서는 빛이 났습니다. 사장은 그것을 보았습니다. 풍경화 상점의 여주인도 그것을 보았습니다. 짐은 저와 제 남편에게도 그것을 말했습니다. 그래서 우리도 그 빛을 보았습니다. 여러분 역시 베어리의 빛을 보았습니다. 우리의 아버지는 참으로 영광을 얻으셨습니다. 베어리는 전에는 어두움에 다녔습니다. 그러나 그는 지금 빛의 자녀로 행하면서 어두움을 내어쫓을 것입니다.

사랑하는 형제들이여, 여러분은 이 땅의 소금이요, 세상의 빛이라는 사실을 기억하십시오. 여러분의 소금이 짠 맛을 잃고 여러분의 빛이 빛을 내지 않는다면 여러분의 삶은 하나님에게 의미가 없습니다. 여러분은 주님께 마땅히 되어야 할 것이 되지 못했기 때문에 이 세상에 가치가 없는 것입니다.

이 어두운 세상을 밝히는 소금이 됩시다!

THE SERMON ON THE MOUNT

산상수훈
마태복음 5-7장

5장

1 예수께서 무리를 보시고 산에 올라가 앉으시니 제자들이 나아온지라
2 입을 열어 가르쳐 가라사대
3 심령이 가난한 자는 복이 있나니 천국이 저희 것임이요
4 애통하는 자는 복이 있나니 저희가 위로를 받을 것임이요
5 온유한 자는 복이 있나니 저희가 땅을 기업으로 받을 것임이요
6 의에 주리고 목마른 자는 복이 있나니 저희가 배부를 것임이요
7 긍휼히 여기는 자는 복이 있나니 저희가 긍휼히 여김을 받을 것임이요
8 마음이 청결한 자는 복이 있나니 저희가 하나님을 볼 것임이요
9 화평케 하는 자는 복이 있나니 저희가 하나님의 아들이라 일컬음을 받을 것임이요
10 의를 위하여 핍박을 받은 자는 복이 있나니 천국이 저희 것임이라
11 나를 인하여 너희를 욕하고 핍박하고 거짓으로 너희를 거스려 모든 악한 말을 할 때에는 너희에게 복이 있나니
12 기뻐하고 즐거워하라 하늘에서 너희의 상이 큼이라 너희 전에 있던

선지자들을 이같이 핍박하였느니라

13 너희는 세상의 소금이니 소금이 만일 그 맛을 잃으면 무엇으로 짜게 하리요 후에는 아무 쓸데없어 다만 밖에 버리워 사람에게 밟힐 뿐이니라

14 너희는 세상의 빛이라 산 위에 있는 동네가 숨기우지 못할 것이요

15 사람이 등불을 켜서 말 아래 두지 아니하고 등경 위에 두나니 이러므로 집안 모든 사람에게 비춰느니라

16 이같이 너희 빛을 사람 앞에 비춰게 하여 저희로 너희 착한 행실을 보고 하늘에 계신 너희 아버지께 영광을 돌리게 하라

17 내가 율법이나 선지자나 폐하러 온 줄로 생각지 말라 폐하러 온 것이 아니요 완전케 하려 함이로다

18 진실로 너희에게 이르노니 천지가 없어지기 전에는 율법의 일점 일획이라도 반드시 없어지지 아니하고 다 이루리라

19 그러므로 누구든지 이 계명 중에 지극히 작은 것 하나라도 버리고 또 그같이 사람을 가르치는 자는 천국에서 지극히 작다 일컬음을 받을 것이요 누구든지 이를 행하며 가르치는 자는 천국에서 크다 일컬음을 받으리라

20 내가 너희에게 이르노니 너희 의가 서기관과 바리새인보다 더 낫지 못하면 결단코 천국에 들어가지 못하리라

21 옛 사람에게 말한 바 살인치 말라 누구든지 살인하면 심판을 받게 되리라 하였다는 것을 너희가 들었으나

22 나는 너희에게 이르노니 형제에게 노하는 자마다 심판을 받게 되고 형제를 대하여 라가라 하는 자는 공회에 잡히게 되고 미련한 놈이라 하는 자는 지옥 불에 들어가게 되리라

23 그러므로 예물을 제단에 드리다가 거기서 네 형제에게 원망 들을 만

산상수훈 269

한 일이 있는 줄 생각나거든

24 예물을 제단 앞에 두고 먼저 가서 형제와 화목하고 그 후에 와서 예물을 드리라
25 너를 송사하는 자와 함께 길에 있을 때에 급히 사화하라 그 송사하는 자가 너를 재판관에게 내어 주고 재판관이 관예에게 내어 주어 옥에 가둘까 염려하라
26 진실로 네게 이르노니 네가 호리라도 남김이 없이 다 갚기 전에는 결단코 거기서 나오지 못하리라
27 또 간음치 말라 하였다는 것을 너희가 들었으나
28 나는 너희에게 이르노니 여자를 보고 음욕을 품는 자마다 마음에 이미 간음하였느니라
29 만일 네 오른눈이 너로 실족케 하거든 빼어 내버리라 네 백체 중 하나가 없어지고 온 몸이 지옥에 던지우지 않는 것이 유익하며
30 또한 만일 네 오른손이 너로 실족케 하거든 찍어 내버리라 네 백체 중 하나가 없어지고 온 몸이 지옥에 던지우지 않는 것이 유익하니라
31 또 일렀으되 누구든지 아내를 버리거든 이혼 증서를 줄 것이라 하였으나
32 나는 너희에게 이르노니 누구든지 음행한 연고없이 아내를 버리면 이는 저로 간음하게 함이요 또 누구든지 버린 여자에게 장가드는 자도 간음함이니라
33 또 옛 사람에게 말한 바 헛 맹세를 하지 말고 네 맹세한 것을 주께 지키라 하였다는 것을 너희가 들었으나
34 나는 너희에게 이르노니 도무지 맹세하지 말지니 하늘로도 말라 이는 하나님의 보좌임이요
35 땅으로도 말라 이는 하나님의 발등상임이요 예루살렘으로도 말라

이는 큰 임금의 성임이요

36 네 머리로도 말라 이는 네가 한 터럭도 희고 검게 할 수 없음이라

37 오직 너희 말은 옳다 옳다, 아니라 아니라 하라 이에서 지나는 것은 악으로 좇아 나느니라

38 또 눈은 눈으로, 이는 이로 갚으라 하였다는 것을 너희가 들었으나

39 나는 너희에게 이르노니 악한 자를 대적지 말라 누구든지 네 오른편 뺨을 치거든 왼편도 돌려대며

40 또 너를 송사하여 속옷을 가지고자 하는 자에게 겉옷까지도 가지게 하며

41 또 누구든지 너로 억지로 오리를 가게 하거든 그 사람과 십리를 동행하고

42 네게 구하는 자에게 주며 네게 꾸고자 하는 자에게 거절하지 말라

43 또 네 이웃을 사랑하고 네 원수를 미워하라 하였다는 것을 너희가 들었으나

44 나는 너희에게 이르노니 너희 원수를 사랑하며 너희를 핍박하는 자를 위하여 기도하라

45 이같이 한즉 하늘에 계신 너희 아버지의 아들이 되리니 이는 하나님이 그 해를 악인과 선인에게 비춰게 하시며 비를 의로운 자와 불의한 자에게 내리우심이니라

46 너희가 너희를 사랑하는 자를 사랑하면 무슨 상이 있으리요 세리도 이같이 아니하느냐

47 또 너희가 너희 형제에게만 문안하면 남보다 더하는 것이 무엇이냐 이방인들도 이같이 아니하느냐

48 그러므로 하늘에 계신 너희 아버지의 온전하심과 같이 너희도 온전하라

6장

1 사람에게 보이려고 그들 앞에서 너희 의를 행치 않도록 주의하라 그렇지 아니하면 하늘에 계신 너희 아버지께 상을 얻지 못하느니라

2 그러므로 구제할 때에 외식하는 자가 사람에게 영광을 얻으려고 회당과 거리에서 하는 것같이 너희 앞에 나팔을 불지 말라 진실로 너희에게 이르노니 저희는 자기 상을 이미 받았느니라

3 너는 구제할 때에 오른손의 하는 것을 왼손이 모르게 하여

4 네 구제함이 은밀하게 하라 은밀한 중에 보시는 너의 아버지가 갚으시리라

5 또 너희가 기도할 때에 외식하는 자와 같이 되지 말라 저희는 사람에게 보이려고 회당과 큰 거리 어귀에 서서 기도하기를 좋아하느니라 내가 진실로 너희에게 이르노니 저희는 자기 상을 이미 받았느니라

6 너는 기도할 때에 네 골방에 들어가 문을 닫고 은밀한 중에 계신 네 아버지께 기도하라 은밀한 중에 보시는 네 아버지께서 갚으시리라

7 또 기도할 때에 이방인과 같이 중언 부언하지 말라 저희는 말을 많이 하여야 들으실 줄 생각하느니라

8 그러므로 저희를 본받지 말라 구하기 전에 너희에게 있어야 할 것을 하나님 너희 아버지께서 아시느니라

9 그러므로 너희는 이렇게 기도하라 하늘에 계신 우리 아버지여 이름이 거룩히 여김을 받으시오며

10 나라이 임하옵시며 뜻이 하늘에서 이룬 것같이 땅에서도 이루어지이다

11 오늘날 우리에게 일용할 양식을 주옵시고

12 우리가 우리에게 죄 지은 자를 사하여 준 것같이 우리 죄를 사하여 주옵시고

13 우리를 시험에 들게 하지 마옵시고 다만 악에서 구하옵소서 (나라와 권세와 영광이 아버지께 영원히 있사옵나이다 아멘)

14 너희가 사람의 과실을 용서하면 너희 천부께서도 너희 과실을 용서하시려니와

15 너희가 사람의 과실을 용서하지 아니하면 너희 아버지께서도 너희 과실을 용서하지 아니하시리라

16 금식할 때에 너희는 외식하는 자들과 같이 슬픈 기색을 내지 말라 저희는 금식하는 것을 사람에게 보이려고 얼굴을 흉하게 하느니라 내가 진실로 너희에게 이르노니 저희는 자기 상을 이미 받았느니라

17 너는 금식할 때에 머리에 기름을 바르고 얼굴을 씻으라

18 이는 금식하는 자로 사람에게 보이지 않고 오직 은밀한 중에 계신 네 아버지께 보이게 하려 함이라 은밀한 중에 보시는 네 아버지께서 갚으시리라

19 너희를 위하여 보물을 땅에 쌓아 두지 말라 거기는 좀과 동록이 해하며 도적이 구멍을 뚫고 도적질하느니라

20 오직 너희를 위하여 보물을 하늘에 쌓아 두라 거기는 좀이나 동록이 해하지 못하며 도적이 구멍을 뚫지도 못하고 도적질도 못하느니라

21 네 보물 있는 그 곳에는 네 마음도 있느니라

22 눈은 몸의 등불이니 그러므로 네 눈이 성하면 온 몸이 밝을 것이요

23 눈이 나쁘면 온 몸이 어두울 것이니 그러므로 네게 있는 빛이 어두우면 그 어두움이 얼마나 하겠느뇨

24 한 사람이 두 주인을 섬기지 못할 것이니 혹 이를 미워하며 저를 사랑하거나 혹 이를 중히 여기며 저를 경히 여김이라 너희가 하나님과 재물을 겸하여 섬기지 못하느니라

25 그러므로 내가 너희에게 이르노니 목숨을 위하여 무엇을 먹을까 무

엇을 마실까 몸을 위하여 무엇을 입을까 염려하지 말라 목숨이 음식보다 중하지 아니하며 몸이 의복보다 중하지 아니하냐

26 공중의 새를 보라 심지도 않고 거두지도 않고 창고에 모아 들이지도 아니하되 너희 천부께서 기르시나니 너희는 이것들보다 귀하지 아니하냐

27 너희 중에 누가 염려함으로 그 키를 한 자나 더할 수 있느냐

28 또 너희가 어찌 의복을 위하여 염려하느냐 들의 백합화가 어떻게 자라는가 생각하여 보라 수고도 아니하고 길쌈도 아니하느니라

29 그러나 내가 너희에게 말하노니 솔로몬의 모든 영광으로도 입은 것이 이 꽃 하나만 같지 못하였느니라

30 오늘 있다가 내일 아궁이에 던지우는 들풀도 하나님이 이렇게 입히시거든 하물며 너희일까보냐 믿음이 적은 자들아

31 그러므로 염려하여 이르기를 무엇을 먹을까 무엇을 마실까 무엇을 입을까 하지 말라

32 이는 다 이방인들이 구하는 것이라 너희 천부께서 이 모든 것이 너희에게 있어야 할 줄을 아시느니라

33 너희는 먼저 그의 나라와 그의 의를 구하라 그리하면 이 모든 것을 너희에게 더하시리라

34 그러므로 내일 일을 위하여 염려하지 말라 내일 일은 내일 염려할 것이요 한 날 괴로움은 그 날에 족하니라

7장

1 비판을 받지 아니하려거든 비판하지 말라

2 너희의 비판하는 그 비판으로 너희가 비판을 받을 것이요 너희의 헤아리는 그 헤아림으로 너희가 헤아림을 받을 것이니라

3 어찌하여 형제의 눈 속에 있는 티는 보고 네 눈 속에 있는 들보는 깨닫지 못하느냐

4 보라 네 눈 속에 들보가 있는데 어찌하여 형제에게 말하기를 나로 네 눈 속에 있는 티를 빼게 하라 하겠느냐

5 외식하는 자여 먼저 네 눈 속에서 들보를 빼어라 그 후에야 밝히 보고 형제의 눈 속에서 티를 빼리라

6 거룩한 것을 개에게 주지 말며 너희 진주를 돼지 앞에 던지지 말라 저희가 그것을 발로 밟고 돌이켜 너희를 찢어 상할까 염려하라

7 구하라 그러면 너희에게 주실 것이요 찾으라 그러면 찾을 것이요 문을 두드리라 그러면 너희에게 열릴 것이니

8 구하는 이마다 얻을 것이요 찾는 이가 찾을 것이요 두드리는 이에게 열릴 것이니라

9 너희 중에 누가 아들이 떡을 달라 하면 돌을 주며

10 생선을 달라 하면 뱀을 줄 사람이 있겠느냐

11 너희가 악한 자라도 좋은 것으로 자식에게 줄 줄 알거든 하물며 하늘에 계신 너희 아버지께서 구하는 자에게 좋은 것으로 주시지 않겠느냐

12 그러므로 무엇이든지 남에게 대접을 받고자 하는 대로 너희도 남을 대접하라 이것이 율법이요 선지자니라

13 좁은 문으로 들어가라 멸망으로 인도하는 문은 크고 그 길이 넓어 그리로 들어가는 자가 많고

14 생명으로 인도하는 문은 좁고 길이 협착하여 찾는 이가 적음이니라

15 거짓 선지자들을 삼가라 양의 옷을 입고 너희에게 나아오나 속에는 노략질하는 이리라

16 그의 열매로 그들을 알지니 가시나무에서 포도를, 또는 엉겅퀴에서

무화과를 따겠느냐

17 이와 같이 좋은 나무마다 아름다운 열매를 맺고 못된 나무가 나쁜 열매를 맺나니
18 좋은 나무가 나쁜 열매를 맺을 수 없고 못된 나무가 아름다운 열매를 맺을 수 없느니라
19 아름다운 열매를 맺지 아니하는 나무마다 찍혀 불에 던지우느니라
20 이러므로 그의 열매로 그들을 알리라
21 나더러 주여 주여 하는 자마다 천국에 다 들어갈 것이 아니요 다만 하늘에 계신 내 아버지의 뜻대로 행하는 자라야 들어가리라
22 그 날에 많은 사람이 나더러 이르되 주여 주여 우리가 주의 이름으로 선지자 노릇 하며 주의 이름으로 귀신을 쫓아내며 주의 이름으로 많은 권능을 행치 아니하였나이까 하리니
23 그 때에 내가 저희에게 밝히 말하되 내가 너희를 도무지 알지 못하니 불법을 행하는 자들아 내게서 떠나가라 하리라
24 그러므로 누구든지 나의 이 말을 듣고 행하는 자는 그 집을 반석 위에 지은 지혜로운 사람 같으리니
25 비가 내리고 창수가 나고 바람이 불어 그 집에 부딪히되 무너지지 아니하나니 이는 주초를 반석 위에 놓은 연고요
26 나의 이 말을 듣고 행치 아니하는 자는 그 집을 모래 위에 지은 어리석은 사람 같으리니
27 비가 내리고 창수가 나고 바람이 불어 그 집에 부딪히매 무너져 그 무너짐이 심하니라
28 예수께서 이 말씀을 마치시매 무리들이 그 가르치심에 놀래니
29 이는 그 가르치시는 것이 권세 있는 자와 같고 저희 서기관들과 같지 아니함일러라

GROUP DISCUSSION QUESTIONS

그룹토의 문제

제1장 언제까지 위선적으로 살 것인가?

"내가 너희에게 이르노니 너희 의가 서기관과 바리새인보다
더 낫지 못하면 결단코 천국에 들어가지 못하리라"
(마 5:20)

1. 산상수훈을 읽으면서 여러분이 갖게 되는 가장 중요한 인상은 무엇입니까?

2. 여러분은 어떻게 느끼셨습니까?

3. 여러분이 의에 대하여 배운 바는 무엇입니까?

4. 천국에 대하여 배운 바는 무엇입니까?

5. 산상수훈에 의하면 누가 천국에 갈 수 있습니까? 제1장 제4일에 배운 네 가지 기본적인 요구가 무엇인지 기록하십시오.

6. 위선의 의미와 위선이 어떻게 드러나는지를 토론하십시오. 여러분 자신의 삶 가운데 어떤 형태의 위선이 드러났었는지 정직하게 나누십시오. 그렇게 할 때 성장할 수 있습니다.

제2장 진정한 행복의 시작

"심령이 가난한 자는 복이 있나니 천국이 저희 것임이요"
(마 5:3)

1. '복' 이라는 단어를 정의하십시오. 축복은 행복과 어떻게 연결됩니까?

2. 세상은 행복이 어디에서 온다고 생각합니까? 왜 그러합니까? 진정한 행복은 어디에서 옵니까?

3. 심령이 가난하다는 것이 무엇인지 토의하십시오.

　　a. 성경의 예증을 들어 보십시오.

　　b. 사람이 어떻게 자신의 심령이 가난한지를 알 수 있는지 토의하십시오.

4. 심령이 가난한 자는 매일매일 어떠한 삶의 기준에 따라 살아갑니까?(이점에서 예수님이 어떻게 우리의 모본이 되시는지 토의하십시오).

제3장 죄에 대한 애통

"애통하는 자는 복이 있나니 저희가 위로를 받을 것임이요"
(마 5:4)

1. 팔복중 두 번째 복을 다른 사람에게 어떻게 설명할 수 있습니까?

2. 왜 애통하는 자가 복이 있습니까?

3. 우리는 무엇에 대해 슬퍼해야 합니까?

4. 그것이 언제 영향을 미치는지 토의하십시오.

   a. 개인적인 죄에 대해:
     (고린도후서 7장에서 나타난 두 가지 슬픔에 대해 토의하십시오.)

   b. 교회의 죄에 대해:
     (고린도전서 5장과 마태복음 18:15-20을 읽고 토의하십시오.)

   c. 우리 사회와 이 세계에서 진행되는 것들에 대해 :
     (에스겔 9장을 읽고 토의하십시오.)

5. 예수님은 어떠한 장소에서 애통해 하셨습니까?

6. 이번 주 공부에서 가장 인상 깊었던 것은 무엇입니까?

제4장 온유 1 - 하나님의 주권 인정

"온유한 자는 복이 있나니 저희가 땅을 기업으로 받을 것임이요"
(마 5:5)

1. 하나님의 주권에 대해 토의하십시오.

   a. 그 용어를 정의하십시오.

   b. 하나님의 주권은 무엇에 대한 주권이며, 그 이유는 무엇입니까?

2. 하나님의 성품을 아는 것이 그의 주권을 아는 일에 어떠한 도움을 줍니까?

3. 하나님의 속성에 관해 배운 바는 무엇입니까? 복습하시고 그것을 정의하십시오. 그리고 삶속에 실제적으로 어떻게 적용할 수 있는지 토의하십시오.

4. 하나님의 주권과 속성이 어떻게 온유함에 연결됩니까? 온유함을 정의하십시오.

5. 만일 하나님이 주재가 아니시라면 어떻게 되겠습니까?

제5장 온유 2 - 약함인가? 강함인가?

"수고하고 무거운 짐진 자들아 다 내게로 오라
내가 너희를 쉬게 하리라 나는 마음이 온유하고 겸손하니
나의 멍에를 메고 내게 배우라 그러면 너희 마음이 쉼을 얻으리니
이는 내 멍에는 쉽고 내 짐은 가벼움이라 하시니라"
(마 11:28-30)

1. 온유에 대해 새로이 깨달은 바를 토의하십시오.

2. 예수님이 온유함을 어떻게 보여주셨는지 토의하십시오. 온유함은 약함을 의미합니까?

3. 어디서, 어떻게 온유함을 나타낼 수 있습니까?

4. 온유함은 하나님을 향하여 어떻게 나타납니까? 사람에게는 어떠합니까?

제6장 의에 대한 깊은 갈증

"의에 주리고 목마른 자는 복이 있나니 저희가 배부를 것임이요"
(마 5:6)

1. 의에 주리고 목마름이 무엇인지 토의하십시오.

2. 의에 대해 정의하고 예를 들어 설명해 보십시오. 하나님의 의와 자기 의를 비교하십시오. 이를 위해 성경을 사용하십시오.

3. 의에 대한 주림과 목마름을 제거하기 위해 할 수 있는 일곱 가지의 일에 대해 토의하십시오.

제7장 자비롭고 순결한 사람이 되는 길

"긍휼히 여기는 자는 복이 있나니 저희가 긍휼히 여김을 받을 것임이요
마음이 청결한 자는 복이 있나니 저희가 하나님을 볼 것임이요"
(마 5:7-8)

1. 자비가 무엇인지 정의하십시오.

2. 하나님은 자비를 어떻게 나타내셨습니까? 성막을 공부하고 그것이 의미하는 바가 무엇인지를 토의하십시오. 또한 언약궤와 시은좌가 속죄일에 어떠한 역할을 하는지 토의하십시오.

3. 마태복음 18:21-35을 읽고 토의하십시오.

   a. 두 사람의 빚은 어떻게 비교되고 있습니까?

   b. 주님이 이 비유를 말씀하신 목적은 무엇입니까?

   c. 이 비유가 오늘날 우리의 삶에 어떠한 의미를 던져 줍니까?

   d. 하나님은 여러분에게 개인적으로 어떻게 말씀하셨습니까?

4. 타인을 용서하기 어려운 처지에 빠진 사람이 있는지 물어 보십시오. 만일 있다면 그를 위해 기도하십시오. 동일한 처지에 있는 사람으로 하여금 기도하게 하는 일은 선한 일입니다.

5. 마음이 청결하다는 것은 무엇을 의미합니까?

6. 사람이 어떻게 청결한 마음을 얻습니까?

7. 마음을 청결하게 유지하는 방법은 무엇입니까? 마음을 청결하게 유지하기 위해 할 수 있는 일이 무엇인지 솔직하게 토의하십시오. 만일 사람들이 상처받는다면 그것은 오히려 다른 사람을 섬기는 일이 될 것입니다.

제8장 화평케 하는 자, 그러나 핍박당하는 자

> "화평케 하는 자는 복이 있나니
> 저희가 하나님의 아들이라 일컬음을 받을 것임이요
> 의를 위하여 핍박을 받은 자는 복이 있나니 천국이 저희 것임이라
> 나를 인하여 너희를 욕하고 핍박하고 거짓으로 너희를 거스려
> 모든 악한 말을 할 때에는 너희에게 복이 있나니
> 기뻐하고 즐거워하라 하늘에서 너희의 상이 큼이라
> 너희 전에 있던 선지자들을 이같이 핍박하였느니라"
> (마 5:9-12)

1. 화평의 참된 의미에 대해 토의하십시오.

2. 다른 사람과 어떻게 화평할 수 있습니까?

   a. 불화와 화목이라는 단어를 설명하십시오.

   b. 하나님과 먼저 화목하는 것의 중요성에 대해 토의하십시오.

3. 어떻게 하나님과 화목할 수 있습니까? 이 질문을 토의할 때 여러분은 다시 한 번 골로새서 1:20-22, 로마서 5:10-11, 고린도후서 5:18-21을 살펴보십시오. 이 구절들로부터 화목을 설명하십시오. 성경이 무엇을 말하는가에 착념하십시오. 이는 여러분의 성경공부반이 구원을 이해할 수 있는 아주 좋은 기회입니다.

4. 기독교인들이 화평을 위해 할 수 있는 실질적인 일들과 신자들 사이에 일어날 수 있는 불협화음에 대해 토의하십시오.

5. 기독교인의 삶속에 핍박이 하는 역할은 무엇입니까? 성경을 인용하여 여러분의 답을 쓰십시오.

6. 핍박은 어떠한 형태를 취합니까?

7. 핍박은 어떠한 목적을 갖고 있습니까?

8. 핍박이 올때 어떻게 그것을 처리해야 합니까? 베드로전서 2:21-25에서 예수님의 예를 들어 확인하십시오.

제9장 소금과 빛, 그리고 우리

"너희는 세상의 소금이니 소금이 만일 그 맛을 잃으면 무엇으로 짜게 하리요
후에는 아무 쓸데없어 다만 밖에 버리워 사람에게 밟힐 뿐이니라
너희는 세상의 빛이라 산 위에 있는 동네가 숨기우지 못할 것이요

이같이 너희 빛을 사람 앞에 비취게 하여 저희로 너희 착한 행실을 보고
하늘에 계신 너희 아버지께 영광을 돌리게 하라"
(마 5:13-14, 16)

1. 예수님께서 그리스도인을 묘사하기 위해 소금과 빛이라는 은유를 사용하신 이유가 무엇인지 토의하십시오.

   a. 소금과 소금의 역할에 대해 배운 바를 말로 표현해 보십시오. 빛

의 역할에 대해서도 토의하십시오.

  b. 소금과 빛이 어떻게 효과를 발휘하는지 말해 보십시오.

2. 롯의 삶을 우리의 삶과 비교해 보십시오. 우리의 삶이 사회에 영향을 미치지 못한다면 그 이유가 무엇인지 토의하십시오.

3. 요한일서 1:5-7를 읽고 토의하십시오. 그 내용을 말로 표현하십시오. 그리고 그 구절과 요한복음 8:12; 9:5; 12:46을 비교하십시오.

■ PRECEPT BOOK LIST

I 영성·자기개발·리더십

1. 감동을 창조하는 인간관계 윌리암 J. 디엄
2. 축복의 언어 존 트렌트·게리 스몰리
3. 고통의 의미 케이 아더
4. 참된 성공에 이르는 비결 데이비드 쇼트
5. 성공의 삶을 디자인하라 피터 허쉬
6. 하나님의 주권 케이 아더
7. 축복의 통로 래리 허커
8. 영적 전투에서 승리하는 길 워렌 W. 위어스비
9. Oswald Sanders의 영적성숙 오스왈드 샌더스
10. 성경적 EQ 개발 크리스 터만
11. 영성회복을 위한 40가지 열쇠 스티븐 아터번 외
12. 기도하는 엄마들(소책자) 펀 니콜스
13. 삶을 변화시킨 끄웨르바 이야기 김연수
14. 나비 이야기 프리셉트성경연구원
15. 앤드류 머레이의 온전한 순종 앤드류 머레이
16. 비전의 힘 마일즈 먼로
17. 영광스러운 믿음 엘리자베스 엘리엇

II 클래식 시리즈

1. 앤드류 머레이의 온전한 순종 앤드류 머레이
2. 현대인을 위한 그리스도를 본받아 토마스 아 켐피스
3. 앤드류 머레이의 하늘문을 여는 기도 앤드류 머레이
4. 현대인을 위한 예수님이라면 어떻게 하실까? 찰스 쉘던
5. 현대인을 위한 어거스틴의 고백록 성 어거스틴
6. 현대인을 위한 참된 목자 리처드 백스터
7. 현대인을 위한 성도의 공동생활 디트리히 본회퍼
8. 현대인을 위한 죄 죽이기 존 오웬
9. 현대인을 위한 천로역정 존 번연
10. 현대인을 위한 제자도의 대가 디트리히 본회퍼

III 목회·교회·교육

1. Power! 전도중심교회 김상현
2. OLD&NEW 김우영·김병삼
3. 장로교와 감리교 무엇이 다른가? 김우영
4. 심방설교 핵심파일 프리셉트성경연구원
5. 하나님의 존재증거 케네스 보아·로버트 바우만
6. 네트워크 은사발견 사역(주교재) 빌 하이블스 외
7. 신앙생활 ABC 박광철

IV 성경강해

1. 파워리더 여호수아 김경섭
2. 파워리더 느헤미야 김경섭
3. 믿음의 영웅들(히 11장) 김경섭
4. 하늘의 음성(산상수훈) 김경섭
5. 모세 지도력의 비밀(출애굽기) 김경섭
6. 항상 기뻐하라(빌립보서) 김경섭
7. 사사열전(사사기) 김경섭
8. 그리스도의 가상칠언 김경섭
9. 놀라운 하나님의 이름 김경섭
10. 담대한 믿음, 여호수아 이윤재
11. 스토리텔링 다윗 설교(사무엘서) 김연수
12. 지혜로운 生테크 이렇게 하라(전도서) 웨인 슈미트
13. 천국 시크릿(비유 시리즈) 김연수
14. 하나님, 왜 침묵하십니까?(하박국) 케이 아더
15. 복음이란 무엇인가? 김경섭
16. 하나님, 솔직히 돈이 좋아요! 김병삼

V 설교 및 설교예화

1. 청중을 사로잡는 설교자 캘빈 밀러
2. 존 스토트 설교의 원리와 방법 안병만
3. 열정적 설교 알렉스 몬토야
4. 주제별 말씀 모음집 김경섭 외
5. 홍정길 목사의 301가지 감동 스토리 I·II 프리셉트성경연구원
6. 하나님을 미소짓게 하는 이야기 김병삼
7. 설교, 그 영광의 사역 한진환

VI 스토리체 성경공부

1. 프리셉트 귀납적 성경연구 방법 케이 아더
2. 하나님을 향한 마음 케이 아더
3. 영적 성장을 위한 길잡이 케이 아더·데이빗 아더
4. 영적 치유 케이 아더
5. 나의 나 된 것은 하나님의 은혜라 케이 아더
6. 하나님 이름에 숨겨진 비밀 케이 아더
7. 하나님의 신실한 언약 케이 아더
8. 하나님, 왜 침묵하십니까?(하박국) 케이 아더
9. 영적전투(에베소서) 케이 아더
10. 주님, 우리에게 기도를 가르쳐주세요(주기도문) 케이 아더
11. 하나님의 의 케이 아더
12. 하나님의 연단 케이 아더
13. 하나님의 나라 케이 아더

VII 프리셉트 성경

1 (개역/가죽) 중단본 (검정)

VIII 묵상 · 성경공부

1 큐티합시다 오대희
2 수험생을 위한 100일 QT 프리셉트성경연구원
3 입시생을 위한 60일 묵상 프리셉트성경연구원
4 Q.T 첫 걸음 프리셉트성경연구원
5 효과적인 경건의 시간 케이 아더
6 성경은 과연 믿을 만한가? 어윈 루처
7 묵상하는 사람들 QT(요한복음·요한계시록) 프리셉트성경연구원
8 묵상하는 사람들 QT(서신서 등) 프리셉트성경연구원
9 묵상하는 사람들 QT(여호수아 등) 프리셉트성경연구원
10 묵상하는 사람들 QT(지혜서 등) 프리셉트성경연구원

IX 가정 · 상담 · 치유

1 성, 그 끝없는 유혹 케이 아더
2 아내를 사랑하는 10가지 방법 한스&도나 핀젤
3 행복한 결혼생활의 비결 케이 아더
4 까다로운 사람들과 함께 만드는 교향곡 윌리암 J. 디엄
5 감동을 창조하는 인간관계 윌리암 J. 디엄
6 감정 치유의 6단계 데이비드 클락
7 찰스 스펄전의 은혜 찰스 스펄전
8 하나님을 향한 마음 케이 아더
9 하나님의 연단 케이 아더

X 핸드북

1 그리스도와 함께 앤드류 머레이
2 기도, 하나님과의 로망스 후안 카를로스 오르티즈
3 나를 연단하시는 하나님의 섭리 케이 아더
4 십자가 상의 일곱 마디 말씀 김경섭
5 소리나는 스프 홍정길
6 일상에서 배운 삶의 지혜 토드 템플
7 성공을 가로막는 일곱가지 장애 김병삼
8 성공을 디자인하는 삶의 비밀 피터 허쉬
9 인간관계, 감동으로 창조하라 윌리암 J. 디엄
10 영성회복을 위한 40가지 열쇠 스티븐 아타번 외
11 그리스도를 본받아 토마스 아 켐피스

XI 어린이

1 놀라운 성경 탐험 메리 훌링스위스
2 나의 사랑하는 성경(구약) 오대희
3 나의 사랑하는 성경(신약) 오대희
4 365일 이야기 그림 성경(구약 편) 엘시 이거마이어
5 이야기 그림 성경(신약 편) 엘시 이거마이어
6 어린이를 위한 벤허 루 월리스
7 어린이를 위한 천로역정 존 번연
8 파란 눈의 중국인 선교사 허드슨 테일러 캐서린 맥켄지
9 고아들의 영웅 조지 뮬러 아이린 호왓
10 고통 속에서 희망을 노래하는 코리 텐 붐 체스티 호프 바에즈
11 달리기 챔피언 선교사 에릭 리들 존 케디
12 꿈과 열정의 전도자 빌 브라이트 킴 트위첼
13 살아 있는 순교자 리처드 범브란트 캐서린 맥캔지
14 종교 개혁의 햇불을 든 마틴 루터 캐서린 맥캔지
15 열정의 복음전도자 디엘 무디 낸시 드러먼드
16 버마를 구한 하나님의 사람 아도니람 저드슨 아이린 호왓
17 어둠을 밝힌 위대한 종교 개혁가 존 칼빈 캐서린 맥캔지
18 천로역정을 저술한 믿음의 순례자 존 번연 브라이언 코즈비
19 나치에 저항한 행동하는 양심 디트리히 본회퍼 데이스프링 매클라우드
20 부흥의 불꽃을 일으킨 천재 신학자 조나단 에드워즈 크리스티안 티모시 조지
21 위대한 복음의 밀수꾼 브라더 앤드류 낸시 드러먼드

XII 청소년

1 말씀으로 치유되는 십대들의 고민 50가지 필 첼머스
2 청소년 365일 묵상집 프리셉트성경연구원
3 청소년을 위한 구약개관 프리셉트성경연구원

XIII 기도

1 기도하십니까? 후안 카를로스 오르티즈
2 앤드류 머레이의 하늘문을 여는 기도 앤드류 머레이
3 기도하는 엄마들(소책자) 펀 니콜스
4 기도일지 ①, ②, ③, ④ 최복순
5 기도의 열정에 불 붙이라! 펀 니콜스 외
6 한영기도일지 ① 최복순

〈 프리셉트 어린이 신앙전기 도서 〉

프리셉트 어린이 신앙전기 ❶
파란 눈의 중국인 선교사 허드슨 테일러
중국인들의 친구가 된 허드슨 선교사의 이야기. 그는 어려움에 닥칠 때마다 하나님을 의지하며 기도의 힘으로 이겨 냈다. 값 8,000원

프리셉트 어린이 신앙전기 ❷
고아들의 영웅 조지 뮬러
고아들을 돌보며 영혼을 구원하는 일에 전념했던 조지 목사. 그가 행한 섬김의 삶이 얼마나 복된 것인지 볼 수 있다. 값 8,000원

프리셉트 어린이 신앙전기 ❸
고통 속에서 희망을 노래하는 코리 텐 붐
나치가 지배하던 세상은 증오심으로 미쳐가고 있었다. 그 속에서 코리는 말씀을 통해 희망을 노래할 수 있었다. 값 7,500원

프리셉트 어린이 신앙전기 ❹
달리기 챔피언 선교사 에릭 리들
에릭은 주일에 달릴 수 없다는 이유로 경기를 포기했다. 대신 그는 하나님의 인도하심으로 크나큰 영광을 받게 된다. 값 8,000원

프리셉트 어린이 신앙전기 ❺
꿈과 열정의 전도자 빌 브라이트
평생 뜨거운 전도의 열정을 품고 세계를 누빈 빌 브라이트. 그의 삶은 실천하는 참된 신앙인이란 무엇인지 보여 준다. 값 10,000원

프리셉트 어린이 신앙전기 ❻
살아 있는 순교자 리처드 범브란트
리처드는 핍박을 당하는 상황에서도 모든 사람을 하나님의 사랑으로 용서했다. 또한 믿음을 지키며 그들을 위해 기도했다. 값 8,000원

프리셉트 어린이 신앙전기 ❼
종교 개혁의 횃불을 든 마틴 루터
루터의 용기 있는 신앙이 타락한 교회를 주님만을 바라보는 교회로 변화시켰고, 성경이 말하는 진리를 깨닫게 했다. 값 8,000원

프리셉트 T.02-588-2218 | www.precept.or.kr

〈 프리셉트 어린이 신앙전기 도서 〉

프리셉트 어린이 신앙전기 ❽
열정의 복음 전도자 디엘 무디

하나님은 열정으로 가득한 무디의 말을 통해 많은 사람에게 말씀을 전하셨으며, 오랫동안 방황하던 영혼들을 새롭게 변화시키셨다. 　값 10,000원

프리셉트 어린이 신앙전기 ❾
버마를 구한 하나님의 사람 아도니람 저드슨

최초의 미국인 선교사 아도니람 저드슨. 하나님은 그의 재능을 사용하셔서 많은 버마인을 주님의 품으로 인도하셨다. 　값 8,000원

프리셉트 어린이 신앙전기 ❿
어둠을 밝힌 위대한 종교 개혁가 존 칼빈

종교 개혁의 기틀을 마련한 신학자 존 칼빈. 그는 세상을 향해 빛을 비추는 진정한 믿음의 삶이란 무엇인지 알게 해준다. 　값 10,000원

프리셉트 어린이 신앙전기 ⓫
천로역정을 저술한 믿음의 순례자 존 번연

회심 후 강한 믿음을 가진 존 번연은 평생 설교에 매진했으며, 그가 집필한 『천로역정』은 지금까지 사랑을 받고 있다. 　값 9,800원

프리셉트 어린이 신앙전기 ⓬
나치에 저항한 행동하는 양심 디트리히 본회퍼

주님은 본회퍼에게 믿음을 위해 저항할 용기를 주셨다. 그는 하나님께서 주시는 힘으로 나치 정권에 끝까지 맞섰다. 　값 9,000원

프리셉트 어린이 신앙전기 ⓭
부흥의 불꽃을 일으킨 천재 신학자 조나단 에드워즈

조나단은 모든 순간 하나님의 영광을 선포하고자 했다. 그는 결국 주님의 도우심으로 실천하는 신앙인이 될 수 있었다. 　값 9,800원

프리셉트 어린이 신앙선기 ⓮
위대한 복음의 밀수꾼 브라더 앤드류

철의 장막을 뚫고 성경책을 몰래 배달한다는 사역은 쉽지 않았다. 그러나 복음을 전하기 위해서는 포기할 수 없는 일이었다. 　값 9,800원

프리셉트 T.02-588-2218 | www.precept.or.kr

새가족 성경공부 교재

복음에 감격하는 새가족 성경공부

처음 교회에 등록한 분들이 초신자이든 기신자이든 예수님을 만나서 변화된 삶의 축복을 누리도록 돕는 교재다. 이런 의미에서 초신자와 기신자를 함께 아우르는 통합반 교재라고 할 수 있다(인도자용 별도).

■ 김경섭 지음 | 학생용 값 5,000원 인도자용 값 6,000원

초신자를 위한 새가족 성경공부

처음 교회에 출석하는 초신자들에게 삼위일체 하나님과 구원 그리고 구체적인 신앙생활을 안내하는 교재다. 비교적 쉽고 단순하게 만들었기에, 견고한 신앙의 기초를 다지게 할 것이다.

■ 김경섭 지음 | 값 3,500원

기신자를 위한 새가족 성경공부

교회에 등록하는 성도 중 상당수는 이미 예수님을 믿고 교회 생활을 해 온 분들이다. 그분들이 처음 교회에 등록했을 때 신앙의 기초를 확인하고 좀 더 깊이 신앙생활을 할 수 있도록 안내하는 성경공부 교재다.

■ 김경섭 지음 | 값 3,800원

새가족 나눔 교재

오늘날 성도 중에는 '성경공부'라는 단어에 거부감을 가지는 사람들도 있다. 이 교재는 공부하는 도구라기 보다는 함께 교제를 나눈 후에 같이 읽어 가는 나눔식 새가족 안내 자료다.

■ 김경섭 지음 | 값 5,000원

프리셉트 T.02-588-2218 | www.precept.or.kr

단계별 성경공부 교재

❶ 프리셉트 맨투맨 제자 양육
예수님의 제자로 살고자 할 때 가장 기초가 되는 10가지 사항을 하나님의 말씀으로 적용하도록 안내하는 교재다(1시간 예습, 교사용 별도).
■ 프리셉트성경연구원 편 | 학생용 값 8,000원 교사용 값 10,000원

❷ 프리셉트 신앙성장 학교 I
신앙생활을 시작한 성도가 예수님의 사랑으로 신앙심이 자라갈 때 점검해야 할 사항들을 주제별로 엮은 교재다(1시간 예습).
■ 김경섭 지음 | 값 6,500원

❸ 프리셉트 큐티 학교
하나님의 말씀을 매일 묵상할 수 있도록 도와주는 묵상지인『묵상하는사람들 QT』를 효과적으로 사용할 수 있게 안내하는 교재다.
■ 김경섭 지음 | 값 5,000원

❹ 프리셉트 제자도
약 22주의 과정 동안 '마음의 세계, 행실, 이웃관계와 공동체, 하나님과의 관계' 등에 대해 본격적으로 훈련하는 내용을 담고 있다(90분 예습).
■ 김경섭 지음 | 값 9,500원

❺ 성막
예수님의 삶과 사역을 예표하는 하나님의 특별 교육 도구요 임재의 처소였던 구약 시대의 성막을 통해, 예수님을 깊이 체득하는 시간을 갖는다(90분 예습, 인도자용 별도).
■ 김경섭 지음 | 학생용 값 8,000원 인도자용 값 15,000원

❻ 성도의 확신 I, II
이 교재는 제자로서 하나님의 마음을 알고 성도의 7대 확신(사죄, 구원, 임재, 동행, 기도응답, 승리, 상급)을 확립할 수 있게 돕는다(5시간 예습).
■ 김경섭 지음 | 1권 값 10,000원 2권 값 15,000원

❼ 성도의 사역
한 성도가 지역 교회의 평신도 지도자로서 확립해야 할 내용을 숙지하고 성숙한 제자로 자라 가는 데 있어서 결정적으로 도움을 주는 필수코스다(5시간 예습).
■ 김경섭 지음 | 값 18,000원

❽ 성도의 세계관
이 교재는 무신론적 세계관(예: 진화론, 유물론, 공산주의, 주체사상 등)에 의해 가치관의 혼돈을 겪는 성도들에게 성경 말씀에 근거해 기독교적 세계관을 확립하도록 도와주는 교재다.
■ 김경섭 편저 | 값 22,000원

프리셉트 T. 02-588-2218 | www.precept.or.kr

역자 소개

김기영

연세대학교 졸업
총신대신학대학원 졸업

하나님의 義
:산상수훈 성경연구 I

초판 발행 2001년 1월 29일
개정 1판 2024년 8월 30일

저자 케이 아더
역자 김기영
발행인 김경섭
발행처 프리셉트선교회(108-82-61175)
등록처 서울시 서초구 청룡마을길 8-1 (신원동) T. 02) 588-2218
2001, 2024 ⓒ 프리셉트선교회
국민은행 431401-04-058116(프리셉트선교회)

일부 총판 생명의말씀사
Tel. 02) 3159-7979 Fax. 080-022-8585

값 15,000원

ISBN 978-89-8475-839-1 03230